Excel 로 따라 하다 보면 문과생도 OK!

누구나 쉽게 시작하는 AI, 수학적최적화

Excel로 따라 하다 보면 문과생도 OK!

누구나 쉽게 시작하는 AI, 수학적최적화

미요시 다이고 지음

손무성 감수 | **박종성** 옮김

교문사

감수　손무성(LG CNS 최적화컨설팅담당)

고려대학교에서 산업경영공학 학사·석사를 마치고 박사 과정을 수료했다.
현재 LG CNS 최적화컨설팅담당을 총괄하고 있으며, 다양한 산업 분야에서
수학적최적화와 시뮬레이션, 양자 어닐링 등을 활용한 컨설팅을 수행하고 있다.

역자　박종성(LG CNS 최적화컨설팅담당)

연세대학교와 런던정치경제대학교를 졸업하고 LG CNS Entrue Consulting에서
스마트시티, AI 등 다양한 분야의 컨설팅을 수행했다.
현재 LG CNS 최적화컨설팅담당 컨설팅팀장으로 재직 중이다.

Excel로 따라 하다 보면 문과생도 OK!

누구나 쉽게 시작하는 AI, 수학적최적화

Excelで手を動かしながら学ぶ数理最適化
ベストな意思決定を導く技術

초판 발행 2025년 6월 18일

지은이 미요시 다이고
감　수 손무성
옮긴이 박종성
펴낸이 류원식
펴낸곳 교문사

편집팀장 성혜진 | **책임진행** 전보배 | **디자인** 신나리 | **본문편집** 파워기획

주소 10881, 경기도 파주시 문발로 116
대표전화 031-955-6111 | **팩스** 031-955-0955
홈페이지 www.gyomoon.com | **이메일** genie@gyomoon.com
등록번호 1968.10.28. 제406-2006-000035호

ISBN 978-89-363-2668-5 (93530)
정가 27,000원

추천사

최적의 해법을 찾는 힘

세상은 숨 가쁘게 변화하고 데이터는 홍수처럼 밀려오고 있다. 이러한 흐름 속에서 우리는 매 순간 더 현명하고 신속한 결정을 내려야 하는 도전에 직면하고 있다. 한정된 자원과 시간이라는 제약 아래, 어떻게 해야 가장 좋은 성과를 창출할 수 있을까? 바로 '수학적최적화'가 이 근본적인 질문에 가장 통찰력 있고 명쾌한 답을 제시한다고 확신한다.

LG디스플레이 CIO로 재직하던 시절, 수학적최적화의 강력한 힘을 직접 경험했다. 과거의 경험이나 직관에 의존하던 방식에서 벗어나, 수학적 원리로 문제의 본질을 파악하고 최적의 해법을 도출하는 과정은 매우 인상 깊었다.

이러한 경험은 대기업 경영 현장에만 국한된 이야기가 아니다. 우리가 일상과 다양한 비즈니스 현장에서 마주하는 수많은 결정 속에도, 수학적최적화를 통해 더 나은 가치를 발견할 수 있는 소중한 기회가 숨어 있다고 믿는다. 이미 여러 선진국에서는 수학적최적화의 가치를 일찍이 인식하고, 산업 현장에 폭넓게 적용하여 혁신을 이끌어 왔다.

그러나 안타깝게도 국내 기업의 활용은 아직 미흡한 실정이다. 여러 이유가 있겠지만, 이 분야의 진정한 가치를 대중에게 널리 알리고 어려운 내용을 쉽게 전달하려는 학계와 산업계의 노력이 다소 부족했던 점도 크다고 생각한다.

이러한 아쉬움을 해소하고 수학적최적화의 대중화에 기여하고자, LG CNS의 수학적최적화 전문 컨설팅 조직 구성원들이 뜻을 모아 매우 의미 있는 책 한 권을 여러분에게 자신 있게 소개한다.

이 책은 수학적최적화의 기본 원리를 누구나 쉽게 이해하도록 흥미로운 이야기와 실제 사례 중심으로 풀어낸다. 더 나아가 가격 책정, 예산 배분, 투자 결정과 같은 핵심 경영 활동은 물론, 효율적인 생산 계획, 물류 시스템 운영, 인력 관리 등 기업 운영 전반의 문제에 대한 실질적인 해법을 제시한다. 복잡한 수식보다는 개념 이해와 실제 적용에 초점을 맞추어, 수학적 배경지식이 깊지 않은 독자도 부담 없이 다가갈 수 있도록 구성되어 있다.

수학적최적화는 특정 분야를 넘어, 모든 영역에서 생산성을 높이고 새로운 가치를 창출하는 핵심 동력으로 자리 잡고 있다. 이 책이 수학적최적화의 세계에 첫발을 내딛는 분들부터 기업의 혁신을 고민하는 리더에 이르기까지, 모두에게 훌륭한 길잡이가 되어 주리라 믿는다.

부디 이 책을 통해 세상을 바라보는 새로운 관점과 문제 해결을 위한 강력한 지혜를 얻기를 바란다.

현신균(LG CNS 대표이사)

추천사

AX 시대의 필수 기술, '수학적최적화'

현대 사회에서 최소한의 투자로 최대의 성과를 내는 것은 모든 분야의 핵심 과제가 되었다. AX(AI Transformation, 인공지능 대전환) 시대에 자원과 시간은 더욱 귀중해졌고, 최적의 선택은 성공의 열쇠가 되었다. 개인의 시간 관리부터 기업의 투자 결정, 공공 정책의 수립까지, 우리는 늘 '최적의 선택'을 고민한다. 현실에서 마주하는 이러한 선택의 문제를 '의사결정 문제'라고 한다. 의사결정 문제는 추구하는 목적을 달성하기 위해 무엇을 실행할지 선택하는 구체적인 상황을 의미한다. 물론, 선택 방식에 따라 의사결정의 목적 달성도가 달라지며, 제약 없이 마음대로 결정할 수 있는 것도 아니기 때문에 고민스러운 것이다.

AX를 실현하는 핵심적인 무기인 최적화(Optimization) 기술은 현실의 의사결정 상황에서 여러 가지 제약을 만족하는 대안들 중 의사결정자가 추구하는 목적을 최대한 달성할 수 있는 최적의 대안을 과학적이고 체계적으로 찾아내는 방법이다. 단순히 '가장 좋은 것을 찾는다'는 차원을 넘어, 주어진 제약조건에서 우리가 원하는 목표를 가장 잘 달성할 수 있는 방법을 찾아내는 정교한 기술이다.

경제 활동의 본질은 효용을 최대화할 수 있도록 제한된 자원을 활용하는 것이다. 따라서 어떤 경제 주체든 '어떻게 활동할 것인가'를 고민하고 있다면, 이는 곧 최적화 기술이 힘을 발휘할 수 있는 상황이라고 할 수 있다. 최적화 기술은 제2차 세계대전을 배경으로 수학자, 물리학자 및 경제학자들이 전쟁 자원의 효율적 활용을 위한 의사결정 도구로서 개발하고 다듬었다. 이후 70여 년 동안 최적화 기술의 이론과 알고리즘의 눈부신 발전과 함께, 거의 모든 산업 분야와 기능 영역의 의사결정 단계에서 생산성 향상, 프로세스 혁신, 비용 절감, 이익 증대 등을 실현해 왔다.

『누구나 쉽게 시작하는 AI, 수학적최적화』는 복잡한 최적화 이론과 기술을 누구나 쉽게 이해할 수 있도록 설명하면서도, 그 깊이 있는 원리를 놓치지 않는 탁월한 입문서다. 특히, 역자는 AX 분야에서 최고의 전문성을 보유한 LG CNS의 최적화 컨설팅 조직에서 풍부한 컨설팅 경험을 보유하고 있는 전문가로, 원문의 내용과 의도를 충실히 살리되, 한국 독자들이 쉽게 다가갈 수 있도록 번역했다. 이로써 최적화 기술에 대한 이해와 실무적인 통찰이 효과적으로 전달된다.

이 책의 가장 큰 매력은 복잡한 수학적 지식 없이도 Excel이라는 익숙한 도구를 활용하여 최적화 기법을 경험할 수 있다는 점이다. '해적의 고민'이라는 흥미로운 문제를 시작으로, 상품 가격 최적화, 광고 예산 배분, 포트폴리오 리스크 관리, 근무 스케줄 최적화, 관광 경로 설계에 이르기까지 다양한 사례를 통해 최적화 기술의 개념과 활용법을 명쾌하게 소개한다.

AX는 기업, 조직, 산업이 인공지능을 활용하여 업무, 제품, 서비스, 조직문화, 비즈니스 모델 등 비즈니스 전반을 혁신하는 과정이다. 클라우드, IoT, 빅데이터 등 디지털 기술을 활용하여 효율화와 자동화를 추구하는 DX(Digital Transformation, 디지털 전환)의 기반 위에서, 지능화를 통해 성장과 생산성 혁신을 도모하는 것이며, 이 과정에서 생성형 AI를 포함한 머신러닝과 최적화 기술이 핵심 역할을 한다. 이 두 기술은 상호 보완적이며, 효과적인 AI 시스템 구축의 양대 축을 형성한다. 머신러닝이 데이터를 통해 패턴을 학습하고 예측하는 능력을 제공한다면, 최적화 기술은 그 예측을 바탕으로 최적의 의사결정을 내리는 방법을 제공한다. 또한 최적화 기술은 머신러닝 기술의 핵심 기반이기도 하다. 따라서 AX를 실현하기 위해 최적화 기술은 필수적이며, 자원 배분의 효율화, 프로세스 최적화, 의사결정 자동화 등은 모두 탄탄한 최적화 기술을 기반으로 가능하다.

최근에는 누구나 생성형 인공지능, 특히 ChatGPT, Claude, Gemini, Grok 등으로 대변되는 거대 언어 모델이 세상의 모든 문제를 해결할 것이라는 기대가 커지고 있다. 그러나 불확실성이 증가하고 환경 문제 등의 새로운 도전 과제들이 등장하면서, 데이터 기반의 학습이나 경험만으로는 지속 가능한 경영 체계를 구축하기 어려워지고 있다. 이러한 상황에서 최적화 기술은 머신러닝 기술과 융합하여 우리가 직면하는 복잡한 의사결정 문제 해결과 인공지능 혁명의 실현에 더욱 중요한 역할을 하게 될 것이다.

이 책은 기업 경영자, 데이터 분석가, 인공지능 개발자들이 반드시 알아야 할 최적화 기술의 중요성과 활용법을 이해하는 데 큰 도움이 된다. 또한 최적화 분야의 전문가를 희망하는 대학생과 대학원생들에게도 탁월한 입문서가 될 것이다. 독자들은 최적화 기술의 기본 개념부터 실제 적용 방법까지 체계적으로 학습할 수 있으며, Excel을 활용해 복잡한 프로그래밍 없이 직접 실습할 수 있어, 최적화의 핵심 원리와 실전 적용법을 균형 있게 배울 수 있을 것이다. 이 책이 여러분의 AX 여정에 훌륭한 안내자가 되어, 복잡한 의사결정 문제들을 해결하고 더 나은 미래를 만들어 나가는 데 기여하기를 진심으로 바란다.

이경식(서울대학교 산업공학과 교수)

추천사

AI 시대, 최적의 선택을 위한 지혜

AI는 이제 선택이 아닌 필수가 되었다. 초일류 기업인 마이크로소프트가 "AI를 지금 제대로 활용하지 못하면 시장에서 금세 도태될 것"이라며 'Now or Never'를 외칠 정도로, AI는 우리 비즈니스 환경의 근간을 송두리째 흔들고 있다.

최근 AI 분야에서 가장 주목받는 화두는 단연 'Agentic AI'다. 이는 목표가 설정되면, AI가 스스로 그 목표에 도달하기 위한 최적의 수단을 찾아 실행하는 것을 의미한다. 단순히 주어진 작업을 수행하는 것을 넘어, AI가 주체적으로 판단하고 행동하는 단계로 진화하고 있는 것이다.

여기서 핵심은 '가장 바람직한 수단'을 어떻게 찾을 것인가다. 한정된 시간, 비용, 자원 등 수많은 제약조건 속에서 최상의 결과를 이끌어내려면, 여러 대안을 비교·평가하여 최적의 경로를 선택하는 능력이 필수적이다. 이 과정을 가능하게 하는 핵심 기술이 바로 이 책에서 다루는 '수학적최적화'다.

수학적최적화라는 이름만 들어서는 다소 어렵고 멀게 느껴질 수 있다. 이 책은 이러한 고민을 해결해 줄 훌륭한 길잡이다. 수학적최적화가 실제 비즈니스 현장에서 어떻게 활용되는지를 놀라울 만큼 쉽게 풀어낸다. 이 책을 통해 복잡한 이론과 수식에 압도되지 않고, 자연스럽게 수학적최적화의 원리와 가치를 체감하게 될 것이다.

AI 시대의 경쟁력을 한 단계 높이고, Agentic AI의 핵심 원리를 이해하며, 나아가 비즈니스 문제 해결 능력을 극대화하고자 하는 모든 분들에게 이 책을 강력히 추천한다. 수학적최적화와의 첫 만남이 이 책과 함께라면 분명 즐겁고 유익한 여정이 될 것이다.

김태훈 전무(LG CNS AI클라우드사업부장)

추천사

수학적최적화, 기업 혁신의 열쇠

무한 경쟁 시대, 한국 기업이 세계 시장에서 제품과 서비스로 독보적인 경쟁력을 갖추기 위해서는 어떻게 해야 할까? '우리도 충분히 좋다', '잘할 수 있다'는 수준을 넘어, '이 분야는 우리가 1등이다'라고 자신 있게 말할 수 있어야 한다. 그 해답은 바로 수학적최적화에 있다.

주어진 조건에서 최대화 또는 최소화라는 목적에 맞춰 가장 좋은 선택을 찾아내는 이 수학적 기술은 아마존 같은 세계 최고 기업들의 중심에 자리 잡고 있다. 그러나 국내 기업들이 이를 적용하는 데는 여전히 여러 가지 허들이 존재한다.

이 책은 그러한 허들을 낮추고, 기업들이 최적화에 한걸음 더 다가갈 수 있도록 돕는 훌륭한 길잡이가 된다. 복잡한 수식 대신 쉽고 명확한 언어와 시각 자료를 활용하여 개념을 설명하며, 상품 가격 최적화와 같은 실제 비즈니스 사례를 단계별로 소개하여 기업에서 어떻게 적용할 수 있는지 구체적으로 안내한다.

기업들이 수학적최적화라는 강력한 도구를 활용하여 글로벌 경쟁력을 확보하기 위한 여정을 시작하는 데 가장 친절하고 실용적인 안내서가 될 것이다. 모든 기업의 리더에게 강력히 추천한다.

장민용 상무(LG CNS Data Analytics 센터장)

복잡한 현실 문제를 수학적최적화를 활용하여 흥미롭고 실용적으로 해결할 수 있음을 보여주는 책이다. 상품 가격 결정, 자산 운용, 관광 경로 최적화 등 누구나 공감할 수 있는 사례를 통해, 수학적최적화가 이처럼 유용하고 매력적인 도구임을 새삼 깨닫게 해주는 탁월한 입문서다.

김현정 교수(KAIST 산업및시스템공학과)

수학적최적화는 주어진 상황에 대응하는 가장 합리적인 의사결정을 할 수 있도록 돕는 방법론으로, 산업뿐만 아니라 우리 일상생활과도 밀접한 관련이 있다. 이 책은 최적화의 기본 개념과 다양한 사례를 쉽고 재미있게 설명하고 있어, 4차 산업혁명 시대를 살아가는 여러분의 미래에 큰 도움이 될 것이다.

이동호 교수(한양대학교 산업공학과)

수학적최적화는 복잡한 수학 이론이 필요한 어려운 분야로 여겨지지만, 이 책은 일상적인 예시와 직관적인 설명을 통해 수학적최적화의 핵심 내용을 매우 쉽게 전달한다. 기업이 직면한 다양한 최적화 문제를 해결하고자 고민하는 이들이나, 이제 막 최적화에 입문하려는 이들에게 이 책은 좋은 출발점으로 삼기에 충분하다.

정병도 교수(연세대학교 산업공학과)

이 책은 바쁜 일상 속에서도 최적화에 대한 진심과 독자에 대한 애정을 담아 준비한 결과물이다. 최적화가 기업과 일상생활에서 얼마나 중요한지를 강조하며, 이를 바탕으로 최적화의 개념을 적용했을 때와 그렇지 않았을 때의 결과가 얼마나 큰 차이를 만드는지를 독자가 체감할 수 있도록 설명한다.

다양한 사례와 실습을 통해 최적화에 대한 이해가 부족한 독자들도 쉽게 접근하고 실질적인 도움을 받을 수 있도록 구성했다. 부디 이 책이 최적화의 세계로 첫

발을 내딛는 독자들에게 훌륭한 길잡이가 되어, 더 나은 성과를 이루는 데 도움이 되기를 바란다.

이덕만 센터장(포스코홀딩스 미래기술연구원 AI-엔터프라이즈 연구센터)

수학적최적화는 AI와 양자컴퓨팅의 근간으로 작용하는 핵심적인 도구다. 이 책은 이러한 분야에 관심 있는 분들이라면 반드시 읽어야 할 교과서이자 실용서다. 특히, 현장 경험이 풍부한 전문가가 직접 선정하고 번역했기 때문에, 기존 국내 출간 서적들보다 훨씬 이해하기 쉬우며 실무에 곧바로 적용할 수 있어 유익하다.

정승준 담당(한국후지쯔 양자컴퓨터담당)

AI 중심의 기술 혁신이 가속화되는 지금, 수학적최적화는 데이터를 바탕으로 최선의 결정을 내리는 데 필수적인 도구로 자리 잡고 있다. AI가 예측을 잘한다면, 최적화는 그 예측을 실행 가능한 전략으로 바꾸는 열쇠다. 이 책은 실생활과 비즈니스에서 찾을 수 있는 사례 중심으로 최적화의 핵심 개념을 명확히 설명하며, 특히 Excel 해 찾기를 활용하여 독자들이 함께 풀어 볼 수 있도록 안내하고 있다. 최적화 입문자는 물론, 경영 일선의 모든 리더들에게 통찰을 제공할 것이다.

최적화를 통해 'Good to Great'를 추구하는 모든 분들에게 유익한 길잡이가 되어 줄 책이다.

이강주 박사(Gurobi Optimization 한국 담당)

우리는 매일 일상과 업무 속에서 수많은 선택의 순간과 마주한다. 그리고 그 선택이 최선이기를 바라며 끊임없이 고민한다. 이러한 '더 나은 선택'을 위한 체계적인 방법 중 하나가 바로 수학적최적화다. 하지만 이 기법은 주로 산업공학이나 수학 등 이공계 분야에서 다뤄지기 때문에, 비전공자에게는 다소 낯설고 어렵게 느껴질 수 있다.

이 책은 그런 장벽을 허물기 위해 기획되었다. 수학적최적화의 핵심 개념을 쉽고 친절하게 설명하며, 공급망 관리(SCM) 분야에서 주로 다루는 스케줄링 및 경로 최적화 문제는 물론, 마케팅과 투자 등 다양한 업종의 최적화 문제를 Excel을 활용하여 직접 풀어 보며 수학적최적화 기법의 활용 방안을 자연스럽게 익힐 수 있도록 돕는다.

복잡한 수학이 아닌, 현명한 선택을 위한 실용적인 도구로서 수학적최적화를 만나길 바란다. 더 나은 의사결정을 원하는 모든 분께 현명한 선택을 위한 든든한 첫걸음이 되어 줄 것이다.

조민관 담당(LG CNS SCM DX담당)

비전공자가 수학적최적화를 이해하는 이보다 더 쉽고 재미있게 쓰인 책이 있을까? 익숙한 사례들을 통해 최적화의 개념을 명쾌하게 설명한 점이 이 책의 가장 큰 장점이다. 이런 보석 같은 책을 찾아 번역한 역자의 인사이트와 열정에 박수를 보낸다.

박재원 담당(LG CNS 화학사업담당)

우리는 AI와 빅데이터 시대를 살아가고 있지만, 일상생활과 업무에서 방대한 데이터를 어떻게 활용하면 좋을지 막막할 때가 많다. '수학적최적화'는 데이터를 기반으로 효과적인 의사결정을 내릴 수 있게 해주는 강력한 도구다. 이 책은 국내에서는 아직 널리 알려지지 않은 수학적최적화의 개념과 활용 예시를 일반인들도 쉽게 이해할 수 있도록 설명한다.

이를 통해 여러분은 일상생활과 업무에서 다양하게 응용할 수 있는 아이디어를 얻게 될 것이다. 빅데이터와 AI를 제대로 활용하고 싶은 분들에게 추천한다.

이정민 담당(LG CNS 제조DX사업담당)

'수학'과 '최적화'라는 단어가 주는 거리감을 '학문적'에서 '실생활'로, '어렵다'에서 '생각보다 훨씬 쉽다'로 바꾸어 주는 훌륭한 가이드북이다.

이주한 컨설팅위원(LG CNS 최적화컨설팅담당)

수학적최적화는 어렵고 추상적인 개념으로 여겨지기 쉽지만, 이 책은 일상적인 예시와 쉬운 문제를 통해 그러한 선입견을 말끔히 지워 준다. 매년 LG그룹 내 모든 계열사 직원들을 대상으로 '수학적최적화' 교육을 진행하고 있는 입장에서, 이 책은 실무자들이 수학적최적화에 보다 쉽게 다가갈 수 있도록 돕고, 그 위력과 가치를 피부로 느끼게 해줄 것이라 확신한다.

많은 분들이 이 책을 통해 최적화에 대한 두려움을 덜고, 더 깊이 배우고 싶다는 동기를 얻게 되기를 기대한다.

김지연 책임(LG경영개발원 전문교육센터)

저자 머리말

이 책을 쓰고 있는 2023년 7월 현재, 'ChatGPT'를 비롯한 '생성형 AI' 관련 서비스가 큰 인기를 끌고 있으며, 일상생활과 업무에서 이를 활용하는 사람들이 빠르게 늘어나고 있다. ChatGPT는 OpenAI가 개발한 생성형 AI 서비스로, 이를 통해 문장뿐만 아니라 영상, 음성, 그리고 알고리즘까지 자동으로 생성할 수 있는 기술이다. 이 기술은 무서운 속도로 발전하고 있어, 머지않아 다양한 분야에서 활용될 것으로 전망된다.

이처럼 오늘날 'AI'는 우리 일상에서 널리 사용되는 단어가 되었고, 이에 따라 '기계학습'과 'DX(Digital Transformation, 디지털 전환)' 같은 AI와 연관된 단어도 자주 언급되고 있다. 많은 기업은 이제 비즈니스 의사결정에 데이터를 적극 활용하고, DX 기술을 현장에 접목하는 일의 중요성을 실감하고 있을 것이다. 특히, 최근 몇 년 사이에 코로나19가 촉발된 사회적 변화는 기업들이 IT 및 DX 기술을 보다 적극적으로 수용하도록 이끌었다.

이러한 시대적 흐름 속에서, 더 많은 사람이 AI와 데이터과학이라는 도구를 일상생활과 업무에 쉽게 활용할 수 있기를 바라는 마음으로 이 책을 쓰게 되었다. AI와 데이터과학에는 다양한 도구가 존재하지만, 이 책은 그중에서 '수학적최적화(Mathematical Optimization)'라는 기술과 방법론에 초점을 맞추려고 한다.

수학적최적화를 주제로 선택한 이유는 무엇일까? 최근 비즈니스 현장에서는 성과를 극대화하고 비용을 최소화할 수 있는 의사결정을 내릴 수 있어야 한다는 요구가 그 어느 때보다 커지고 있다. 물론, 올바른 판단은 일상생활에서도 매우 중요하다. 수학적최적화는 이러한 요구에 부응할 수 있는 도구로 주목받고 있으며, 수요도 꾸준히 증가하고 있다.

다만, 수학적최적화는 높은 수준의 수학적 테크닉을 요구하는 분야이기 때문에, 입문자에게는 진입 장벽이 높게 느껴질 수 있다. 시중에 출간된 수학적최적화 관련 서적들은 대부분 '알고리즘 개발'에 초점을 맞추고 있으며, 입문자보다는 이공계 학생이나 연구자처럼 보다 깊이 있는 학습을 원하는 독자층을 대상으로 한 경우가 많다. 그러나 알고리즘이나 수학에 대한 전문 지식이 없어도 수학적최적화를 적용할 수 있도록 도와주는 Excel과 같은 도구가 널리 보급되고 있다. 이를 활용하면, 입문자도 수학적최적화를 일상생활이나 업무에 어떻게 적용할 수 있을지를 고민하고 실험해 볼 수 있다.

이 책은 Excel로 연습 문제를 풀어보는 과정을 통해, 누구나 수학적최적화의 개념을 이해하고 실전에 적용할 수 있는 기술을 익힐 수 있도록 구성되어 있다. 또한 Excel을 실행하지 않아도 부담 없이 읽을 수 있도록 많은 부분을 그림으로 표현했다. 따라서 Excel을 활용하여 직접 문제를 풀어보고 싶은 독자뿐만 아니라 가볍게 읽어 보려는 독자도 수학적최적화의 개념을 쉽게 익힐 수 있다. 더불어, 업무와 일상생활에서 마주할 수 있는 다양한 상황을 예시로 다룸으로써, 심화 학습도 가능하도록 하였다.

이 책을 통해 독자 여러분이 수학적최적화를 기반으로 당면한 문제를 해결할 수 있는 힘을 기를 수 있게 되기를 바란다.

미요시 다이고

감수의 글

Agentic AI 시대에 더 빛나는 '수학적최적화'

AI는 더 이상 단순한 분석 도구가 아니다. 오늘날 우리가 마주하고 있는 AI의 진화는 단순한 예측 시스템을 넘어, 인간이 설정한 목표에 대한 '구체적인 계획 수립'과 '실행'까지 가능한 능동적 지능, 이른바 Agentic AI로 나아가고 있다. 이 AI는 환경을 인식하고 목표에 대한 세부 목적을 수립하며, 수많은 선택지 가운데 행동을 결정하는 '의사결정 주체'로 진화 중이다.

수학적최적화는 주어진 조건에서 자원을 어떻게 효율적으로 배분할 것인가에 대한 해답을 찾는 구조화된 사고 체계이자 기술이다. 이는 지난 수십 년간 산업공학과 또는 경영학의 OR/MS 분야에서 활용되어 왔으며, 생산 계획, 물류 운영, 재고 관리, 병원 관리, 마케팅 등 다양한 현실 문제 해결에 기여해 왔다.

Agentic AI 시대의 도래에 따라, 수학적최적화는 AI 내부의 사고 체계를 구성하는 논리적 근간, 즉 AI가 세상을 이해하고 행동하는 방식의 핵심 언어로 자리매김할 것으로 예상된다. 다시 말해, Agentic AI가 인간과 함께 합리적으로 판단하고 행동하기 위해서는 구조화된 시스템적 사고, 의사결정의 논리, 행동 전략의 도출이라는 일련의 인지 흐름이 필요하며, 수학적최적화는 이 흐름을 설계하고 구현할 수 있는 가장 정교한 기술이다.

전통적인 AI는 과거 데이터를 기반으로 미래를 예측하는 데 초점을 맞췄다. 예를 들어, 날씨 예측, 수요 예측, 고객 이탈 예측 등은 데이터로부터 패턴을 추출하여 '앞으로 일어날 일'을 알려주는 기술이다. 그러나 현실 세계의 과제는 예측 이후에 시작된다. 바로 '그렇다면 우리는 어떻게 행동해야 하는가?'라는 질문에서 출발한다. 예측은 창이며, 최적화는 그 창 너머로 어떤 경로를 선택할지를 알려주는 나침반이다. 예를 들어, 자율주행차는 주변 차량의 속도, 교통 신호, 도로 상황 등을 예측한 후, 구간 주행시간, 연료 효율, 안전성, 승객의 목적지, 도로 상황 등 수많은 요소를 고려하여 가장 적절한 경로를 결정해야 한다. 즉, AI는 예측을 넘어 실제 운전을 위한 경로를 결정해야 하며, 그러한 결정이 바로 수학적최적화 알고리즘의 대표적인 산물이다.

제조업에서도 AI 로봇이 효율적으로 작동하려면 설비 상태, 재고 수준, 인력 교대 시간, 납기일 등을 반영하여 생산 순서를 정해야 한다. 병원의 수술 일정 조정, 금융 자산의 배분 전략, 재난 시의 구조 자원 배치에 이르기까지, 이 모든 것이 현실의 복잡성을 구조적으로 해석하고 결정을 내려야 하는 수학적최적화의 영역이다. Agentic AI는 목표 달성과 이를 위한 합리적 결정이라는 맥락에서 수많은 선택지 중 가장 우수한 결과를 낼 수 있는 합리적 기준과 판단 프레임을 갖춰야 한다.

그렇기에 수학적최적화는 단순한 기술이 아니라 Agentic AI의 '두뇌'라고 할 수 있다. 더 나아가 Agentic AI는 이제 인간과 함께 '공동 의사결정'을 해야 한다. AI가 전략을 제안하고, 행동을 추천하는 모습은 이미 현실이 되었으며, 인간이 AI의 결정을 신뢰하려면 그 결정의 근거가 명확하고 논리적이어야 한다. 왜 이 선택과 결정이 최선인지를 설명할 수 있어야 한다. 수학적최적화는 이러한 설명 가능성, 투명성, 그리고 합리성을 동시에 제공해 준다. AI가 신뢰받는 동료가 되기 위한 기반이 바로 수학적최적화다.

인간은 누구나 합리적 의사결정을 추구하며, 빠르고 정확한 최적의 결정을 선호한다. 수학적최적화는 이를 실현하기 위한 가장 강력하고 정교한 기술이다. 그럼에도 불구하고 방대한 데이터와 정보의 시대가 도래하면서 사람들은 여전히 경험에 의존한 직관적 결정을 하거나, 합리적 의사결정을 위해 많은 시간을 들이기도 한다. 그러나 최근 정보통신과 컴퓨팅 기술 혁신으로 방대한 정보를 보다 효율적으로 활용할 수 있게 되었고, 데이터 처리 속도의 비약적 발전으로 인해 이전에는 불가능하거나 시간이 많이 소요되던 문제들도 합리적으로 해결할 수 있게 되었다.

수학적최적화의 절차는 ① 의사결정 문제를 논리적으로 표현(모형화)하고 ② 최적해(의사결정 대안)를 도출하는 과정으로 요약할 수 있다. 이 과정은 '모형화'와 '해법'으로 대변되며, 모형화는 수리적인 이해, 해법은 Vector Space(벡터 공간)를 기반으로 다양한 알고리즘에 대한 이해를 요구한다. 특히, 2000년대 초반까지는 풀이 시간에 따른 해 품질 중심의 해법 연구가 주류를 이루었으나(물론, 지금도 난제들에 대한 해법 연구는 여전히 진행 중이다), AI 중심의 시대로 넘어오면서 실용적인 현실 문제 해결에 대한 관심이 더욱 높아지고 있다. 또한 수학적최적화의 해법들이 대부분 적용되어 있는 상용 Solver(Gurobi, CPLEX, Xpress)의 비약적인 발전으로 인해 적절한 모형화만으로도 많은 현실 문제를 해결할 수 있게 되었다.

수학적최적화는 일상생활뿐만 아니라 비즈니스 현장에서도 제한된 자원으로 성과를 극대화할 수 있는 가장 유용하고 강력한 도구라고 확신한다. 그러나 '수학'이라는 단어가 주는 부담감 때문에 시도하기 어려운 분야나 특정 전문가들의 영역으로만 여겨져 왔다. 이는 많은 관련 서적들이 다양한 문제의 발견과 식별, 논리적 구조화보다는 다양한 해법이나 고급 해법에 치중한 데서 비롯된 결과이기도 하다. 또한 실제로 의사결정은 특정한 비즈니스 상황뿐만 아니라 우리의 일상 곳곳에서 끊임없이 발생하고 있다. 수학적최적화는 언제, 어디서나 활용될 수 있다.

이 책을 통해 여러분은 수학적 엄밀함과 고급 테크닉보다는, 우리 일상 곳곳에 산소처럼 존재하는 의사결정 문제들을 수학적최적화로 해결해 나가는 방법을 자연스럽게 익히게 될 것이다. 문제 상황을 목적에 맞도록 수식으로 구조화하고, 익숙한 Excel로 실습함으로써 수학적최적화의 과정을 체득하며, 그 결과의 유용성도 충분히 느낄 수 있을 것이라 확신한다.

수학적최적화가 세상을 이롭게 하고, 세상의 모든 문제를 해결할 수 있는 날을 꿈꾸며…

손무성(LG CNS 최적화컨설팅담당)

역자 머리말

전쟁터에서 태어난 의외의 무기

우리는 보통 '전쟁'이라는 단어를 들으면 대개 군인들의 함성, 총과 탱크, 전투기의 굉음을 먼저 떠올린다. 그러나 제2차 세계대전에서 영국군이 보여준 흥미로운 대응 중 하나는, 독일군의 맹공 속에서도 단순히 무기를 더 많이 만들거나 병력을 증강하는 데만 집중하지 않았다는 점이다. 그들은 '한정된 자원과 최소의 비용으로 성과를 극대화하기 위해 무엇을 어떻게 해야 하는가?'라는 매우 근본적인 질문에 접근했다.

영국군이 인식을 전환하게 된 배경에는 독일의 잠수함인 U-보트가 있었다. 당시 연합군은 작전의 일환으로 병력, 식량, 무기를 북미-영국 간에 대규모로 수송하고 있었는데, U-보트가 영국으로 향하는 보급선단을 무차별적으로 공격하여 큰 타격을 입었다. 초기에는 더 많은 초계함과 호위함을 투입해 보급선을 지켜내려 했지만, 오히려 피해는 증가했다. 이 절망적인 상황에서 기존의 방식을 의심하며 등장한 것이 바로 '작전연구(Operational Research, 이하 OR)'팀이다.

이 팀은 1948년 노벨 물리학상 수상자인 패트릭 블래킷(Patrick Blackett)이 주도했으며, 그는 물리학자, 수학자, 통계학자 등 다양한 분야의 과학자들을 모아 군사 작전을 분석하고 과학적인 방법으로 개선하려 했다. 이는 전쟁사에서 과학자들이 전략가로 참여한 거의 최초의 사례였다. 이들이 던진 질문은 명확했다. "어떻게 하면 한정된 자원(초계함 등)으로 가장 많은 수송선을 보호할 수 있을까?"

작전연구팀은 U-보트의 공격 패턴을 분석한 끝에, 놀라운 사실을 밝혀냈다. 무작위로 공격을 퍼붓는 것처럼 보였지만, 실제로는 시간과 장소 측면에서 일정한 규칙성을 지닌다는 사실을 발견했다. 이에 따라 단순히 호위함을 '많이' 배치하기보다 '정확히 필요한 곳'에 배치하는 방식으로 전략을 수정했다. 그 결과, U-보트 공격으로 인한 피해는 수개월 만에 절반 이하로 줄었다. 무기의 양보다 정보와 분석이 더 큰 힘을 발휘한 것이다.

작전연구팀의 분석력은 점점 더 정교해졌다. 전쟁이 막바지에 이르렀을 무렵, 연합군은 독일군의 보급로를 차단해야 했다. 그러나 무차별적인 폭격은 비효율적이었고, 민간인 피해도 우려됐다. 이때 이들은 전쟁 물자 보급망을 분석하여 독일군 보급망의 '병목 지점', 즉 전체 물자 흐름을 좌우하는 몇몇 주요 경로를 찾아냈다. 그 지점을 집중적으로 타격하자, 독일군의 병참 시스템은 큰 타격을 입었다.

이후 이 전략은 다양한 수학적최적화 이론으로 체계화되었다. 대표적으로 '최대 유량-최소 컷(Max Flow-Min Cut) 정리'가 있다. 이는 어떤 물자나 정보가 A에서 B로 흐를 때, 전체 흐름을 막기 위해 모든 경로를 끊을 필요 없이, 그중에서 '가장 좁은 지점'만 막으면 전체 흐름을 제한할 수 있다는 원리다. 실제 전장에서 이 개념은 적의 보급선을 최소의 비용으로 보급로를 차단하는 데 활용되었다.

이처럼 전쟁터에서 실용적으로 활용된 수학적 사고는 전후 산업 전반으로 퍼져 나갔다. 영국군의 전선 너머에서 탄생한 이 '의외의 무기'는 이후 공장과 물류창고, 경영 전략의 핵심 도구가 되었다.

끝나지 않은 전쟁에서 꽃을 피운 '수학적최적화'

제2차 세계대전은 1945년에 끝났지만, 곧바로 또 다른 형태의 전쟁이 시작됐다. 그것은 바로 기업 간의 '무혈 전쟁'이었다. 인류가 엄청난 대가를 치르며 체득한 OR는 민간 분야로 빠르게 확산되었고, 오래지 않아 공장 생산 라인의 효율화, 물류 경로 최적화, 재고 관리 등 산업 현장의 다양한 문제를 푸는 핵심 도구로 자리 잡게 된다.

자동차 산업은 이 시기에 OR를 가장 적극적으로 수용한 산업 중 하나였다. 1950~1960년대, 자동차 제조업체들은 유례없는 호황을 맞이했지만, 마냥 웃을 수는 없었다. 소비자들은 더 이상 포드의 모델 T 같은 획일적인 모델을 원하지 않았다. 그들은 다양한 옵션, 색상, 사양을 원했으며, 빠른 납품을 요구했다. 이러한 요구에 대응하려면 주문이 들어온 순간 어느 공장에서 어떤 차량을 어떤 순서로 조립해야 할지를 신속히 결정해야 했다. 동시에 원가 경쟁력을 확보하려면 생산 설비가 한순간도 멈추지 않고 돌아가야 했고, 이를 위해서는 사람과 기계의 모든 작업이 촘촘히 연결된 정교한 계획이 필요했다. 이러한 복잡한 문제를 해결하기 위해 기업들은 OR 전문가를 영입하여 생산 스케줄링 최적화 모델을 개발했다. 이 모델은 생산 설비 용량, 작업자의 근무 가능 시간, 부품의 재고 상황과 입고 일정 등 수많은 변수를 고려하여 가장 효율적인 생산 순서를 도출했다. 그 결과, 생산 효율은 비약적으로 향상되었다.

OR은 이후 다양한 산업군의 기업들이 적극적으로 활용하기 시작하면서 점차 더 넓고 전문적인 영역으로 확장되었다. 학문적으로도 'Operations Research'라는 이름을 넘어 '수학적최적화'라는 더 넓은 개념으로 발전했다. 선형 계획법, 정수 계획법, 동적 계획법 등 다양한 해법이 등장했으며, 각 산업 현장의 특성에 맞춘 맞춤형 모델도 개발되기 시작했다. 수학적최적화는 이제 산업을 움직이는 보이지 않는 '운영체제'로서 기능하게 된 것이다.

이러한 흐름은 컴퓨팅 기술의 발전과 만나면서 더욱 폭발적인 성장을 보였다. 1990년대 이후 컴퓨터의 연산 속도가 비약적으로 향상되면서, 과거에는 며칠씩 걸리던 계산을 단 몇 분 만에 수행할 수 있게 되었다. 이에 따라 현실 문제를 더 빠르게 적용할 수 있는 기반이 마련되었다. 그리고 그 흐름의 최전선에는, 전례 없는 물류 혁신을 이룬 아마존이 있었다.

아마존의 당일 배송: 거대한 땅에서 실현되는 물류 혁신

미국은 동서 간 거리가 도로 기준으로 약 4,000~5,000km에 이르고, 전체 면적은 남한의 수십 배에 달한다. 한쪽 끝에서 다른 한쪽 끝으로 물건을 옮기려면, 자동차로 쉬지 않고 달려도 45시간, 비행기로도 6시간 이상이 걸린다. 그런 나라에서 '당일 배송'이라는 개념은 한때 공상과학 소설에서나 나올 법한 이야기처럼 여겨졌다. 그러나 아마존은 이 불가능해 보이던 꿈을 현실로 만들었다.

아마존의 물류 전략은 단순히 '많이 팔릴 만한 곳에 창고를 짓자'는 수준을 넘어선다. 물류의 시작부터 끝까지, 모든 결정은 철저한 계산을 바탕으로 이루어진다. 예를 들어, 물류센터의 입지 선정 과정만 보더라도 인구 밀도, 구매 성향, 지역별 상품 선호도, 교통망 인프라 및 토지 비용 등 수많은 요소를 복합적으로 분석한다.

이렇게 수집된 데이터를 기반으로 선형 계획법이나 정수 계획법 같은 최적화 기법을 활용하여 수십 개의 후보지를 정량적으로 비교한 후, 최적의 위치를 선정한다. 이 과정은 단순한 지리적 위치 선정이 아니라, 비용과 효율 그리고 고객 만족도를 동시에 극대화하는 수학적 퍼즐을 푸는 것과 같다.

수학적최적화의 역할은 여기서 끝나지 않는다. 물류센터 내부 역시 수학이 활약하는 무대다. 아마존의 창고에서는 수천 대의 로봇이 인간 직원과 함께 바쁘게 움직이고 있다. 이때 '로봇의 이동 경로를 어떻게 설계하면 상품을 가장 빠르게 가져올 수 있을까?', '자주 함께 주문되는 상품은 어디에 배치해야 할까?' 같은 질문이 끊임없이 제기된다. 이에 아마존은 창고 구조 설계부터 물품 배치, 피킹 순서, 포장 흐름까지 모든 단계에 최적화 알고리즘을 적용한다. 회전율이 높은 상품일수록 로봇이 쉽게 접근할 수 있는 앞쪽에 배치하고, 자주 함께 판매되는 상품은 가능한 한 가까이에 둔다. 이렇게 정밀하게 설계된 시스템 덕분에 고객은 주문 후 몇 시간 만에 상품을 받을 수 있는 '마법' 같은 경험을 할 수 있다.

배송의 마지막 단계인 '운송'에서도 아마존은 결코 직관에만 의존하지 않는다. 수많은 배송 주문이 동시에 들어오는 상황에서, 어떤 차량을 어느 시간대에 어떤 경로로 투입할지 결정하는 일은 하나의 거대한 네트워크 최적화 과제다. 트럭과 밴, 심지어 드론까지 포함한 다수의 운송 수단을 고려하고, 교통 상황, 날씨, 거리, 연료 비용 등 수많은 변수를 반영하여 가장 빠르고 효율적인 경로를 실시간으로 계산해 낸다. 이 역시 수학적 모델링 없이는 불가능하다. 아마존은 이를 위해 차량 경로 문제(Vehicle Routing Problem, VRP), 유전 알고리즘, 시뮬레이션 기반의 휴리스틱 기법 등을 조합하여 활용하고 있다. 사람이 직관적으로 결정했다면 놓쳤을 수많은 기회를 수학이 포착하고 있는 것이다.

이러한 정교한 시스템의 배경에는 수학과 공학 그리고 기술에 대한 아마존의 오랜 투자와 철학이 있다. 아마존은 물류 로봇 전문 기업인 Kiva Systems를 인수하여 자사의 자동화 역량을 대폭 강화했고, 이후 Kiva는 Amazon Robotics라는 이름으로 재탄생했다. 또한 매년 수천억 원 규모의 연구 개발비를 물류 기술과 최적화 알고리즘 개선에 투자하고 있다. 이는 단순히 '빠른 배송'을 넘어, 고객의 신뢰를 확보하고 시장 점유율을 높이기 위한 전략적 선택이다.

놀라운 사실은, 이처럼 실무에 깊이 뿌리내린 수학적최적화가 여전히 학문적으로도 활발히 연구되고 있다는 점이다. 아마존은 INFORMS[1]와 EURO[2] 같은 국제 최적화 및 운영과학 학회에서 매년 10~20건 이상의 논문을 발표하고 있으며, 아마존의 물류는 수학적최적화 분야에서 하나의 모범 사례이자 연구대상으로 다뤄지고 있다. 한 마디로 말해, 아마존은 '계산된 혁신'의 결정체다.

이제 당일 배송은 더 이상 불가능한 이상이 아니다. 수천 킬로미터의 거리를 뛰어넘는 물류의 속도, 그 이면에는 데이터, 알고리즘 그리고 무엇보다도 수학적최적화를 믿고 투자한 한 기업의 집념이 있었다. 그리고 그 선택이 전 세계 물류의 기준을 새롭게 쓰고 있다.

대한민국의 현실

이처럼 수학적최적화는 80~90년 전부터 현실 문제를 해결하는 데 본격적으로 활용되기 시작했으며, 이제는 글로벌 선진 기업의 핵심 동력으로 작동하고 있다. 그렇다면 우리나라 기업들의 현실은 어떨까?

안타깝게도, 현재 우리나라의 수학적최적화 확산 수준과 활용도는 여전히 낮은 편이다. 최적화 분야의 핵심 솔루션 공급 업체인 Gurobi Optimization의 통계자료에 따르면, 2024년 매출액 중 한국 시장이 차지하는 비중은 1.5%에 불과했다. 우리나라가 명목 GDP 기준으로 세계 12위를 기록한 데 비하면 놀라울 만큼 저조한 수치다. 그 원인은 크게 세 가지로 요약할 수 있다.

첫째, 지금까지 기업들의 성장을 견인했던 패스트 팔로워 전략[3]은 이제 더 이상

1 INFORMS(The Institute for Operations Research and the Management Sciences): 북미 학회로, 실용성을 강조한다.

2 EURO(The Association of European Operational Research Societies): 유럽 학회로, 이론적 엄밀성을 강조한다.

3 패스트 팔로워 전략(fast-follower strategy): 시장에 없던 서비스나 제품을 가장 먼저 출시하기보다, 1등 기업이 새로운 움직임을 보이면 이를 빠르게 따라가 생존과 성장을 도모하는 전략을 말한다.

성장의 발판이 아니라, 오히려 기업을 옭아매는 늪으로 변하고 있기 때문이다.

과거 고도성장 시절, 한국은 이미 선진국에서 검증된 기술이나 모델을 빠르게 들여와 대규모로 생산하는 이른바 '추격형 성장' 전략으로 경제 기적을 이뤄 왔다. 이러한 환경에서는 정밀한 최적화보다는 속도와 규모의 확장이 더 중요했기 때문에, 미리 만든 설계를 그대로 실행하는 데 집중하는 편이 빠른 성과를 냈다.

그러나 지금은 상황이 다르다. 많은 한국 기업들이 이미 글로벌 시장에서 선두권에 진입했고, 내부적으로도 충분한 역량을 갖췄다. 우리 기업들이 한 단계 더 도약하기 위해서는, 지금까지 축적한 노하우를 다른 기업들이 쉽게 모방할 수 없는 조직의 프로세스 자산(Organizational Process Asset, OPA)으로 체계화하고 지속적으로 고도화해야 한다. 그래야 이를 그릇 삼아, 앞으로 쌓이게 될 경험 자산을 온전히 담아낼 수 있으며, 언젠가 베테랑이 회사를 떠나더라도 후대에 그들의 지식이 고스란히 전승될 수 있다. 수학적최적화는 이러한 과정을 위한 훌륭한 도구다.

둘째, 1990년대에 산업공학을 전공한 기업의 임원들은 아직도 '수학적최적화는 느리고 복잡하다'는 옛 기억에 사로잡혀 있기 때문이다. 그때는 컴퓨터로 문제 하나를 푸는 데 몇 시간, 심하면 며칠이 걸렸다. 현실 상황을 최적화 모델에 상세히 담아내려 할수록 문제가 풀리지 않는 경우도 많았다. 하지만 지금은 상황이 완전히 달라졌다. 컴퓨터는 과거보다 수백만 배 빨라졌고, 문제를 해결해 주는 소프트웨어도 훨씬 좋아졌다. Gurobi나 CPLEX 같은 프로그램은 대부분의 문제를 2~3분 안에 푼다. 데이터 품질도 AI 덕분에 크게 향상되었고, 이제는 최적화 분야에서 양자 컴퓨터가 실험적으로 도입되고 있다.

문제는 기술이 아니라 신뢰 부족이다. 현장은 이미 바뀌었는데, 결정권자는 여전히 '그건 안 될 거야'라고 생각한다. 최적화는 업무 방식 자체를 바꾸는 기술이기 때문에, 내부 저항이 크다. 그러나 결국 변화는 리더의 결단에서 시작된다. 정작 변화를 이끌어야 할 이들이 과거에 머물러 있다면, 변화는 시작조차 할 수 없다.

셋째, 수학적최적화를 쉽게 설명하는 콘텐츠가 부족하다. 요즘은 누구나 생성형 AI를 이야기한다. ChatGPT, Gemini, Claude 같은 도구들은 이미 일상 속에 자리 잡았다. 그 배경에는 엄청난 기술력도 있었겠지만, 더 큰 역할을 한 것은 접근 가능한 콘텐츠의 양과 다양성이다. 누구나 한 번쯤은 체험해 보고, 이해해볼 수 있는 기회가 많았던 것이다.

그러나 수학적최적화는 어떠한가? 관련 도서는 대부분 수학 이론 중심이어서 따라 하기 어렵다. Excel로 설명하는 책도 다수 출간됐지만, 일반인이 이해하기에는 여전히 진입 장벽이 높다. 이 장벽을 낮추지 않으면, 아무리 뛰어난 기술이어도 대중적으로 활용되기 어렵다. 지금 필요한 것은 최적화를 누구나 이해할 수 있도록 쉽게 '풀어 주는 일'이다.

이 책의 작은 울림이, 언젠가 우리 기업의 심장을 울리기를

지금까지 컨설팅을 수행해 오며, 많은 기업이 수학적최적화에 매료되는 모습을 목격했다. 처음에는 '지금까지도 잘해 왔는데, 굳이 새로운 방식을 도입해야 하나?'라는 'Why? Moment'에서 출발하지만, 수학적최적화가 제공하는 정량적인 효과(비용 절감, 성과 향상)를 경험한 후에는 곧장 'Wow! Moment'로 전환됐다. 더 많은 기업들이 이러한 감동을 경험해 보기를 바라는 마음이 늘 가득했다.

'수학적'이라는 용어 때문에 부담을 느끼는 분들에게 어떻게 다가가야 할지 늘 고민했다. 여행길이나 출장 중에 대형 서점의 서가를 샅샅이 뒤졌고, 마침내 보석 같은 책 한 권을 발견했다.

이 책을 통해 여러분은 수학적최적화의 개념을 '수학 없이' 이해할 수 있고, 우리 일상과 기업 현장 곳곳에 수학적최적화를 통해 해결해야 할 문제가 널리 퍼져 있음을 알게 될 것이다. 이와 더불어, Excel의 '해 찾기' 기능만으로도 다양한 문제를 스스로 해결할 수 있다는 사실을 깨닫게 될 것이다.

이 책의 작은 울림이, 언젠가 우리 기업의 심장을 울리는 공명으로 이어지기를 진심으로 바란다.

2025년 봄, 잠원동 작은 서재에서
박종성

차례

Chapter 4 사례 2 광고 예산 배분을 최적화하여 광고 효과를 극대화하자

Chapter 5 사례 3 자산별 투자 비중을 최적화하여 포트폴리오 운영 리스크를 최소화하자

Appendix 해적의 고민을 Excel로 해결해 보자

이 책의 구성

이 책은 각 장의 시작 부분에 학습 포인트를 요약하여 독자가 전체적인 흐름을 쉽게 파악할 수 있도록 구성했다. 또한 각 장에서 배운 내용을 곧바로 실습해 볼 수 있도록 Excel 활용 방법도 함께 수록했다.

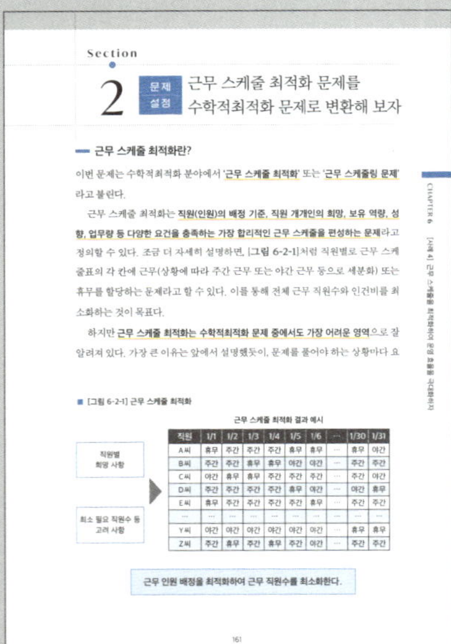

Section

2 문제 설정 근무 스케줄 최적화 문제를 수학적최적화 문제로 변환해 보자

— 근무 스케줄 최적화란?

이번 문제는 수학적최적화 분야에서 '**근무 스케줄 최적화**' 또는 '**근무 스케줄링 문제**'라고 불린다.

근무 스케줄 최적화는 **직원(인원)의 배정 기준, 직원 개개인의 희망, 보유 역량, 성향, 업무량 등 다양한 요건을 충족하는 가장 합리적인 근무 스케줄을 편성하는 문제**라고 정의할 수 있다. 조금 더 자세히 설명하면, **[그림 6-2-1]**처럼 직원별로 근무 스케줄표의 각 칸에 근무(상황에 따라 주간 근무 또는 야간 근무 등으로 세분화) 또는 휴무를 할당하는 문제라고 할 수 있다. 이를 통해 전체 근무 직원수와 인건비를 최소화하는 것이 목표다.

하지만 **근무 스케줄 최적화는 수학적최적화 문제 중에서도 가장 어려운 영역**으로 잘 알려져 있다. 가장 큰 이유는 앞에서 설명했듯이, 문제를 풀어야 하는 상황마다 요

■ [그림 6-2-1] 근무 스케줄 최적화

직원별 희망 사항

최소 필요 직원수 등 고려 사항

근무 스케줄 최적화 결과 예시

직원	1/1	1/2	1/3	1/4	1/5	1/6	…	1/30	1/31
A씨	휴무	주간	주간	주간	휴무	휴무	…	휴무	야간
B씨	주간	주간	휴무	휴무	야간	야간	…	주간	주간
C씨	야간	휴무	휴무	주간	주간	주간	…	주간	야간
D씨	주간	주간	주간	주간	휴무	야간	…	야간	휴무
E씨	휴무	주간	주간	주간	주간	휴무	…	주간	주간
…	…	…	…	…	…	…	…	…	…
Y씨	야간	야간	야간	야간	야간	야간	…	휴무	휴무
Z씨	주간	휴무	주간	휴무	주간	야간	…	주간	주간

근무 인원 배정을 최적화하여 근무 직원수를 최소화한다.

CHAPTER 6 [사례 4] 근무 스케줄을 최적화하여 운영 효율을 극대화하자

161

구성 요소 설명

각 장은 다음과 같은 흐름으로 구성되어 있다.

문제 발견

수학적최적화의 기본 개념을 적용할 수 있는 의사결정 과제를 소개한다.

문제 설정

문제를 해결하기 위해 설정해야 할 목표를 설명한다.

Excel 실습

Excel에서 제공하는 '해 찾기' 기능을 활용하여 최적화 문제를 해결한다.

일러두기

- ☑ 이 책은 Microsoft 365 버전을 기준으로 작성되었습니다.
- ☑ 'Excel 실습'에 사용되는 파일은 **교문사 홈페이지(https://www.gyomoon.com) 자료실**에서 다운로드할 수 있습니다.
- ☑ 본문에서는 국립국어원의 표기 기준에 따라 '최댓값', '최솟값'으로 표기했으며, Excel 화면 설명에서는 실제 프로그램에서 사용되는 용어인 '최대값', '최소'를 그대로 사용했습니다.

Chapter 1

해적이 '수학적최적화'를 활용할 줄 알았더라면?

Chapter 1
이 장에서 다루는 내용

수학적최적화에 대해 구체적으로 이야기하기에 앞서, 제1장에서는 **비즈니스 현장과 일상생활에서 수학적최적화를 어떻게 활용할 수 있을지**에 대해 큰 틀에서 생각해 보려고 한다.

이해를 돕기 위해 첫 번째로 다룰 주제는 '해적의 고민'이다. 이를 통해 '수학적최적화로 어떤 문제를 해결할 수 있을까?', '수학적최적화를 활용하면 어떤 점이 좋을까?'라는 질문을 던지고 답해보려고 한다.

■ [그림 1-0-1] 이 책의 구조

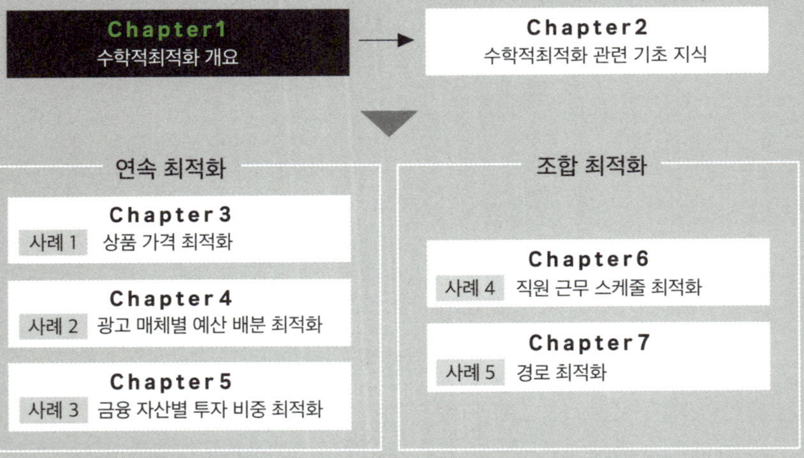

제1장의 핵심 포인트

☑ '해적의 고민'의 문제 유형

☑ 비즈니스 현장과 일상생활에 수학적최적화 문제가 차고 넘친다는 사실

Section

1 '해적의 고민'이 무엇인지 살펴보자

'해적의 고민'이란?

수학적최적화의 세상으로 한 발자국 내디뎌 보자. 가장 먼저 살펴볼 주제는 '해적의 고민'이다. 이야기의 주인공이 어떤 고민을 가지고 있는지 함께 살펴보자.

그는 망망대해 어딘가에서 잠자고 있을 보물을 찾아서 여행을 떠났다. 기나긴 항해 끝에 드디어 보물을 찾아냈다. 당연히 하나도 빠뜨리지 않고 모두 가져가고 싶다. 하지만 그가 타고 온 배에는 마실 물과 식량이 가득 실려 있으며, 여유 공간이라고는 함께 실어온 보물상자 1개밖에 없다. **그가 가져갈 보물의 가치를 극대화하려면** 어떤 보물을 선택해야 할까?

■ [그림 1-1-1] 해적의 고민

	가치	무게
귀걸이	600	50
목걸이	200	30
회중시계	1,400	125
반지	500	75
보석함	150	400
왕관	1,000	125
드레스	3,500	500
금괴	2,800	300
금화	1,000	100
보석	6,000	700

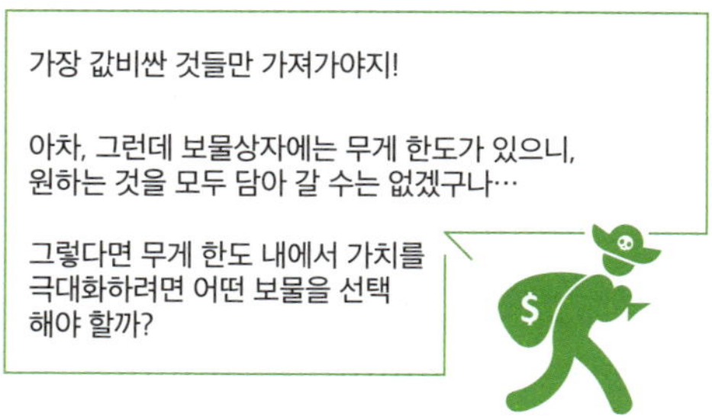

각 보물이 가진 가치와 무게는 **[그림 1-1-1]**처럼 가정해 보자. 여기서 단위는 중요하지 않으니 무시해도 된다. 물론, 해적이 보물을 발견한 즉시 각각의 가치와 무게를 정확히 파악하는 것은 불가능하며, 보물상자의 무게 한도 같은 현실적인 요소도 고려해야 한다. 따라서 여기서는 수학적최적화의 '개념을 이해하기 위한' 문제 정도로 받아들이자.

여러 가지 보물 중에서 해적이 반드시 가져가야 할 것은 무엇인가?

이러한 문제에 직면한 해적은 과연 어떤 보석들을 선택해야 보물상자에 담을 수 있으면서도 가치의 합계를 극대화할 수 있을까? 복잡한 부분은 제외하고, 단순한 산수로 접근해 보자.

기본적으로 보물마다 '가져간다'와 '가져가지 않는다'는 두 가지 선택지가 있다. 예를 들어, 귀걸이를 가져갈지, 가져가지 않을지를 선택해야 한다. 이런 식으로 이번 문제에서는 총 10개의 보물을 대상으로 의사결정을 내려야 한다고 가정해 보자.

■ **[그림 1-1-2] 각 보물을 가지고 갈지 여부를 기준으로 만들 수 있는 조합**

가지고 가지 않으면 0,
가지고 가면 1

	패턴 1	패턴 2	패턴 3	…	패턴 ?
귀걸이	0	1	0	…	1
목걸이	0	0	1	…	1
회중시계	0	0	0	…	1
반지	0	0	0	…	1
보석함	0	0	0	…	1
왕관	0	0	0	…	1
드레스	0	0	0	…	1
금괴	0	0	0	…	1
금화	0	0	0	…	1
보석	0	0	0	…	1
	아무것도 가지고 가지 않음	귀걸이만 가지고 감	목걸이만 가지고 감		전부 가지고 감

[**그림 1-1-2**]처럼 가져가지 않으면 0, 가져가면 1로 표현할 경우 다양한 조합을 만들 수 있다.

조합은 총 몇 가지일까? 보물마다 0 또는 1을 선택할 수 있고, 보물은 총 10가지이므로

$$2 \times 2 \times 2 \times 2 \times 2 \times 2 \times 2 \times 2 \times 2 \times 2 = 2^{10} = 1{,}024\text{가지}$$

즉, 고려해야 할 조합은 총 **1,024가지**가 된다. 최근에는 이 책에서 다루는 Excel

을 비롯한 다양한 계산 도구를 쉽게 구할 수 있고, 성능도 빠른 속도로 업그레이드 되고 있어, 이 정도의 문제는 금방 풀 수 있다. 하지만 보물의 가짓수가 늘어날수록 고려해야 할 조합의 수는 지수함수적으로 늘어난다. 만약 보물이 20가지라면 조합은 1,048,576(약 100만)가지로, 30가지라면 1,073,741,824(약 10억)가지로 급격히 늘어난다. 이는 일반 컴퓨터로도 풀기 어려울 정도이니, 사람이 일일이 따져보는 것은 사실상 불가능하다.

원래의 이야기로 돌아가 보자. 여기서는 10가지 보물이 고려 대상이므로 총 1,024가지의 경우의 수를 따져봐야 한다. 앞서 경우의 수가 너무 많아 꽤 어려운 문제라고 했지만, 계산 실력이 뛰어난 해적이라면 모든 조합을 나열한 후, **보물상자의 무게 한도 내에서 가치의 총계가 가장 큰 보물의 조합**을 선택하면 된다.

예를 들어, 아무것도 가져가지 않는다면(모든 보물의 값이 0) 총가치와 총무게도 당연히 0이 된다. 귀걸이만 가져간다면 총가치와 총무게는 귀걸이의 가치(600)와 무게(50)만큼일 것이며, 목걸이 · 회중시계 · 반지 · 보석함 등 네 가지를 가져간다면 [**그림 1-1-3**]에서 볼 수 있듯이, 총가치는 2,850, 총무게는 680이 된다. 모든 것을 가져가는 경우도(모든 보물의 값이 1) 생각해 볼 수 있는데, 이때 총가치와 총무게는 모든 보물의 가치와 무게를 더한 값이 된다.

■ **[그림 1-1-3] 모든 가능한 조합의 나열과 계산을 통한 최적의 조합 탐색**

	패턴 1	패턴 2	…	패턴 ?	…	패턴 ?
귀걸이	0	1	…	0	…	1
목걸이	0	0	…	1	…	1
회중시계	0	0	…	0	…	1
반지	0	0	…	0	…	1
보석함	0	0	…	0	…	1
왕관	0	0	…	0	…	1
드레스	0	0	…	0	…	1
금괴	0	0	…	0	…	1
금화	0	0	…	0	…	1
보석	0	0	…	0	…	1
총가치	0	600	…	2,850	…	17,150
총무게	0	50	…	680	…	2,405
		가치가 너무 작음		적당한 수준?		보물상자에 넣을 수 없음

만약 보물상자가 애니메이션 『도라에몽』에 나오는 '4차원 주머니'처럼 물건을 무한히 넣을 수 있었다면, 이런 고민은 불필요했을 것이다. [**그림 1-1-3**]의 맨 오른쪽에 있는 '모든 보물을 가져가는' 조합이 가장 좋은 선택이 될 것이다. 그러나 현실은 그렇지 않다. 만약 보물상자의 무게 한도가 1,000이라면 '모든 것을 가져가는' 조합은 선택할 수 없다.

따라서 모든 조합 중에서 다음 조건을 만족하는 조합이 가장 좋은 선택지라고 할 수 있다.

- 총무게가 일정한 값(예를 들어, 1,000) 이하일 것
- 그중에서 총가치가 최대가 되는 조합일 것

물론, 10가지 보물로 구성할 수 있는 모든 조합(여기서는 1,024가지)을 나열한 후, 각 조합의 총무게와 총중량을 계산하면 이 문제를 풀 수 있다. 하지만 앞서 언급했듯이, 고려해야 할 보물의 가짓수가 늘어나면 일일이 따져 보는 것은 사실상 불가능하다. 뒤에서 다시 설명하겠지만, 수학적최적화를 적용해야 하는 현실 세계에는 모든 조합을 일일이 나열할 수 없는 복잡한 문제가 많다.

따라서 우리는 하나하나 계산하지 않고도 **가장 좋은 조합을 빠르게 찾아낼 수 있는 도구**가 필요하다. '수학적최적화'가 바로 그런 도구다.

그럼 이제부터 '해적의 고민'을 수학적최적화의 렌즈로 다시 들여다보자.

'해적의 고민'을 '수학적최적화'의 렌즈로 들여다보자

지금까지 다룬 내용을 통해 해적이 풀어야 할 문제가 무엇인지 이해했을 것으로 생각한다. 이 문제를 수학적최적화의 관점에서 해결하려고 한다면 '수식(數式)'으로 상황을 명확하게 표현할 필요가 있다. 다만, 갑자기 수식을 다루면 어려울 수 있으니, 우선 자연어로 표현해 보자.

■ [그림 1-1-4] '해적의 고민'을 자연어로 모형화

목적함수(최대화) (*Maximize*)	상자에 넣은 보물의 총가치
결정변수 (*Variable*)	각 보물을 상자에 넣을지 말지(0/1)
제약조건 (*Subject to*)	상자에 넣을 보물의 총무게가 상자의 무게 한도를 초과하지 않음

수학적최적화 문제를 수식으로 표현(모형화)하는 방법에 대해서는 다음 장에서 자세하게 다루므로, 여기서는 대략적으로만 이해해도 충분하다.

수학적최적화 문제를 풀려면 **[그림 1-1-4]**처럼 크게 세 가지 요소를 파악해야 한다. 첫 번째는 **'목적함수'**로, 해결하려는 문제에서 **무엇을 최대화(또는 최소화)하고 싶은가?라는 목표(Goal)에 해당하는 지표**다. 여기에서는 가지고 갈 보물의 총가치가 목표며, 이를 최대화하는 것이 목적이다. 두 번째 요소는 **'변수'**다. 조금 더 풀어서 '결정변수'라고도 한다. **이는 목적함수를 최대화(또는 최소화)하기 위해 조절해야 할 값**이다. 여기에서는 가지고 갈 보물의 총가치가 목표며, 이를 최대화하는 것이 목적이다. 의사결정의 내용은 결정변수값을 무엇으로 하는지에 따라 달라진다. 마지막으로 정의해야 요소는 **'제약조건'**으로, 이는 문자 그대로 **목적함수를 최대화(또는 최소화)하기 위해 변수값을 결정할 때 제약으로 작용하는 조건**이다. 여기에서는 보물 상자에 보물을 넣을 때 총무게가 무게 한도를 초과하지 않는 것이 제약조건에 해당한다. 문제에서는 제약조건이 한 가지이지만, 여러 가지 조건을 설정할 수도 있다. 현실 문제에서는 고려해야 할 제약조건이 다수인 경우가 많다. '실무에서 존재하는 제약조건을 정확히 식별하고 최적화 모형에 반영하는 일'은 매우 중요하다.

지금까지는 이해를 돕기 위해 '해적의 고민'을 '자연어로' 모형화해 보았다. 이 책은 수학적최적화 입문자에게 기본 개념을 알기 쉽게 소개하는 데 목적이 있다. 따라서 수식은 가능한 한 사용하지 않으려고 한다. 그러나 최적화를 기반으로 문제를 해결해야 하는 비즈니스 현장에서는 수식을 사용하는 경우가 대부분이다.

■ **[그림 1-1-5] 모형화를 위한 3대 요소**

무엇을 최대화(또는 최소화)하고 싶은가? 목적함수(최대화) (*Maximize*)	상자에 넣은 보물의 총가치
어떤 값을 변경하여 목적함수를 최대화(또는 최소화)할 것인가? 결정변수 (*Variable*)	각 보물을 상자에 넣을 것인가 말 것인가(0/1)
목적함수를 최대화(또는 최소화)하기 위해 변수값을 결정할 때 제약으로 작용하는 조건이 있는가? 제약조건 (*Subject to*)	상자에 넣을 보물의 총무게가 상자의 무게 한도를 초과하지 않음

이 책을 통해 여러분이 수학적최적화에 흥미를 느끼고, 조금 더 깊이 공부하게 된다면 머지않아 수식이 가득한 자료를 접하게 될 것이다. 이러한 경우를 대비하는 차원에서 '해적의 고민'을 수식으로 모형화한 결과는 어떤 모습일지 **[그림 1-1-6]**을 통해 살펴보자.

■ **[그림 1-1-6] '해적의 고민'을 수식으로 모형화**

[모형화]

$$Maximize \quad \sum_{i}^{N} value_i \times x_i$$

$$Subject\ to \quad \sum_{i}^{N} weight_i \times x_i \leqq W$$

$$x_i \in \{0,1\},\ i = 1,2,3,......,10$$

여기서, x_i: 결정변수. 보물 i를 상자에 넣을지 말지(0/1)

$values_i$, $weight_i$: 보물 i의 가치, 무게

W: 제약조건. 보물상자의 무게 한도(예: 1,000)

앞서 언어로 표현했을 때보다는 다소 복잡해 보이지만, 내용의 본질은 동일하

다. 간단히 살펴보자. 먼저, **변수(결정변수)는 x**로 표현했다. 고려해야 하는 보물은 10가지이므로 변수도 10개다. 10개 중에서 각각 어떤 x에 해당하는지를 표현하기 위해 x 옆에 i를 덧붙인다. 예를 들어, 귀걸이는 x_1, 목걸이는 x_2라고 표현할 수 있다. 그리고 각 보물은 보물상자에 넣을지 말지, 둘 중 한 가지를 선택해야 하므로 x는 0 또는 1 중에서 한 가지 값만 갖는다. 이를 **[그림 1-1-6]**의 셋째 줄에 수식으로 표현했다. 바로 이러한 변수 x를 중심으로 수식을 전개한다.

먼저, 목적함수는 총가치를 '최대화'해야 하므로, '*Maximize*'라고 표현했다. 여기서 '가치'는 해적이 선택한 보물의 가치(value)를 모두 더한 값을 의미한다. 총가치는 **각 보물 x_i와 이것의 가치 $value_i$를 곱하여 각 보물의 가치를 구한 뒤에 그 값들을 모두 더하면** 계산할 수 있다. 합계는 시그마(Σ)로 표현할 수 있다. 이는 **[그림 1-1-6]**의 첫 번째 줄에 해당한다.

각 보석의 가치를 구하기 위해 x와 $value$를 곱하는 이유는 무엇일까? **[그림 1-1-7]**을 보면 쉽게 이해할 수 있다. 보물상자에 넣은 보석은 $x=1$로 표현되므로 1과 $value$를 곱하면 그대로 $value$가 된다. 그리고 상자에 넣지 않은 보석은 $x=0$으로 표현되므로 0과 $value$를 곱하면 당연히 그 결과는 0이다. 이렇게 구한 각 보물의 $value$를 모두 더하면 보물상자에 담길 보물의 총가치를 산출할 수 있다. 따라서

■ **[그림 1-1-7] [그림 1-1-6]에 따른 목적함수값 계산 과정**

	패턴
귀걸이	0
목걸이	1
회중시계	1
반지	1
보석함	1
왕관	0
드레스	0
금괴	0
금화	0
보석	0

▶

$value_i$	x_i
600	0
200	1
1,400	1
500	1
150	1
1,000	0
3,500	0
2,800	0
1,000	0
6,000	0

▶

$value_i \times x_i$
600 × 0
200 × 1
1,400 × 1
500 × 1
150 × 1
1,000 × 0
3,500 × 0
2,800 × 0
1,000 × 0
6,000 × 0

⬇ 모두 더한다

$$value_1 \times x_1 + value_2 \times x_2 \cdots + value_{10} \times x_{10} = 2{,}250$$

선택한 보물의 총가치 (= 목적함수)

특정 보물을 보물상자에 넣었든, 넣지 않았든 $value_i \times x_i$의 총계가 곧 가치의 총계라고 간단히 표현할 수 있다. 수식으로 표현하는 이유는 바로 이와 같은 간결함 때문이다. 수식을 활용하면 복잡한 비즈니스 현상을 간결하고 깔끔하게 표현할 수 있다.

이러한 개념은 제약조건에도 그대로 적용할 수 있다. 제약조건은 영어로 '*Subject to*'라고 표현하며, **[그림 1-1-6]**의 두 번째 줄에 해당한다. 앞서 살펴본 **[그림 1-1-4]**에서는 이해를 돕기 위해 목적함수 · 결정변수 · 제약조건 순으로 표현했다. 그러나 일반적으로는 **[그림 1-1-6]**처럼 목적함수 · 제약조건 · 결정변수 순으로 표현한다. 제약조건을 표현하는 방식은 첫 번째 줄의 목적함수를 표현하는 방식과 동일하다. 보물상자에 담은 보물의 총무게는 x_i(선택한 보물)와 $weight_i$(선택한 보물의 무게)를 곱하여 각 보물의 무게를 구한 뒤에 그 값들을 모두 더하면 계산할 수 있다. 총무게는 상한치인 W를 초과하지 않아야 한다. 여기서 W는 상수(고정된 값)다. 보물상자가 작으면 W가 1,000이 되고, 크면 1,500이 되는 식이다. 따라서 W는 문제를 풀기 전에 미리 결정해야 한다. 그렇게 하지 않으면 x_i의 최적값이 무엇인지 절대로 알 수 없다.

이처럼 **수식을 사용하면 약간 장황해질 수 있는 표현도 간결하고 깔끔하게, 그리고 정확하게 문제 상황을 묘사할 수 있다.** 따라서 학술적으로는 최적화 문제를 수식으로 표현하는 것이 일반적이다. 다만, 이 책에서는 수식을 전개하는 방법이나 수학에 관해서는 깊이 있게 다루지 않을 생각이다. 가급적 수식보다는 언어와 그림으로 설명해 보겠다.

'해적의 고민'을 해결해 줄 최적해(最適解)를 찾아보자

지금까지는 '해적의 고민'을 수학적최적화의 관점에서 바라보면서, 문제 해결을 위한 접근 방법에 대해 살펴봤다. 문제 상황을 목적함수 · 결정변수 · 제약조건으로 표현했다면, 이제 **최적화 문제를 풀기**만 하면 된다. 그러나 문제에 따라 답을 찾는 과정이 꽤 복잡한 경우도 많다. 즉, 가능한 조합이 너무 많아 웬만한 방법으로는 가장 좋은 답을 찾지 못할 때도 있다는 뜻이다. 이에 대한 자세한 내용은 다른 장에서 다룰 것이다.

'해적의 고민'은 답을 찾지 못할 정도로 어려운 문제는 아니다. **최적화 문제를 해결함으로써 얻게 되는 최적의 변수 조합을 '최적해(最適解)'**라고 부른다. 이번 문제에서 최적해는 무게 한도를 충족하면서도 보물의 총가치가 최대가 되는 조합이다. 여기서 바로 최적해를 제시하고 이야기를 끝내 버리면 재미없으니, 어떤 과정을 거쳐 최적해를 얻게 되는지를 간략히 설명해 보려고 한다. 최적해를 탐색하는 방법은 이미 학술적·이론적으로 상당한 수준의 연구가 광범위하게 진행되었다. 그리고 수학적최적화와 관련된 학술 서적 중 다수가 '최적해 탐색 방법'과 관련한 여러 논의와 방법론에 대해 다루고 있다. 그러나 앞서 언급했듯이, 최적해 탐색 방법을 이해하려면 수학적 지식이 필요하므로, 이 책에서는 깊이 다루지는 않을 것이다. 실제로 이러한 부분은 Excel을 활용하면 **알고리즘**(최적해를 구하기 위해 연산하는 부분)으로 계산할 수 있다. 이처럼 이론적인 부분을 깊이 이해하지 못해도 수학적최적화를 적용하여 최적해를 구할 수 있다. 따라서 이 책을 통해 최적해를 구할 수 있는 방법을 대략적으로만 이해해도 충분하다.

'해적의 고민'에서 우리는 해적이 가져가야 할 보물의 최적 조합을 찾아내야 한다. 가능한 조합을 나열하고 하나하나 계산해 볼 수도 있겠지만, 조합의 수가 많으면 훨씬 더 효과적으로 최적해를 찾아낼 방법이 필요하다. [**그림 1-1-8**]을 살펴보자.

수학적최적화 알고리즘을 '변수를 탐색하는 사람'으로 비유해 보면 한결 이해하기 쉬울 것이다. 그는 무게 한도를 충족하면서도 가치를 최대화할 수 있는 변수의 조합을 찾기 위해 여행을 떠난다. 가치의 총계를 극대화할 최적해를 찾아야 하므로 '가치 총계'라는 산의 정상에 도달하기 위해 여행을 떠난 것으로 비유할 수 있다. 그는 처음부터 각각의 조합이 어떤 결과를 만들어낼지 전혀 알지 못하기 때문에 조금씩 탐색해 가며 산 정상에 도달하려고 한다.

모든 조합을 나열하고 계산해 보는 접근 방식은, 산의 정상에 도달하기 위해 산기슭부터 정상까지의 모든 지점에 표식을 남기는 것과 같은 매우 비효율적인 방법이다. 산에 오르는 사람이라면 누구나 가장 효율적인 방법으로 정상에 도달하고

■ [그림 1-1-8] 다양한 변수의 조합을 통한 최적해 탐색 과정

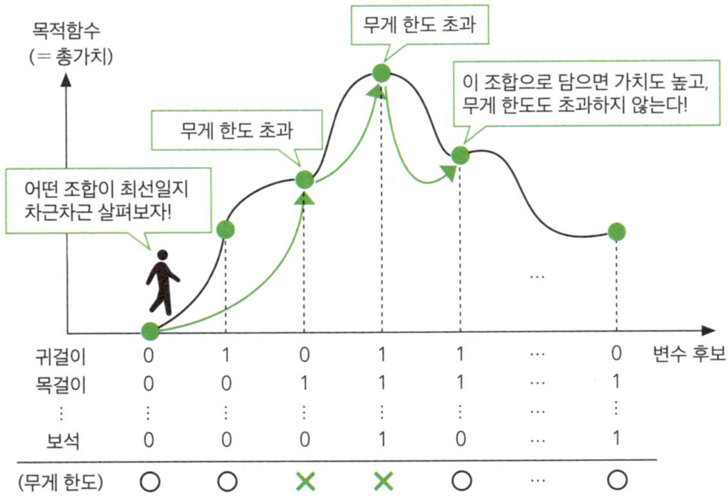

싶을 것이다. 보통은 내가 서 있는 위치를 기준으로 주변에 더 높은 곳이 있는지를 둘러본 후, 다음 이동할 위치를 결정한다. 가장 처음 선택한 변수 조합으로 계산한 결과가 높지 않았으니, 변수를 약간 바꿔서 다시 계산해 보는 식으로, 변수 후보를 찾아 나가는 과정과 같다. 구체적인 접근 방식은 다음 장에서 자세히 다룰 것이다. 여기서는 '아직 자세히 알 수는 없지만, 효율적인 방식을 활용하여 최적해를 찾아 나가는구나' 정도로 이해하면 충분하다.

이렇게 조금씩 계속해서 탐색해 나가면 최적해를 구할 수 있다. '해적의 고민' 문제에서는 실제로 Excel을 이용해서 최적해를 구해 보았다. 무게 한도를 1,000으로 설정했을 때와 1,500으로 설정했을 때 [**그림 1-1-9**]와 같은 최적해를 얻을 수 있었다.

보물상자의 최대 중량이 1,000일 때, 즉 CASE 1에서는 귀걸이 · 회중시계 · 왕관 · 보석 등 총 네 가지를 선택하는 것이 가장 바람직했다. 이때, 총가치는 9,000이고 총무게는 1,000으로 무게 한도를 꽉 채운다.

한편, 최대 중량이 1,500으로 조금 증가한 CASE 2에서는 귀걸이 · 회중시계 · 반지 · 왕관 · 금괴 · 금화 · 보석 등 총 일곱 가지를 선택하는 것이 가장 바람직했

다. 이때, 총가치는 13,300이고 총무게는 1,475다.

1,024가지나 되는 조합 중에서 가장 나은 것을 선택하는 것은 매우 어렵다. 수학적최적화는 비교해야 할 조합이 많을수록 빛을 발한다.

만약 이렇게 얻은 결과가 정말 최적해인지 의심된다면, 모든 가능한 조합을 늘어놓은 다음, 하나하나 계산해 봐도 좋다. 단언컨대, 이 책을 다 읽을 때쯤이면 여러분도 Excel 해 찾기 기능을 활용해서 쉽게 최적해를 구할 수 있게 될 것이다. 참고로 [**그림 1-1-9**]의 결괏값은 'chap1_knapsack_problem_answer.xlsx' 파일을 활용해서 Excel 해 찾기로 직접 계산한 것이다. 이 책을 모두 읽고 나면 여러분도 쉽게 풀 수 있을 것이다. 복습 차원에서 직접 풀어보면 좋겠다.

이렇게 최적해를 구함으로써 해적은 보물상자에 가장 값비싼 보물들을 넣어서 고향으로 돌아갈 수 있게 되었다. 이는 허구의 이야기지만, 현실의 다양한 문제에도 이 개념을 응용할 수 있을 것이다.

'해적의 고민' 문제를 다루는 과정을 통해 수학적최적화를 조금이라도 이해할 수 있었기를 바란다. 여러분은 해적이 아니니 '해적의 고민'이 해결되었다고 해서 당장 도움이 되지는 않을 것이다. 그러나 현실에는 이를 응용해서 해결할 수 있는 문제가 많다. 소풍 가는 아이가 챙겨갈 간식의 조합을 결정하는 문제도 그중 하나다. 아이가 간식마다 가치를 정하고, 제한된 용돈 내에서 가치의 합이 가장 크도록

■ [그림 1-1-9] Excel의 '해 찾기'를 활용한 '해적의 고민' 해결

	가치	무게
귀걸이	600	50
목걸이	200	30
회중시계	1,400	125
반지	500	75
보석함	150	400
왕관	1,000	125
드레스	3,500	500
금괴	2,800	300
금화	1,000	100
보석	6,000	700

'해 찾기'로 계산

	CASE1	CASE2
	1	1
	0	0
	1	1
	0	1
	0	0
	1	1
	0	0
	0	1
	0	1
	1	1
총가치	9,000	13,300
총무게	1,000	1,475
보물상자의 무게 한도	1,000	1,500

가치를 극대화할 수 있는 조합을 찾아냈다.

간식을 조합하는 문제다. 조금 더 비즈니스적인 사례로는, 컨테이너 운송 시 화물의 크기와 상한 중량을 고려해 최대한 많은 짐을 실을 수 있는 조합을 찾는 경우를 생각해 볼 수 있다. 이 또한 '해적의 고민'과 유사한 문제다.

이처럼 수학적최적화로 어느 한 가지 문제를 풀고 나면 다른 유사한 문제에도 쉽게 응용할 수 있다. 이 책의 제3장부터는 실제 비즈니스 사례와 우리 주변에서 흔히 볼 수 있는 다양한 사례를 다루며, Excel의 해 찾기 기능을 활용하여 함께 문제를 풀어볼 것이다.

Section

2 비즈니스 현장과 일상생활에는 최적화 문제가 차고 넘친다

앞서 '해적의 고민'을 예로 들어 현실 문제를 해결하는 데 수학적최적화를 어떻게 적용할 수 있을지, 그리고 그 과정에서 어떠한 결괏값을 얻을 수 있을지를 구체적으로 설명했다. 여기서는 수학적최적화가 현실에서 어떻게 적용되는지를 몇 가지 사례를 통해 소개하려고 한다. 일상생활과 비즈니스 현장에서 적용할 수 있는 사례는 다음과 같다.

일상생활 속 사례

1 학급 편성 최적화

2 칼로리 섭취량 최적화

3 관광 명소 간 이동 경로 최적화

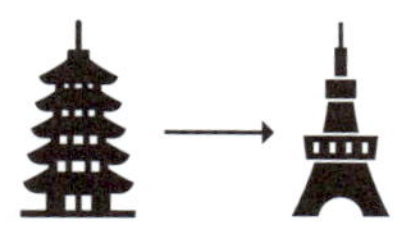

비즈니스 현장 속 사례

1 상품 가격 최적화

2 광고 예산 배분 최적화

3 근무 스케줄 최적화

지금부터 소개할 사례들은 수학적최적화의 기본 개념을 설명하기 위해 상황을 단순화했다는 점을 참고하기를 바란다. 현실에 적용하려면 이와 더불어 더 고려해야 할 요소들이 있지만, 지금 단계에서 상세한 부분까지 다루려고 하면 자칫 숲을 보지 못할 수 있다.

일상생활 속 사례 ① 학급 편성 최적화

최적화를 적용할 수 있는 문제 유형 중 하나로 **'배치' 최적화**가 있다. 보통 '배치'라고 하면 '생산 거점인 공장을 어느 지역에 배치해야 하는가?'라는 비즈니스 문제를 떠올릴 수 있다. 그러나 여기서는 이해를 돕기 위해 **각 학생을 어느 반에 '배치(배정)' 하는 것이 바람직한지** 살펴보자.

학생들을 여러 학급에 골고루 배정하는 문제는 생각보다 까다롭다. 여기서는 **각 학급 간에 성적 편차가 거의 나지 않도록 학생들을 배정해야 하는** 상황이라고 가정해 보자.

이때 '**학급 간 성적 편차를 최소화한다**'는 것이 목표, 즉 목적함수다. 수학적최적화 문제로서 모형화(수식화)하고 해결하려면, '편차'를 나타내는 성적의 분산과 표준편차와 같은 통계량으로 문제 상황을 정량화해야 한다. 분산과 표준편차 등 통계량에 대해서는 제5장에서 자세히 설명할 것이다.

편차를 최소화하려면 어떤 변수를 조절해야 할까? '해적의 고민'에서는 가치를 극대화하기 위해 어떤 보물을 상자에 담아야 하고 어떤 보물은 담지 말아야 할지를 고려했는데, 이때는 각 보물이 변수에 해당했다. 학급 편성 문제에서는, **어느 학생을 어느 학급에 배정할지, 배정하지 않을지(0 또는 1)**가 바로 변수에 해당한다. 예

■ [그림 1-2-1] 학급 편성 최적화

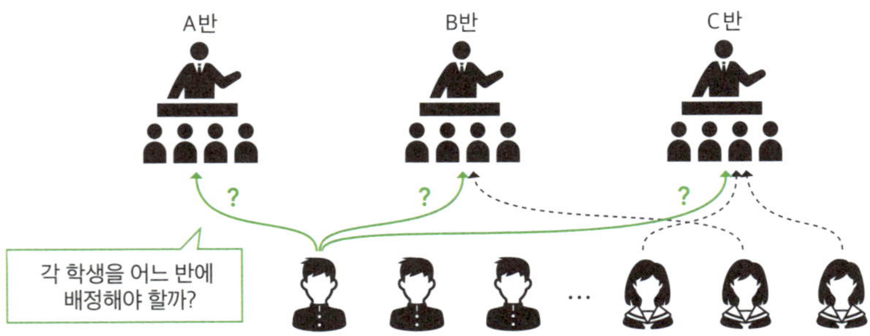

<u>목적함수</u> : 학급 간 성적 편차 최소화

<u>결정변수</u> : 어느 학생을 어느 반에 배정할지 말지(0/1)

<u>제약조건</u> : 각 학급의 남녀 비율이 일정 범위 내에 들어오게 한다 등

를 들어, 학생 수가 30명이고 학급이 3개라면, $30 \times 3 = 90$개의 변수가 존재하게 된다.

기본적으로는 이 정도 정보만 있어도 최적해를 구할 수 있지만, 실제 상황에서는 더 고려해야 할 조건들이 있을 수 있다. 바로 제약조건이다. 예를 들어, 한 반에 남학생이 너무 많거나 여학생이 너무 많으면 곤란하므로 **각 반의 남녀 비율이 일정 범위 내(예를 들어 40~60%)에 들어오게 한다**는 조건을 제약조건으로 설정할 수 있다.

그 외에도 다음과 같은 제약조건을 설정할 수 있다.

- 지금까지 계속해서 같은 반이었던 학생들은 최대한 다른 반으로 배정하기
- 문제가 있는 학생들은 가능한 한 여러 반으로 나누어 배정하기

이러한 제약조건을 최대한 충족하면서 학급 간 성적 편차를 최소화하려면 어느 학생을 어느 반으로 배정해야 할까? 수학적최적화를 활용하면 가장 바람직한 배정 방법을 찾을 수 있다.

일상생활 속 사례 ② 칼로리 섭취량 최적화

식사할 때도 수학적최적화를 적용할 수 있다. 다이어트를 하고 있을 때 무엇을 섭취하느냐는 건강 관리 차원에서 매우 중요한 문제다. '무엇을 먹어야 하는가'라는 질문은 책으로 여러 권을 쓸 수 있을 만큼 방대한 주제다. 여기서는 상황을 최대한 단순화하여, 수학적최적화 관점에서 문제를 정의해 보자.

기본적으로 인간은 생존을 위해 가능한 한 많은 양의 칼로리를 섭취해야 한다. 이는 여러 음식 중에서 **섭취해야 할 음식을 선택하고, 섭취 칼로리를 최대화하는** 문제로 바꾸면 수학적최적화로 해결할 수 있을 것이다.

이 문제는 '해적의 고민'과 유사하다. 따라서 **목표(목적함수)는 섭취 칼로리를 최대화하는 것이고, 결정변수는 후보 음식을 먹을지, 먹지 않을지(0 또는 1)**다.

그러나 목적함수와 결정변수만 정의하면, 모든 음식을 먹어서 칼로리 섭취량을

극대화해야 한다는 비현실적인 결론에 이르고 만다. 이런 엉뚱한 결과가 나오는 것을 방지하기 위해 '해적의 고민'에서는 보물상자의 무게 한도라는 제약조건을 추가했다. 이번 문제에서도 현실적인 제약조건이 무엇인지를 정의할 필요가 있다.

여러 가지 제약조건을 생각해 볼 수 있다. 너무 많은 음식을 먹을 수는 없으므로 **총 식사 횟수를 5회 이하로 제한**하는 것도 간단하지만 현실적인 해를 얻는 데 효과적일 수 있다.

그리고 조금 더 복잡한 제약으로는 영양소 조건을 생각해 볼 수 있다. 영양소에는 여러 가지가 있지만, 특히 사람에게 중요한 3대 영양소로는 단백질(Protein), 지방(Fat), 탄수화물(Carbohydrate)이 있다. 이 세 가지는 각 영문의 앞 글자를 따서 'PFC'라고 부르며, PFC를 균형 있게 섭취하는 것이 무엇보다 중요하다. 적정량은 사람마다 다르겠지만, **P/F/C 각각의 총량을 100/50/150g 이하로 제한하는 것**도 의미 있는 제약조건이 될 수 있다.

수학적최적화를 활용하면 이러한 제약조건을 충족하면서 섭취 칼로리를 최대화할 수 있는 음식의 조합을 찾아낼 수 있다. 조금 더 복잡한 과제로는 냉장고에 있는 재료를 조합하는 문제를 생각해 볼 수 있다. 이 또한 문제 설정과 모형화를 잘하면 수학적최적화로 얼마든지 최적해를 구할 수 있을 것이다.

■ **[그림 1-2-2] 칼로리 섭취량 최적화**

목적함수 : 섭취 칼로리 최대화
결정변수 : 각각의 음식을 먹을지 말지(0/1)
제약조건 : 총 식사 횟수는 5회 이하, P/F/C 각각의 섭취량은 100/50/150g 이하 등

일상생활 속 사례 ③ 관광 명소 간 이동 경로 최적화

일상생활 속 사례의 마지막은 **'경로' 최적화**다. 경로 최적화는 수학적최적화 분야에서 자주 다뤄지는 문제다. 특히, 물류 분야에서는 배송 경로를 최적화하는 일이 빈번히 이루어지고 있다. 여기서는 관광지에서 여러 명소를 둘러볼 때 최적의 이동 경로를 어떻게 찾을 수 있을지에 대해 이야기하려고 한다.

여행지에서 방문하고 싶은 장소가 여러 곳일 때 보통 어떤 순서로 둘러보는가? 우선순위가 높은 곳부터 방문하거나, 숙소에서 가까운 곳부터 둘러보는 등 다양한 기준으로 순서를 정할 수 있을 것이다. 다양한 요소를 고려하여 수학적최적화를 통해 문제를 해결할 수도 있지만, 여기서는 쉽게 이해하도록 **'최단 경로로 둘러보기'**를 목표로 설명하려고 한다. 이렇게 하면 어디서부터 어디까지 이동할지를 적절히 선택하여 **이동 거리를 최소화하는** 문제로 만들 수 있다. 이동 거리 최소화를 목적함수로 설정한다는 의미다.

이에 따라 결정변수는 후보 관광지 간에 **특정 장소에서 다른 장소에서 이동할지 여부(0 또는 1)**로 정의할 수 있다. 또한 '한 붓 그리기'처럼 한 번 방문한 곳에는 다시 방문하지 않고 '출발 → A 지점 → B 지점 → C 지점 → 도착' 순으로 이동하고 싶다면, 각 장소를 몇 번째에 방문할지까지 결정해야 한다. 이를 수학적최적화로 해결

■ [그림 1-2-3] 관광 명소 간 이동 경로 최적화

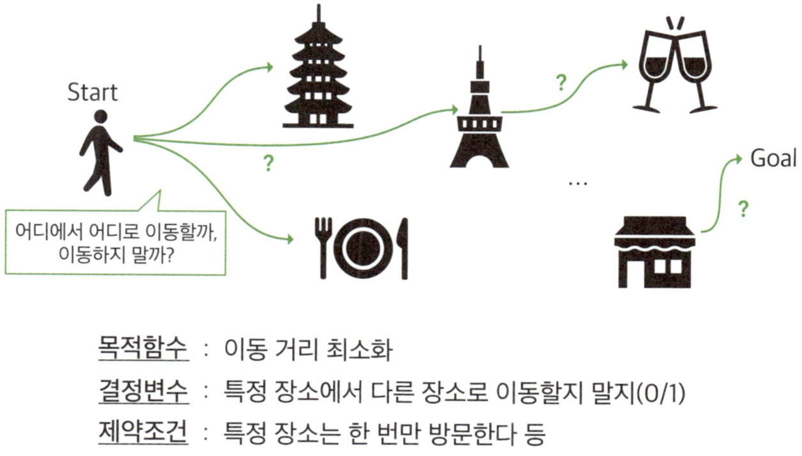

하려면 약간 까다로운 제약조건을 설정해야 하는데, 간단히 **각 장소를 몇 번째에 방문할지를 나타내는 결정변수**를 추가하는 것도 좋은 방법이 될 수 있다.

그리고 한 번 방문한 장소는 다시 방문할 필요가 없기 때문에, **각 장소에는 한 번만 방문한다는 제약조건**을 추가하면 된다. 이 사례는 제7장에서 자세히 다룰 것이다.

이처럼 일상생활 속 사례도 수학적최적화의 틀에 맞춰 생각하면 최적해를 구할 수 있다.

비즈니스 현장 속 사례 ① 상품 가격 최적화

비즈니스 현장에서 수학적최적화가 자주 활용되는 사례를 몇 가지 소개하려고 한다. 최적화를 통해 의사결정의 품질이 향상되면, 매출이 증가하거나 비용이 감소하는 등 비즈니스에 곧바로 긍정적인 영향을 미치게 된다. 이에 따라 현장 곳곳에서 수학적최적화를 향한 관심이 날이 갈수록 뜨거워지고 있다.

첫 번째 사례는 **상품 가격 최적화**다. 다양한 상품을 판매하는 매장에서는 상품 가격을 책정하는 '프라이싱(Pricing)'이 매우 어려운 문제로 여겨지고 있다. 당연한 이야기지만, 가격에 영향을 미치는 요소는 매우 다양하기 때문에 단순히 '이렇게 책정하면 된다'라는 획일적인 방식은 존재할 수 없다. 하지만 여기서는 내용을 단순화하여 수학적최적화의 적용 가능성에 대해 살펴보겠다. 이 사례는 제3장에서 자세히 다루므로, 여기서는 간략히 소개한다.

상품 판매의 목표 중 하나는 매출을 극대화하는 것이다. 따라서 **매출액을 극대화할 수 있는 상품 가격을 찾아내는 것**을 문제로 설정해 보자.

상품의 특징이나 비즈니스 환경에 따라 상황은 크게 달라지겠지만, 일반적으로 상품 가격을 너무 낮추면 매출액이 줄어들고, 너무 올리면 판매량이 줄어 매출액도 감소하는 경향이 있다. 따라서 매출액을 극대화할 수 있는 결정변수인 상품 가격의 최적해를 찾아야 한다.

지금까지 소개했던 사례에서는 결정변수가 '할지, 하지 않을지'를 나타내는 0 또는 1이었지만, 이 사례에서 결정변수는 '가격'이기 때문에 연속되는 숫자다. 결

■ [그림 1-2-4] 상품 가격 최적화

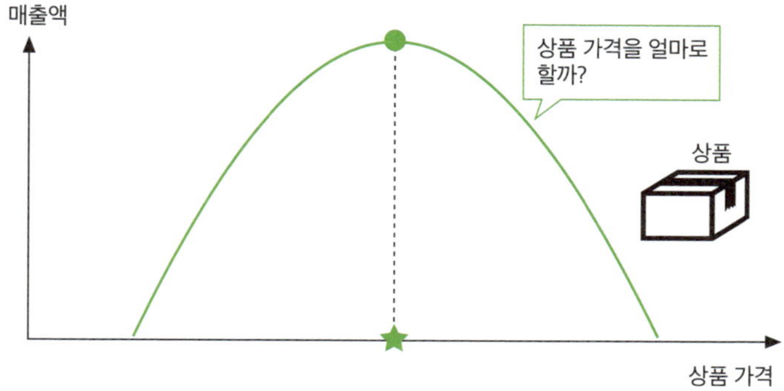

목적함수 : 매출액 극대화
결정변수 : 상품 가격
제약조건 : 상품 가격이 상한치와 하한치 내에 들어와야 한다 등

정변수가 0 또는 1인 경우에는 **'조합 최적화'** 문제, 결정변수가 연속된 숫자인 경우에는 **'연속 최적화'** 문제라고 하는데, 문제 유형에 따라 최적화 알고리즘이 달라질 수 있다. 각각의 차이에 대해서는 제2장에서 자세히 설명할 것이다. [역주: 원저자는 독자가 직관적으로 이해할 수 있도록 '조합 최적화(Combinatorial Optimization)'라는 표현을 사용하지만, 학술적으로는 '정수 최적화(Integer Optimization)'가 더 정확한 표현이다. '조합 최적화'는 '유한하거나 셀 수 있는 이산적인 해 집합에서 최적의 조합을 찾는 것'을 통칭하며, '정수 최적화'는 '결정변수가 정수값(예: 0 또는 1)을 가져야 하는 제약하에서 최적해를 찾는 것'을 의미한다]

이번 문제에도 제약조건을 설정할 수 있다. 대표적인 제약조건으로는 판매 가격이 원가보다 높아야 한다는 조건이나, **설정된 상한치 이하와 하한치 이상을 유지해야 한다**는 조건 등을 생각해 볼 수 있다. 그 외에도 기존 가격이 갑자기 크게 변동하면 고객 경험에 부정적인 영향을 미칠 수 있으므로, 변동 폭을 일정 비율 이하로 제한하는 제약조건도 고려해 볼 수 있다.

비즈니스 현장 속 사례 ② 광고 예산 배분 최적화

계속해서 광고와 관련된 주제에 대해 살펴보자. 이는 제4장에서 자세히 다루므로,

■ [그림 1-2-5] 광고 예산 배분 최적화

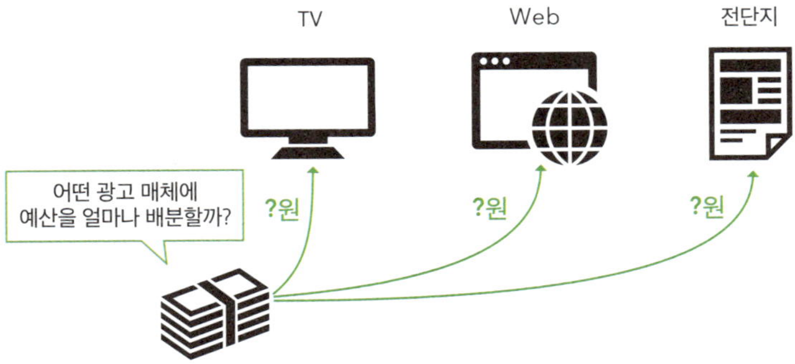

목적함수 : 고객 문의량(CV 수) 최대
결정변수 : 각 매체에 배분하는 예산 금액
제약조건 : 예산 한도 등

여기서는 간략히 소개한다.

우리는 대부분 광고를 '소비하는' 입장에 있는데, 여기서는 광고를 '내보내는' 입장에서 이야기하려고 한다. 각 광고에는 광고주가 있으며, 광고주의 회사와 회사 제품을 널리 알리고 구매를 유도할 목적으로 비용을 들여 광고를 내보낸다. 이때, **어떤 광고 매체에 예산을 얼마나 배분할지**를 결정해야 한다. 그리고 이는 수학적최적화를 활용할 수 있는 영역이다.

광고 집행에 대한 의사결정 방향은 비즈니스의 단계나 외부 환경에 따라 달라질 수 있다. 따라서 수학적최적화를 통해 도출한 값이 항상 최적이라고 장담할 수는 없다. 하지만 여기서도 기본 개념을 익히는 데 중점을 두고 문제를 단순화하여 살펴보겠다.

물론, '매출 극대화'가 가장 중요한 목표라는 점은 분명하다. 이때 '매출액', '판매량' 또는 매출에 간접적으로 영향을 미치는 '고객 문의량' 중에서 어떤 지표를 설정할지는 상황에 따라 달라질 수 있다. 여기서는 광고를 내보낸 후, 해당 광고를 본 고객들의 '**문의량을 최대화**'하는 것을 목표로 설정한다. 이러한 지표는 업계 용어로 '**전환(Conversion, CV)**' 또는 '**전환율**'이라고 한다.

이 문의량(CV 수)을 극대화하기 위해, 광고를 내보내는 각 매체(TV, 웹페이지,

전단지 등)에 배분하는 예산을 결정변수로 설정하여 최적해를 구한다.

다만, 이 문제도 '해적의 고민'과 마찬가지로 그 어떤 제약도 두지 않으면, 각 매체에 무한정으로 예산을 배분하면 된다는 의미가 없는 결과가 나올 수 있다. 아무리 광고 효율이 낮더라도 예산을 많이 투입할수록 CV 수는 증가하기 때문이다. 따라서 제약조건으로는 전체 예산 금액을 설정하고, **각 매체에 배분된 예산의 합이 전체 예산의 한도를 넘지 않도록** 해야 한다. 일반적으로 광고를 집행할 때는 예산 총액이 설정되어 있으므로, 이는 실제 상황에서도 합리적인 제약조건이 될 것이다.

그 외에도 '전국의 시청자들에게 TV를 통해 널리, 특정 지역에 편중되지 않게 메시지를 전달해야 한다'라는 요구사항이 있다면, TV 광고의 비중을 최소 X% 이상으로 설정하는 제약조건도 고려해 볼 수 있다.

비즈니스 현장 속 사례 ③ 근무 스케줄 최적화

마지막으로 살펴볼 사례는 근무 스케줄 최적화다. 이 또한 현장에서 수학적최적화가 가장 빈번하게 활용되고 있는 분야다. 이에 대해서는 제5장에서 자세히 다룰 것이다.

직원들의 '근무 스케줄'을 편성해야 하는 공장이나 콜센터를 떠올려 보자. 여러분 중에는 근무 스케줄을 직접 짜본 경험이 있는 분도 있을 것이다. 이는 의외로 까다로운 작업이다. 직원이 많을수록 짧은 시간 안에 수많은 요소를 고려하여 근무표를 짠다는 것은 사실상 불가능하다. 이 때문에 경험 많은 사람들이 '감'에 의존하여 계획을 대략적으로 세우는 경우가 많다.

그러나 수학적최적화를 활용하면 목표에 가장 부합하는 근무 스케줄이 무엇이지 빠르게 확인할 수 있다. 다만, 여기서 무엇을 목표로 설정할지가 관건이다. **'필요 직원수(인건비)를 최소화**하면 되는 것 아닌가?'라고 생각하기 쉽지만, 실제 현장에서는 직원수를 늘리거나 줄일 수 없는 경우도 많다. 이럴 때는 직원 간 근무 시간의 편차를 최소화하는 것이 바람직한 목표가 될 수 있다. 이처럼 수학적최적화를 통해 원하는 결과를 얻으려면, 상황에 부합하는 '목표'를 명확히 세워야 한다.

결정변수 또한 비즈니스 상황에 따라 달라질 수 있다. 예를 들어, **어느 직원을 어**

■ [그림 1-2-6] 근무 스케줄 최적화

어느 직원을 어느 요일에 배정할까? 배정하지 말까?

	월	화	…	토	일
A씨	○	×	…	×	○
B씨	×	○	…	○	×
⋮	…	…	…	…	…
Z씨	○	×	…	×	○

목적함수 : 운영에 필요한 직원수 최소화
결정변수 : 각 직원을 특정 요일에 배정할지 말지(0/1)
제약조건 : 요일별로 최소한으로 필요한 직원수 등

느 요일에 배정할지, 배정하지 않을지를 결정변수로 설정할 수 있다. 이를 조정하면 각 요일별 근무 인원을 최소화하는 결과를 도출할 수 있다.

그러나 이 또한 앞서 살펴본 사례와 마찬가지로, 이 상태로는 아무도 근무하지 않는(근무 인원 = 0명) 상황이 가장 좋은 답이 될 가능성이 있다. 하지만 실무에서는 그런 일은 없으며, 예를 들어 **요일별로 최소한의 근무 인원이 필요하다**는 제약조건이 있을 것이다.

또한 직원별로 한 주에 근무할 수 있는 최대 일수라는 제약이나, 업무 특성상 A 직원과 B 직원을 서로 다른 날에 배정해야 한다는 제약도 고려해 볼 수 있다.

이처럼 근무 스케줄을 짤 때는 다양한 제약조건을 고려해야 하는 경우가 많다. 완벽하지는 않더라도 수학적최적화를 활용하여 가능한 한 최적의 해답을 찾는 것이 중요하다.

칼럼

'해적의 고민'은 흔히 '배낭 문제'라고 한다.

이 장에서 다룬 '해적의 고민'은 수학적최적화 분야에서 유명한 문제다. '가방에 넣는 물건의 가치 총계를 최대화하는 문제'를 흔히 **'배낭 문제'**(knapsack problem)라고 부른다. 위키피디아에서 배낭 문제를 검색해 보면 다음과 같이 설명되어 있다.

배낭 문제는 컴퓨터로 풀기 까다로운 문제 중 하나로 자주 언급된다. n개의 물건(각각 가치 v_i, 무게 w_i)이 주어졌을 때, **배낭 안에 담긴 물건의 총무게를 W 이하로 맞추면서, 총가치를 극대화하려면 어떤 물건을 담아야 할지**를 결정하는 정수 최적화 문제다.

그리 친절한 설명은 아니지만, '해적의 고민'에서 설명한 것과 유사한 내용이다. 즉, 총무게가 한도를 초과하지 않으면서 가치를 극대화할 수 있도록 물건을 선택하는 문제다. 무게 대신 용량으로 바꿔 생각해도 문제없다.

'해적의 고민'뿐만 아니라 소풍을 갈 때 어떤 간식을 가져갈지를 고민할 때도 응용할 수 있다.

이처럼 수학적최적화 분야에는 배낭 문제, 외판원 문제 등 널리 알려진 사례가 몇 가지 있는데, 이것만 알고 있어도 수학적최적화에 대해 잘 아는 것처럼 보일 수 있다.

Chapter 2

수학적최적화로 무엇을 할 수 있을까?

Chapter 2

이 장에서 다루는 내용

제1장에서는 '해적의 고민'을 예로 들어, 어떤 현상을 수학적최적화 문제로 다룰 수 있는지, 실제로 수학적최적화 기법을 적용함으로써 어떤 편리함을 얻을 수 있는지를 소개했다.

제2장에서는 제1장에서 소개한 구체적인 사례들을 큰 틀에서 바라보며, **수학적최적화**에 대한 기초 지식을 차근차근 쌓아 보자.

■ [그림 2-0-1] 이 책의 전체 구성

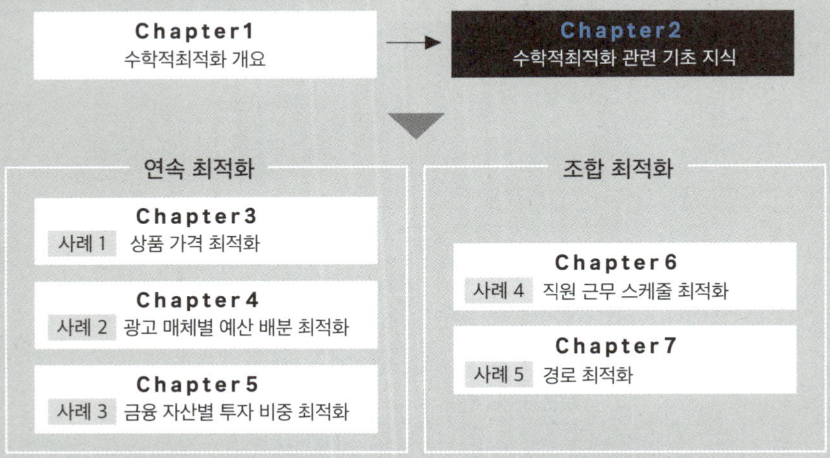

제2장의 핵심 포인트

- ☑ 최적화 문제의 정의 및 해결 방식
- ☑ 연속 최적화와 조합 최적화의 차이
- ☑ Excel '해 찾기' 기능의 설치 방법

Section

1 '수학적최적화'란 무엇인가?

본격적으로 수학적최적화의 작동 방식에 대해 살펴보자. 이 책에서 다루는 '최적화'는 학문적으로는 **'수학적최적화'**라고 부른다(이 책에서 '최적화'는 수학적최적화를 의미한다).

수학적최적화를 한 문장으로 정의하면, **결정변수값을 위아래로 조절해 나가면서 목적함수를 최대화(또는 최소화)하는 최적의 값(= '최적해')을 찾아내는 일**이다.

■ **[그림 2-1-1] 수학적최적화의 정의**

수학적최적화의 기본 틀

- 무엇을 최대화/최소화할 것인가?: '목적함수'라는 수식의 결괏값을 최대화/최소화함
- 어떤 값을 변경하면 최대화/최소화된 결과를 얻을 수 있는가?: '결정변수'라는 레버를 조절함
- 최대화/최소화할 때의 제한은 무엇인가?: ' 제약조건'이라는 조건식을 만족함

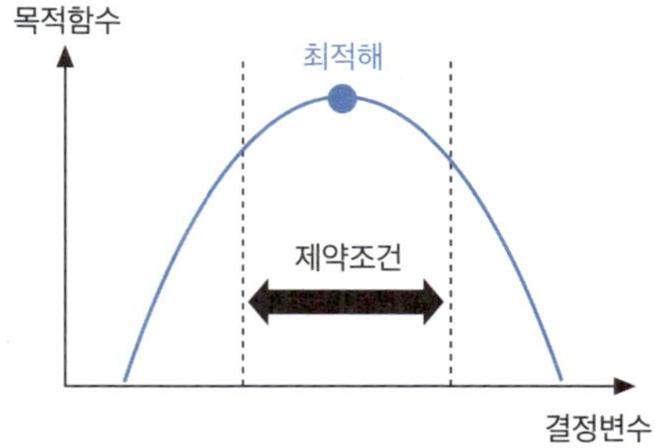

수학적최적화란,
'제약조건을 만족하는 범위 내에서 목적함수를 최대화(또는 최소화)하는 결정변수의 값 (= 최적해)을 탐색하는' 일이다.

최적해를 구할 때 가장 먼저 결정해야 할 것은 **'결정변수'**와 **'목적함수'**다. 먼저, 결정변수에 대해 알아보자.

결정변수는 **'최적화를 통해 어떤 최적해를 찾고 싶은가?'라는 질문에서 '어떤'에 해당**한다. 예를 들어, 광고 예산 배분 최적화 문제에서는 '매체별로 배분할 예산 금액은 얼마인가?', '잠재 고객에게 어떤 순서로 광고를 내보내야 하는가?' 같은 수많은

질문을 떠올릴 수 있으며, 이 중에서 어떤 값을 최적화하고 싶은지를 명확히 결정해야 한다.

그리고 무엇을 결정변수로 할지 정했다고 하더라도 무엇을 기준으로 가장 좋은 값을 구할 것인지도 명확히 해두어야 한다. 이것이 바로 **'목적함수'로, 결정된 변수값에 의해 결과가 변하는 수식**을 의미한다. **[그림 2-1-1]**의 그래프에서 **x축이 결정변수고, y축이 목적함수**다.

그리고 최적화는 **'목적함수가 최대화(또는 최소화)되도록 하는 변수값은 무엇인가?'**라는 질문에 대한 답을 찾아나가는 과정이며, 그 변수값을 '최적해'라고 한다. 즉, **최적화를 통해 최적해를 찾아내는 것**이다. 목적 '함수'이므로 목적함수도 결정변수와 마찬가지로 전부 수식으로 표현해야 한다.

그 외에도 한 가지 더 고려해야 할 요소가 있다. 바로 **'제약조건'**으로, 결정변수값을 탐색할 때 고려해야 할 범위를 의미한다. 제약조건 역시 수식으로 표현해야 한다.

지금까지 등장한 용어를 사용해서 수학적최적화를 다시 정의하면, **'제약조건을 만족하는 범위 내에서, 목적함수를 최대화(또는 최소화)하는 결정변수의 최적해를 탐색하는 일'**이라고 표현할 수 있다. 제1장에서 설명했듯이, 여러 항목을 동시에 제약조건으로 설정할 수 있다.

현실의 문제를 수식(모형)으로 변환하기

지금까지 다룬 내용을 되짚어 보자. **수학적최적화는 현실에서 해결하고 싶은 문제를 발견하고 이를 수식으로 표현하는 일이다. 그리고 이렇게 수식으로 정의된 문제를 풀어서 얻은 최적해를 현실의 의사결정 과정에 활용**하는 일이다.

수식으로 정의한 최적화 문제를 풀면 정확한 최적해를 구할 수 있으며, 이를 통해 궁극적으로 현실의 의사결정 업무를 지원할 수 있다. 반대로, **'현실에서 해결하고 싶은 문제나 현상을 수식으로 변환하지 못한다면' 수학적최적화를 적용할 수 없다.**

즉, 수학적최적화를 활용하려면 **현실에서 해결하고 싶은 문제를 '결정변수, 목적함수, 제약조건'의 형태로 명확하게 정의할 수 있어야 한다.**

■ [그림 2-1-2] 현실과 수식(모형)의 세계

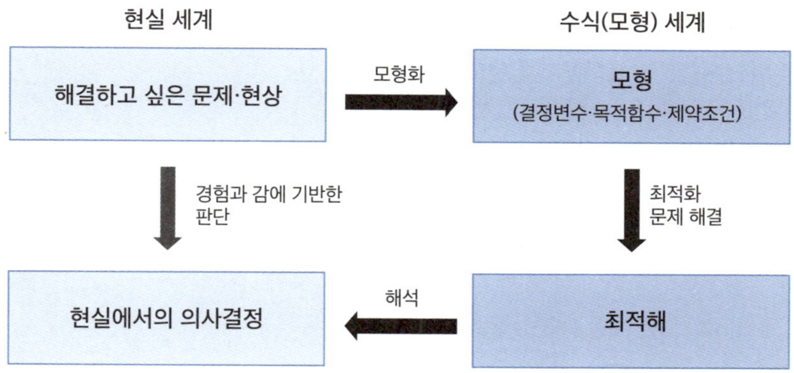

구체적으로 최적화 문제를 어떻게 해결하는지는 이후의 최적화 알고리즘에 관한 내용에서 설명할 것이다.

모형화를 위한 '큰 틀' 살펴보기

지금까지 수학적최적화와 관련된 여러 중요한 개념들을 다뤘다. 이는 **최적화 문제를 해결하기 위한 '모형화'**의 관점에서 설명할 수도 있다. 그렇다면 모형화란 무엇일까? [**그림 2-1-3**]을 살펴보자.

모형화할 때 가장 먼저 등장하는 것은 목적함수다. 수학적최적화 알고리즘의 역할은 목적함수를 최대화(또는 최소화)하는 것이다. 따라서 먼저 목적함수를 정의해야 하며, 이를 어떤 방식으로 표현하는지 살펴보자. 그림과 같이 맨 앞에는 *Maximize*(또는 *Minimize*)를 적어서 최대화할지, 최소화할지를 표현한다. 그 다음 바로 뒤에 목적함수를 수식으로 표현한다.

이어서 **다음 줄에는 *Subject to*를 먼저 적은 후에 제약조건을 나열**한다. 여기서 '나열'이라는 표현을 사용한 이유는, 일반적으로 여러 가지 제약조건을 동시에 고려해야 하기 때문이다. 예를 들어, 제약조건이 10가지라면 10가지 모두를 구체적으로 정의하고 명확히 표현해야 한다.

제1장에서 다뤘던 '해적의 고민'은 [**그림 2-1-3**]의 하단과 같이 모형화할 수 있다. 이 문제에서는 보물상자에 넣을 보물의 가치를 '최대화'해야 하므로 목적함수

■ [그림 2-1-3] 최적해를 산출을 위한 모형화

모형화를 위한 기본 틀

Maximize (또는 *Minimize*) 목적함수를 정의한다.

Subject to 제약조건을 나열한다. (결정변수를 정의한다)

예시: '해적의 고민' 해결을 위한 모형화

$$\text{Maximize} \quad \sum_{i}^{N} value_i \times x_i$$

$$\text{Subject to} \quad \sum_{i}^{N} weight_i \times x_i \leqq W$$

$$x_i \in \{0,1\},\ i = 1,2,3,\ldots\ldots,10$$

앞에 *Maximize*라고 적었다. 그리고 수식 부분에는 보물상자에 담긴 보물의 총 가치를 계산하는 곱셈을 표현했다. 제약조건으로는 여러 가지를 고려할 수 있지만, 제1장에서는 보물상자에 담긴 보물의 총무게가 일정한 값을 초과하지 않도록 했으므로, 여기서도 이를 수식으로 나타냈다.

그리고 맨 마지막 줄에는 결정변수를 표현했다. 이는 각 보물을 보물상자에 넣을지, 말지를 판단하기 위한 0/1 변수며, 이것이 총 10개의 보물에 적용됨을 나타낸 것이다. 이처럼 문제 상황을 모형화할 때에는 **형식에 맞춰** 표현해야 한다.

Section

2 수학적최적화의 문제 해결 방식

앞서, 수학적최적화를 활용하기 위해 현실의 문제를 어떻게 모형화할지(어떤 모형으로 표현할지)에 초점을 맞춰 설명했다. 여기에서는 모형화한 다음 **어떤 방식으로 최적해를 구하는지를 알고리즘 관점에서** 살펴보려고 한다.

최적화 알고리즘에 대한 자세한 내용은 수학적최적화 관련 전문 서적에서 다룬다. 이는 수학적이고 이론적으로 접근해야 하므로, 입문자가 이해하기는 쉽지 않다. 이 책에서는 이를 깊이 다루기보다는, 누구나 어렵지 않게 이해할 수 있는 기초적인 내용만 소개한다.

최적화 문제의 정의부터 해결까지의 전체 흐름 살펴보기

최적화 문제를 정의하고 해결하기까지의 전 과정을 **[그림 2-2-1]**에 나타냈다. 앞서 설명했듯이, 먼저 현실에서 해결이 필요한 문제나 현상을 수학적최적화의 문

■ [그림 2-2-1] 최적화 문제의 정의 및 해결 과정

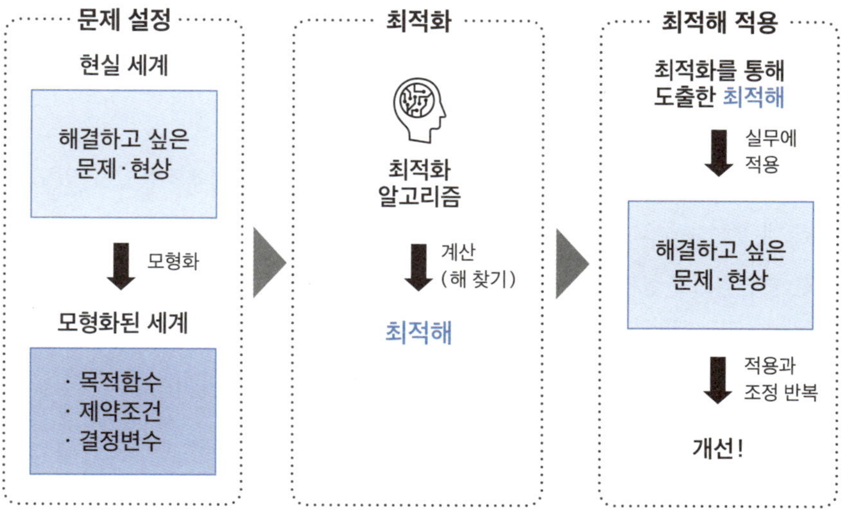

제로 모형화해야 한다.

그리고 모형화한 후에는 **수학적 계산과 최적화 알고리즘을 활용해서 최적해**를 구한다. 제3장부터 다룰 최적화 적용 사례에서는 **Excel의 해 찾기 기능**을 사용하여 최적해를 구한다.

최적해를 구했다면 수학적최적화의 역할은 그것으로 끝이다. 이제 남은 것은 **최적해를 현장에 적용**해서 처음에 인식한 문제를 개선하는 일이다. 다만, 한 번에 모든 것이 해결되는 경우는 매우 드물다. "이런 제약조건을 더 추가해 보고 싶다"거나, "이대로는 현장에 그대로 적용하기는 어렵다", "이론상으로 최적해일지라도 현장에는 너무 큰 변화를 초래하지 않도록 점진적으로 적용해 나가고 싶다"는 등의 다양한 의견이 나올 수 있다. 물론, 모든 요구를 수용하다 보면 수학적최적화의 본래 취지에서 크게 벗어날 수도 있다. 그러나 일정 범위 내에서는 수학적최적화가 현실에서 제대로 작동할 수 있도록 적절히 조율하며 모형을 조금씩 수정해 나가는 것이 중요하다. '최적화 모형 보완 → 알고리즘 구현 → 결괏값 확인 → 모형 추가 및 보완 → …'의 과정을 반복하며 점진적으로 개선해 나가면, 현장의 요구 사항에 부합하는 결과를 얻을 수 있다.

최적화 알고리즘이란?

이제 최적화 알고리즘을 활용한 문제 해결 과정을 개괄적으로 설명해 보겠다. 최적화 방법은 매우 다양하다. 이를 한 데 묶어서 '최적화 알고리즘'이라고 표현하지만, **이론을 전개하고 해를 계산하는 방식은 매우 다양**하다.

이 책은 **입문자와 비전문가도 수학적최적화를 실무와 일상생활에 적용**할 수 있도록 하는 데 중점을 두고 있으므로, 최적화 알고리즘은 자세히 다루지 않고 다음 두 가지를 중점적으로 살펴본다.

- 현실의 문제를 수학적최적화 문제로 변환하려면 어떻게 해야 하는가?
- Excel을 활용해서 얻은 최적해를 어떻게 해석해야 하는가?

그러나 최적화 알고리즘 내부에서 어떤 일이 일어나는지 전혀 이해하지 못한다면, 수학적최적화는 단지 블랙박스에 지나지 않는다. 따라서 여기서는 반드시 알아야 할 기초적이고 중요한 내용을 선별하여 소개한다.

■ **[그림 2-2-2] 최적화 알고리즘에 대한 간략한 설명**

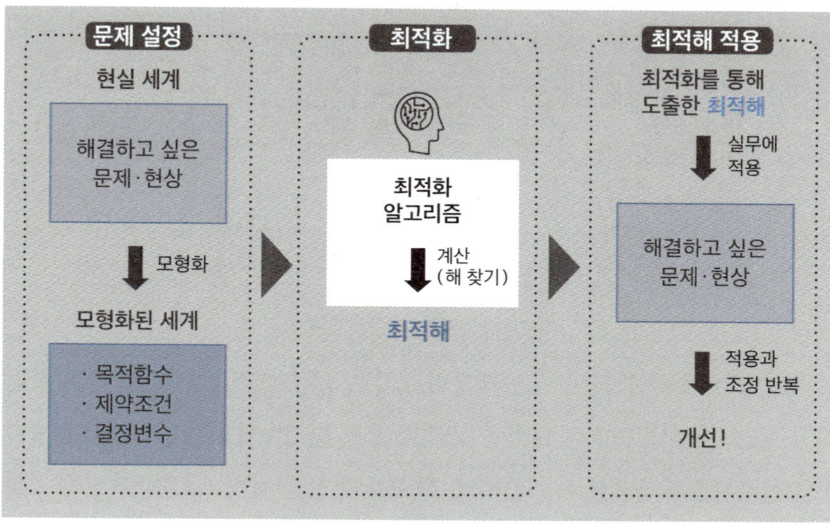

지금까지 '최적화 알고리즘'이라는 용어를 여러 차례 사용했지만, 이것이 무엇인지 다시 정의해 보자. 명확하게 정의하기는 어렵지만, 나름대로 표현해 보면 다음과 같다.

최적화 알고리즘은 '**(최적해를 포함한 목적함수의 전체적인 모습을 알지 못하는 상태에서) 최적해를 탐색하기 위한 도구**'다.

이를 조금 더 이해하기 쉽게 표현한 것이 **[그림 2-2-3]**이다. 최적화의 목표는 **목적함수를 최대화 또는 최소화하여 최적의 변수값, 즉 최적해를 도출**하는 것이다. 여기서는 설명을 쉽게 하기 위해 목적함수를 '최소화'하는 것으로 설정한다. **[그림 2-2-3]**처럼 x축을 결정변수값, y축을 목적함수로 설정한 좌표 평면에서, 목적함수값이 가장 작을 때의 결정변수값(최적해)을 확인하는 것이다.

■ [그림 2-2-3] 최적화 알고리즘에 기반한 최적해 탐색

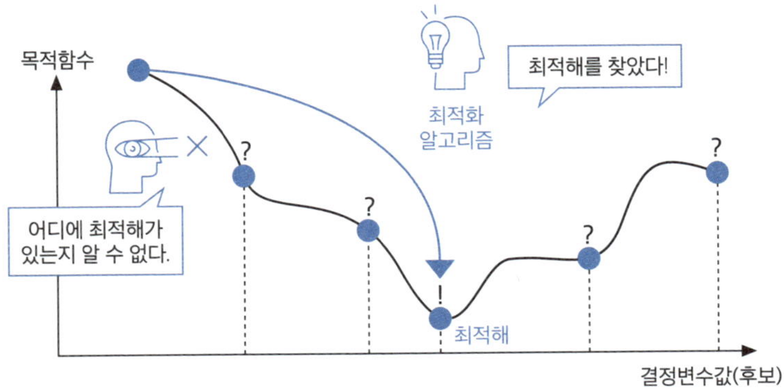

(최적해를 포함한 목적함수의 전체적인 모습을 알지 못하는 상태에서)
최적화 알고리즘을 기반으로 최적해를 탐색한다.

그러나 여기서 목적함수의 형태를 바로 알 수 있다면 굳이 알고리즘 같은 복잡하고 어려운 이야기는 하지 않았을 것이다. 참고로, 비교적 간단한 최적화 문제에서는 목적함수의 형태를 바로 알 수 있기 때문에 알고리즘을 사용하지 않아도 몇 개의 수식만으로 문제를 거뜬히 풀 수 있다. 이렇게 얻은 해를 '**해석해(解析解)**'라고 한다. 그러나 지금은 목적함수의 형태를 알기 어려우므로, 최적해를 구하려면 최적화 알고리즘이 필요하다는 정도로 알아 두자.

실무에서 접하는 대부분의 문제는 복잡해서 **최적해가 어디에 있는지 바로 알 수는 없다**. 따라서 알고리즘은 후보군으로서 여러 결정변수값을 탐색하고, 각각의 목적함수값을 계산해서 최적해인지 아닌지를 판단한다. 이러한 탐색 과정을 잘 수행하여 가장 작은 값일 것으로 추정되는 결정변수값, 즉 최적해를 찾아내는 것이 바로 최적화 알고리즘의 역할이다.

최적화 알고리즘 소개: 경사 하강법

여기서 궁금한 점은, **어떻게 효율적으로 탐색해서 최적해를 찾아내는지**다. 결정변수값의 후보는 매우 많기 때문이다. '해적의 고민'에서도 결정변수값의 조합이 무려

1,024가지였다. 현실 세계의 최적화 문제는 대부분 이보다 훨씬 더 많은 조합을 고려해야 한다. 이러한 상황에서는 어떤 값이 최적인지를 일일이 계산하여 판단하는 것은 사실상 불가능하다.

이처럼 모든 결정변수값을 따져보는 것이 어려울 때는, **효율적인 방식으로 변수값 후보를 찾아 목적함수를 최소화**해야 한다. 바로 이러한 상황에서 알고리즘이 진가를 발휘한다. 알고리즘의 종류는 다양하며, 각각 고유한 방식으로 최적해를 효율적으로 탐색해 나간다.

여기서는 상대적으로 이해하기 쉬운 **'경사 하강법'**이라는 최적화 알고리즘을 소개한다. '경사'는 '기울기'와 거의 같은 뜻이다. 경사 하강법은 **목적함수의 경사, 즉 기울기를 이용하여 목적함수를 최소화할 수 있도록 결정변수값을 조절하고 탐색하여 최적값(최적해)을 계산하는 알고리즘**이다. 이해를 돕기 위해 경사 하강법의 작동 방식을 [**그림 2-2-4**]에 나타냈다.

■ [그림 2-2-4] 경사 하강법에 의한 해의 개선

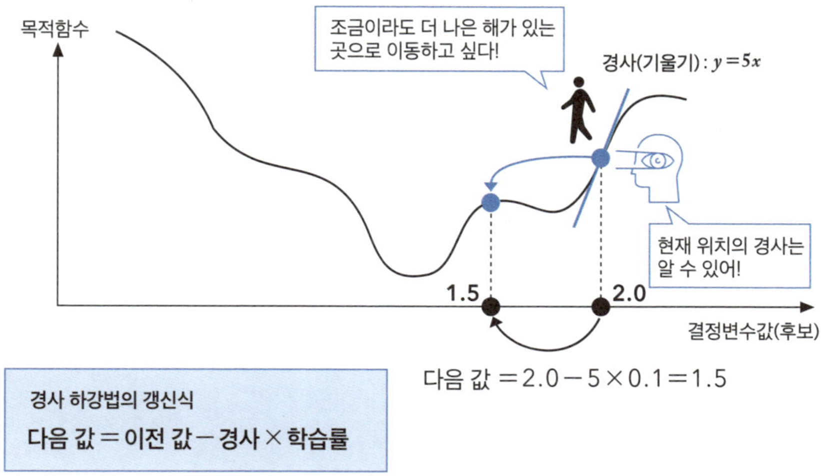

경사 하강법의 작동 방식은 **등산객이 주변이 보이지 않는 상황에서 조금씩 산비탈을 내려가며 골짜기(최저점)를 찾아 나가는** 모습과 비슷하다. 그 과정을 조금 더 자세히 살펴보자.

경사면을 내려가기 위해(최적해를 탐색하기 위해) 먼저 현재의 위치를 정해야 한다. 이를 위해 어느 정도 적당한 결정변수값을 선택한다. 이를 **'초깃값'**이라고 한다. 초깃값을 결정하는 데 특별한 기준은 없으며, 일반적으로 무작위로 선택한다. [**그림 2-2-4**]에서는 사람(등산객)이 서 있는 위치(변수값 = 2.0)가 초깃값이 된다.

이 점에서 출발한 등산객은 아주 조금씩 산비탈을 내려가며 골짜기에 도달하려고 한다. 다만, 경사(목적함수)의 전체적인 모습을 모르기 때문에, 이 상태로는 아래로 내려갈 수 없다. 따라서 **경사 하강법에서는 현재 위치의 경사(기울기)를 활용해서 어느 방향으로 얼마나 내려가야 할지를 판단**한다. 예를 들어, [**그림 2-2-4**]의 출발 지점에서는 파란색 선과 같은 경사가 있음을 알 수 있다. 이 직선을 $y = 5x$라는 식으로 표현하면, 기울기는 '5'가 된다.

그리고 이러한 기울기(경사)값을 활용하여 현재 위치에서 값을 갱신(다음 위치로 이동)한다. 이러한 갱신식은 [**그림 2-2-4**]의 하단처럼 다음과 같은 식으로 표현할 수 있다.

$$\text{다음 값} = \text{이전 값} - \text{경사} \times \text{학습률}$$

여기서 **'학습률'**이라는 단어가 새로 등장했다. 자세하게 설명하지는 않겠지만, 학습률은 일종의 상수라고 생각하면 된다. 그리고 상수는 0.1처럼 고정된 값을 의미한다.

만약 현재 변수값이 2.0, 해당 위치의 경사(기울기)가 5, 그리고 학습률이 0.1이라면, 다음 값은 다음과 같이 계산된다.

$$\text{다음 값} = 2.0 - 5 \times 0.1 = 1.5$$

처음에는 2.0인 위치에 있다가, 1.5인 위치로 이동한 것이다! 이는 조금 더 골짜기(최적해)에 가까워졌다는 것, 즉 목적함수 최소화를 향해 한걸음 다가갔다는 것을 의미한다. 이 알고리즘의 핵심은 **값을 갱신할 때 경사(기울기)값을 활용한다는 점**이다. 이 사례에서처럼 경사가 양수(+)인 경우에는 다음 값은 이전 값보다 작아지게 된다. [**그림 2-2-5**]를 보면, 경사가 왼쪽 아래로 기울어져 있으므로, 이때는 결정변수값을 약간 왼쪽으로 이동시키는 것이 경사를 내려가는 데 더 효과적이다.

반대로 경사가 음수(−)라면 다음 값은 이전 값보다 약간 커지게 된다. 이 경우에는 경사가 오른쪽 아래로 기울여져 있으므로, 변수값을 약간 오른쪽으로 이동시키는 것이 경사를 내려가는 데 더 효과적이다.

[그림 2-2-5] 경사의 부호에 따른 값의 갱신 방향 변화

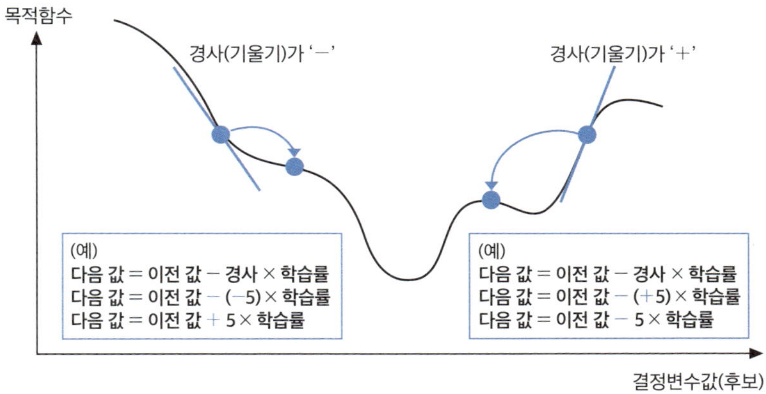

이와 같은 갱신식을 통해 **현재 어느 위치에 있든지 조금씩 경사를 내려가며, 그 과정에서 목적함수를 개선하며 최적해에 조금씩 다가갈 수 있다.**

지금까지는 한 번의 갱신 과정을 설명한 것이고, 일반적으로 한 번만으로는 충분하지 않다. 이제부터는 컴퓨터의 계산 성능을 활용해서 여러 번 반복적으로 값을 갱신해 나간다. **여러 번 갱신하다 보면 언젠가 최적해에 수렴할 것으로 기대**할 수 있다. 이것이 바로 최적화 알고리즘을 통해 최적해를 탐색하는 방식이다.

그렇다면 최적해에 수렴했다는 것을 어떻게 알 수 있을까? 갱신식을 보면 알 수 있듯이, **경사(기울기)가 '0'이면 다음 값이 이전 값과 동일해지므로, 그 지점에서 갱신이 중단된다.** 이는 경사를 더 이상 내려갈 수 없게 되는 지점에서 갱신이 종료된다는 뜻이다.

이번에 소개한 내용은 아주 기초적인 부분에 해당한다. 경사 하강법 알고리즘은 현재까지도 다양한 측면에서 개선되고 있다.

그 외에도 다양한 최적화 알고리즘이 존재하지만, 경사 하강법에 대한 대략적인 설명을 통해 최적해를 탐색하는 방법을 대략적으로 이해할 수 있었을 것이다. Excel의 해 찾기 기능도 이와 유사한 알고리즘을 활용하여 최적화 문제를 풀 수 있다.

지역 최적해와 전역 최적해

지금까지 최적화 알고리즘에 대한 기본 개념을 살펴보았지만, 이를 실무에서 활용할 때 반드시 기억해 두어야 할 내용이 더 있다.

그것은 바로 **도출된 최적해가 반드시 하나의 값으로만 수렴하지 않을** 수 있다는 점이다. [**그림 2-2-6**]과 같은 형태의 목적함수가 있다고 가정해 보자. 앞서 언급했듯이, 일반적으로 목적함수의 전체적인 형태를 알 수 없지만, 여기서는 이러한 형태로 가정했다. 그리고 경사 하강법과 같은 최적화 알고리즘을 사용하여 최적해를 탐색할 때, 경사가 0이 되면 특정값으로 수렴한다고 했다. 그러나 목적함수가 [**그림 2-2-6**]의 형태라면 어떻게 될까? 그림에서 보듯이, 경사가 0이 되어 더 이상 갱신되지 않는 변수가 여러 위치에 있다.

파란색 점으로 표시된 위치에서는 경사가 0이기 때문에 갱신이 중단되고, 초깃값이나 학습률에 따라 어느 위치에 있는 값으로든 수렴할 가능성이 있다. 즉, **어떤 때에는 최적해가 5였는데, 다시 계산했더니 10이 되는 상황이 발생**할 수도 있다. 이처럼 특정 지점에서는 가장 좋은 값처럼 보이지만, 전체적으로는 최적이라고 말할 수 없는 해를 **'지역 최적해(Local Optimum)'**라고 한다. 목적함수 전체에서 가장 작은 값은 하나뿐이다. 이처럼 탐색 범위 전체에서 가장 좋은 값이라고 보장할 수 있는 해를 **'전역 최적해(Global Optimum)'**라고 한다.

전역 최적해를 매번 찾아낼 수 있으면 좋겠지만, 앞서 설명했듯이 초깃값의 위치에 따라 지역 최적해에 빠져 버릴 가능성도 있다. 목적함수의 전체적인 모습을 알 수 없기 때문에 **도출된 최적해가 전역 최적해인지를 증명하는 것은 매우 어렵다**. 따

■ [그림 2-2-6] 지역 최적해와 전역 최적해

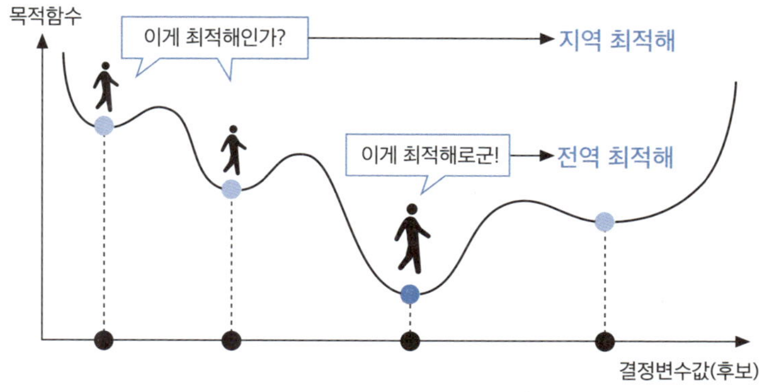

- 지역 최적해: 좁은 영역 내에서는 가장 좋은 값이지만, 전체적으로는 그렇다고 장담할 수 없는 해
- 전역 최적해: 탐색 범위 전체에서 가장 좋은 값이라고 보장할 수 있는 해

라서 계산을 통해 얻은 최적해가 지역 최적해일 가능성이 있다는 점을 항상 염두에 두어야 한다.

이 주제를 여기서 다루는 이유는, 현장에서 수학적최적화를 활용할 때 지역 최적해에 빠질 가능성을 인지하는 것이 매우 중요하기 때문이다. 예를 들어, 현실의 의사결정 문제에 수학적최적화를 적용하여 얻은 결괏값을 실무에 적용하는 상황을 가정해 보자. 여러 이해관계자들과 결과를 공유하기 위해 최적화를 한 번 더 실행했는데, **(지역 최적해에 빠져 있었기 때문에) 이번에는 이전과 전혀 다른 결괏값이 나왔다면, 그 이유를 설명하기는 매우 어려울 것이다.** "앞서 실행했을 때와 동일한 조건과 데이터로 작업을 했는데, 전혀 다른 결과가 나왔네요? 왜 그런 거죠? 설명하기 어렵다면 최적화를 통해 도출한 결과를 신뢰할 수 없겠네요."라는 핀잔을 들을 수 있다. 이때 지역 최적해의 개념에 대해 알고 있다면 "이번 문제처럼 비교적 복잡한 경우에는, 컴퓨터의 난수 등 여러 요소의 영향을 받아 지역 최적해라고 하는, 계산할 때마다 서로 다른 최적해가 도출되기도 합니다."라고 설명할 수 있다. 이처럼 지역 최적해와 전역 최적해는 수학적최적화를 현실에 적용하려는 사람이라면 반드시 알아야 할 중요한 주제다.

가급적이면 지역 최적해에 빠지지 않아야겠지만, 그럴 가능성을 완전히 차단하기는 쉽지 않다. 따라서 여유가 있다면 **동일한 문제를 여러 번 풀어 보고, 도출된 여러 지역 최적해 중에서 가장 좋은 값(여러 후보값 중에서 가장 작은 값)을 선택**하는 방법도 고려할 만하다.

그렇다면 전역 최적해는 어떻게 찾아야 할까? 조금 어렵게 들릴 수 있지만, 앞서 설명한 '해석해'가 존재하고 이를 계산할 수 있다면 전역 최적해도 찾을 수 있다.

목적함수가 비교적 단순한 경우에는 미분이나 선형 대수와 같은 수학적 기법을 기반으로 수식을 전개하여 최적해를 찾을 수 있다. 이처럼 수식을 전개해서 구할 수 있는 최적해를 '해석적 해'라고 하며, 이 값은 기본적으로 전역 최적해라고 간주할 수 있다.

Section

3 수학적최적화를 공부해야 하는 이유는 무엇인가?

지금까지 수학적최적화를 활용할 때 필요한 '모형화'란 무엇인지, 그리고 최적화 알고리즘을 통해 최적해를 탐색하는 방법에 대한 설명을 통해 기초적인 내용을 파악할 수 있었을 것이다. 이제 주제를 조금 바꾸어, **데이터 활용 기술 전체를 살펴보며 왜 수학적최적화를 공부해야 하는지** 생각해 보자.

데이터 활용이라는 틀에서 바라보면, 수학적최적화는 다양한 기술 중 하나에 불과하다. 데이터 활용, **'AI', '데이터 사이언스'** 등으로 불리는 분야에서 실무적으로 자주 활용되는 기술을 [**그림 2-3-1**]에 나타냈다. 그림에서 아래쪽에 위치한 기술일수록 난이도가 낮아서 상대적으로 접근하기 쉽다. 반대로, 위쪽에 위치한 기술일수록 난이도가 높지만, 그만큼 고급 질문에도 더 좋은 답을 내놓을 수 있다.

여기서는 수학적최적화가 주인공이니 그 외의 기술은 간략히 소개한다. 과거와 현재의 상황을 정량적으로 분석하려면 먼저 **데이터를 집계하고 시각화**하는 등의

■ [그림 2-3-1] 데이터 활용 5단계 모델

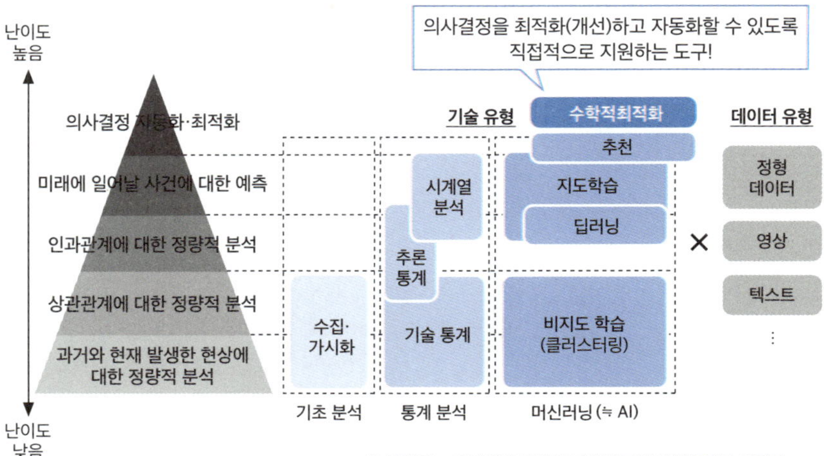

※ 실제로는 더 많은 분야에서 다양한 기술이 활용되고 있지만, 여기서는 이해를 돕기 위해 최대한 단순하게 표현했다.

기본적인 단계에서부터 시작하는 것이 좋다. 여기에서 더 나아가 여러 현상 사이의 관계를 정량적으로 분석하고 싶은 경우에는 **추론 통계와 같은 통계적 접근 방법**이 좋은 도구가 될 수 있다. 그리고 미지의 현상이나 미래 예측 등의 수준 높은 문제에는 지도 학습과 **머신러닝(Machine Learning)**을 활용하는 것이 적합할 수 있다. 이는 이른바 'AI'라고 불리는 분야에 가깝다. 따라서 **수학적최적화는 지금까지 살펴봤듯이, 최적의 의사결정을 내리기 위해 최적의 해를 찾아 나가는 과정**이다. 문제를 설정하고 이를 모형화하여 계산을 통해 결괏값을 구하는 일은 꽤 어렵지만, 최적해를 도출할 수 있다면 그 효과는 상당할 것으로 기대된다. 그리고 IT 시스템을 사용하여 최적해를 계속 계산할 수 있게 되면, 이는 자연스럽게 **의사결정의 자동화**로 연결될 수 있다.

이에 수학적최적화는 **데이터 활용 기술 중에서도 의사결정의 품질을 개선하고 최적화하며, 그 과정을 자동화하는 데 직접적인 도움을 주는 중요한 기술**로 평가받고 있다. 따라서 수학적최적화의 개념과 활용 방법을 익히는 것은 업무 현장과 우리 사회 여러 곳에 만연한 문제를 해결하는 데 반드시 필요한 일이라고 할 수 있다.

조금 더 설명을 덧붙이자면, [**그림 2-3-1**]에서는 위로 갈수록 더 중요한 기술처럼 보일 수 있지만, 이는 기술의 난이도를 기준으로 나열한 것일 뿐이다. 비즈니스 현장과 사회 문제를 해결하는 데는 모든 기술이 동등하게 중요하다고 생각한다.

Section

4 수학적최적화의 유형

수학적최적화와 관련된 기초 지식에 대한 설명은 이 정도로 마무리하고, 이제 최적화의 유형에 대해 살펴보자. '수학적최적화'는 크게 **'연속 최적화'와 '조합 최적화'**로 분류할 수 있다.

각각의 개념을 이해하게 되면, 비즈니스 현장이나 일상생활에서 접하는 문제를 어떠한 관점에서 접근해야 하는지 명확히 알 수 있을 것이다. 따라서 제3장부터는 Excel의 해 찾기로 여러 문제를 직접 풀어 나가게 되므로, 그 전에 이러한 개념들을 정확히 아는 것이 중요하다.

연속 최적화란?

연속 최적화와 조합 최적화의 차이를 결정하는 것은 **결정변수의 형태**다. 연속 최적화는 말 그대로, **결정변수값이 연속적인 숫자인 최적화 문제**를 말한다. 즉, 0, 0.1, 0.2, …, 1.0, 1.1과 같이 연속적인 값을 결정변수값으로 사용한다. 조금 더 정확히 표현하자면, 이처럼 등간격으로 늘어나거나 감소하는 값이 아니라, 0.15나 1.08처럼 범위 내의 모든 값이 포함된다.

예를 들어, 상품 가격은 100원이나 101원 등 어떤 값이든 될 수 있어, 연속 최적화 대상이 되는 결정변수라고 간주할 수 있다. '가격을 소수점까지 표시하는 경우는 없으니 연속변수라고 볼 수는 없지 않나?'라고 생각할 수 있지만, 100과 101은 서로 가까운 값이고, 100과 1,000은 멀리 떨어진 값이라고 할 수 있듯이, 어떤 2개의 값 사이에 연속성과 관계성이 있는 경우에는 소수점이 없어도 연속 최적화의 대상이 된다. 기술적으로는 소수점을 가질 수 있는 변수로 최적화 문제를 풀었더니 최적해가 100.7이 나왔다면, 이를 반올림하여 101을 최적해로 간주할 수도 있다.

이를 그래프로 표현해보면, **[그림 2-4-1]**처럼 수많은 결정변수와 이로부터 산출된 다양한 목적함수값으로 나타낼 수 있다.

■ [그림 2-4-1] 연속 최적화의 정의

연속 최적화: 결정변수가 연속된 값을 갖는 최적화 문제

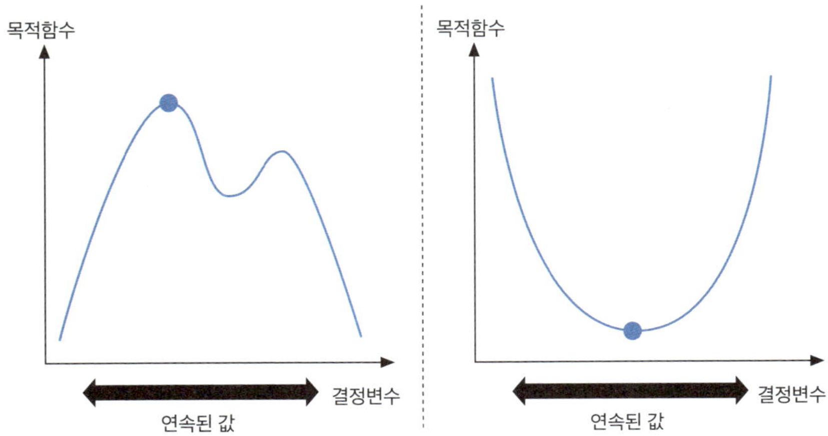

연속 최적화 사례

현실에서 연속 최적화가 자주 활용되는 사례를 [**그림 2-4-2**]를 통해 살펴보자.

첫 번째 상품 가격 최적화는, 상품 가격을 조정함으로써 해당 상품을 판매하여 얻을 수 있는 매출과 이익을 최대화하는 방식이다. 여기서 조금 더 발전한 활용 방법으로 **'다이내믹 프라이싱(Dynamic Pricing)'**이라는 접근 방식이 있다. 이는 말 그대로, 다이내믹(동적)한 방식으로 프라이싱(가격 최적화)하는 것이다. 예를 들어, 최근 항공사의 항공권 가격은 수요나 주변 환경에 따라 시시각각 변동하고 있는데, 이러한 상황을 떠올리면 이해하기 쉬울 것이다. 다만, 실제로 가격이 매일 변동하는 환경을 구축하려면 시스템 설계 등 복잡한 요소들을 모두 고려해야 하므로 구현하기 쉽지 않다. 따라서 처음에는 상품 단가를 '재조정'하는 정도로 시작하는 것이 바람직하다.

제1장에서 소개한 광고 예산 배분 최적화 문제에서 광고 예산도 상품 가격과 마찬가지로 연속 변수에 해당하므로 연속 최적화 대상이다.

■ [그림 2-4-2] 연속 최적화 활용 사례

최적화 사례	어떤 결정변수를 최적화하는 문제인가?	어떤 목적함수를 최대(최소)화하는 문제인가?
상품 가격 최적화	상품별 가격	이익(또는 매출액 등) 극대화
광고 예산 배분 최적화	광고 매체별 예산 집행 금액	광고 비용 대비 효과 (광고를 통한 매출액) 극대화
금융 자산 포트폴리오 최적화	금융 상품별 투자 금액	리스크 대비 투자 수익 극대화

한편, 금융 분야에는 어떤 금융 상품(자산)에 얼마나 투자하는 것이 위험 대비 수익을 극대화할 수 있는지에 대한 문제가 있다. 이는 광고 예산 배분 문제와 유사하다. 이러한 금융 자산 최적화 문제를 흔히 **'포트폴리오 최적화 문제'**라고 부른다. 참고로, 여기서 소개한 세 가지 사례는 모두 제3장 이후에서 자세히 다룰 것이다.

이처럼 결정변수가 연속된 값을 가지는 경우에는 연속 최적화라는 틀 안에서 최적화 문제를 해결하게 된다. 데이터 과학자나 엔지니어가 아닌 이상 알고리즘의 내부 구조까지 신경 쓸 필요는 없지만, **연속 최적화와 조합 최적화는 각각 다른 유형의 알고리즘으로 문제를 해결한다는 정도로 알아 두자.** 알고리즘에 대한 세부적인 내용까지는 모르더라도, 현장의 실무자와 함께 '어떤 비즈니스 문제를 어떤 결정변수를 중심으로 해결하려고 하는가?', 그리고 '그것이 연속된 값인가 아닌가?'라는 관점에서 논의할 수만 있다면, 큰 도움이 될 것이다.

조합 최적화란?

조합 최적화에 대해서도 함께 살펴보자. 이 또한 현장에서 자주 활용되고 있다. 조합 최적화는 **결정변수가 이산적(離散的)인 값을 갖는 최적화 문제**를 의미한다. 이산적인 값은 남성(남성을 0으로 설정), 여성(여성을 1로 설정)처럼 각각의 값이 별개의 항목이나 범주에 속하는 수치를 뜻한다('값과 값 사이에 거리가 없다'라고도 표현한다).

예를 들어, 대상이 되는 변수가 두 가지인 경우, [**그림 2-4-3**]처럼 **결정변수 간 조합에 따라 몇 가지 경우의 수**가 만들어진다. 따라서 '조합 최적화'라고 불리며, 그 과정에서 목적함수가 가장 큰 (또는 가장 작은) 값을 가지는 결정변수의 조합이 최적해라고 할 수 있다.

■ [그림 2-4-3] 조합 최적화의 정의

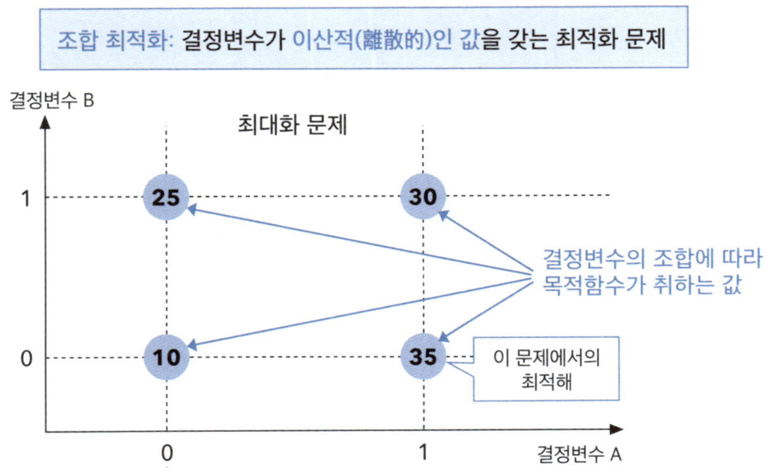

현장에는 0 또는 1의 결정변수를 바탕으로 접근해야 할 최적화 문제가 많다. 구체적인 사례를 몇 가지 살펴보자.

조합 최적화 사례

자주 활용되는 조합 최적화 사례들을 [**그림 2-4-4**]에 몇 가지 나열했다.

첫 번째 사례는 물류 · 배송 업계에서 자주 활용되는 **경로 최적화**다. 이 문제에서는 **'특정 차량이 특정 매장을 방문한다면 1, 방문하지 않는다면 0'**이라는 결정변수를 설정한다. 그리고 모든 차량과 모든 배송지에 대한 결정변수(0 또는 1)의 조합을 파악하면, 각 차량의 배송 경로가 결정된다. 이에 따라 배송 차량 대수 또는 배송 시 이동 거리를 최소화할 수 있다면 비즈니스 효율성이 향상되었다고 볼 수 있다. 이와 유사한 **'외판원 문제'** 역시 조합 최적화의 대표적인 사례로, 이는 제7장에서 관

■ [그림 2-4-4] 조합 최적화의 활용 사례

최적화 사례	어떠한 결정변수를 최적화하는 문제인가?	어떠한 목적함수를 최대(최소)화하는 문제인가?
배송 경로 최적화	특정 차량이 특정 장소를 방문할지, 방문하지 않을지(0/1)	배송하는 차량 대수 (또는 이동 거리 등) 최소화
적재 최적화 (빈 패킹)	특정 상품을 특정 박스에 넣을지, 넣지 않을지(0/1)	박스 사용량 최소화
근무 스케줄 최적화	특정 인원을 특정 시간대에 배정할지, 배정하지 않을지(0/1)	근무 인원 최소화

※ 여기서 소개하는 결정변수와 목적함수는 하나의 예시일 뿐이다.
이는 최적화를 적용하려는 비즈니스의 상황에 따라 전혀 다른 형태로 정의될 수 있다.

광 경로 최적화라는 형태로 다룰 것이다.

두 번째 사례는 첫 번째 사례와 마찬가지로, 0 또는 1을 결정변수값으로 사용하는 **적재 최적화**다. 이는 물류 트럭 등 다양한 상황에서 활용되는데, **'특정 상품을 특정 박스(또는 트럭)에 적재한다면 1, 적재하지 않는다면 0'**이라는 변수값을 갖는다. 그 결과, 적재하는 데 사용하는 박스(또는 트럭) 수를 최소화할 수 있다면 그만큼 비즈니스 효율성이 향상되었다고 볼 수 있다. 적재와 관련된 대표적인 문제로는 제1장에서 소개한 **'배낭 문제'나 '빈 패킹(Bin Packing) 문제'** 등이 자주 다뤄진다.

세 번째 사례는 **근무 스케줄 최적화**다. 시설 관리자들이 흔히 고민하는 어느 직원을 어느 시간대에 배정할지와 같은 문제를 최적화 문제로 다룬다. 직원별로 근무할 수 없는 시간대와 같은 제약조건을 고려하여 **'누가 어느 시간대에 근무할 것인가(1 또는 0)'**라는 결정변수의 최적해를 구하고, 이를 통해 근무 인원을 최소화하는 것을 목표로 한다. 이 문제는 제6장에서 다룰 것이다.

조합 최적화는 결정변수의 조합을 고려하는 것이므로, '수학적최적화를 사용하지 않고도, 모든 조합을 나열해서 하나하나 따져 보면 되지 않을까?'라고 생각할 수도 있다. 대상이 되는 상품수나 인원수가 적으면 가능하겠지만, 많으면 사실상 불가능하다. 예를 들어, 외판원 문제나 배낭 문제에서는 방문 대상지나 상품수가 30가지를 초과하면 고려해야 할 조합의 수가 수십 억 가지나 된다. 수학적최적화의 목표는 이른바 **'조합 폭발'**이 발생한 상황에서도 다양한 알고리즘을 통해 최적해를 빠르게 찾아내는 것이다.

참고로, 최근 화제가 되고 있는 **양자 컴퓨터**는 이러한 조합 최적화 문제를 초고속으로 해결할 수 있는 것으로 알려져 있으며, 이와 관련된 다양한 연구가 진행되고 있다. 다만, 아직까지는 연구 중인 경우가 많고, 양자 컴퓨터 관련 소프트웨어도 널리 보급되지는 않았기 때문에, 최적화 문제 해결에 활용되기까지는 시간이 더 걸릴 것으로 보인다. 그러나 수학적최적화 알고리즘을 손쉽게 구현하고 이를 현장에 빠르게 적용할 수 있는 미래가 언젠가 우리 앞에 찾아올 것이라고 기대한다.

Section

5 Excel로 수학적최적화 문제 해결하기

이제 Excel을 활용하기 위해 어떤 준비가 필요한지를 살펴보려고 한다.

수학적최적화 문제의 해결 도구

Excel 준비 방법을 설명하기에 앞서, 수학적최적화의 해결에 필요한 도구를 전체적으로 살펴보자. 앞서 간략히 소개했듯이, 수학적최적화 문제의 해결 도구는 Excel의 해 찾기 기능 외에도 여러 가지가 있다. **[그림 2-5-1]**을 살펴보자.

■ [그림 2-5-1] 수학적최적화 문제의 해결 도구

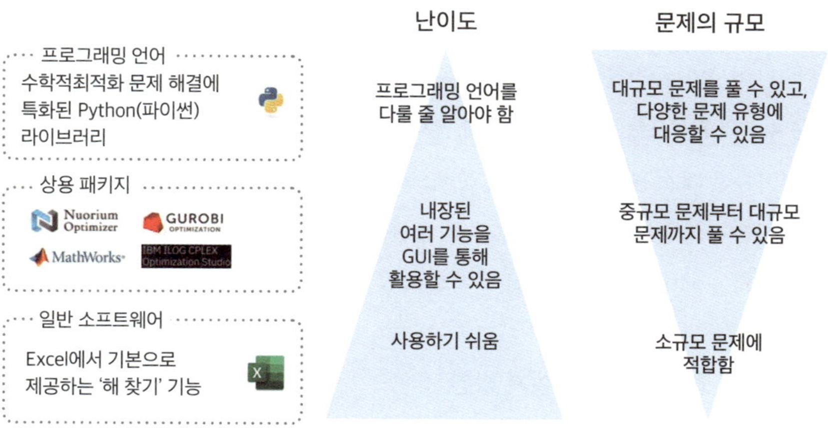

※ 이는 문제의 유형과 인프라의 성능에 따라 변동될 수 있다.

크게 보면, **Excel의 해 찾기 기능, 수학적최적화 문제를 풀기 위한 상용 패키지, 그리고 Python 등과 같은 프로그래밍 언어** 등으로 구분할 수 있다(Excel도 상용 패키지로 분류할 수 있으나, 이 책에서는 Excel의 해 찾기 기능을 활용하므로 패키지와 나누어 표현했다). 이러한 도구들은 **'사용 난이도'와 '문제의 크기'** 등을 기준으로 구분할 수도 있다.

먼저, 이번에 사용할 Excel의 해 찾기 기능은 **Excel을 기반으로 하고 있기 때문에 사용하기 쉽고 난이도가 낮다는 것이 큰 장점**이다. 그러나 Excel로는 규모가 큰 문제를 풀 수 없다(물론 문제 해결 방법을 잘 설계하면 규모가 큰 문제도 풀 수 있다). 여기서 문제의 규모는 고려해야 하는 결정변수의 개수에 따라 달라지는 것이 일반적이다. 간단히 예를 들면, '해적의 고민'에서 가져갈지 말지를 고려해야 하는 대상이 100가지 정도라면 풀 수 있었지만, 10,000가지를 초과하면 문제의 규모가 너무 커져서 풀지 못하게 될 수도 있다.

상용 패키지는 유료로 제공되기 때문에 대부분 **GUI(Graphical User Interface)를 통해 여러 기능을(프로그래밍하는 것보다는) 손쉽게 활용할 수 있다**. 따라서 Excel과 마찬가지로, 일반적인 컴퓨터 활용 능력만 있으면 쉽게 활용할 수 있다. 그리고 Excel로는 풀기 어려운 중규모, 대규모 문제도 풀 수 있다.

마지막으로, Python과 같은 프로그래밍 언어(정확히는 해당 언어를 다룰 수 있는 라이브러리도 포함)를 사용하는 경우에는, 프로그램을 작성해야 하기 때문에 사용 난이도가 급격하게 높아질 수 있다. 그러나 프로그래밍이 가능하다면 **매우 높은 수준의 자유도를 기반으로 최적화 문제를 유연하게 해결**할 수 있고, 대형 클라우드 서버를 함께 사용하면 대규모의 문제도 안정적으로 해결할 수 있다.

지금까지의 설명은 이해를 돕기 위해 단순화했으며, 문제 유형이나 문제 해결에 사용되는 서버 환경에 따라 내용이 달라질 수도 있다.

Excel '해 찾기' 기능 설치 방법

이 책에서는 수학적최적화의 핵심 개념을 쉽게 이해할 수 있도록 간단한 사례들만 다룰 것이다. 이 문제는 **Excel의 해 찾기 기능**만으로도 충분히 풀 수 있다.

이와 더불어 Excel 사용 경험이 있는 사용자를 대상으로 하며, Windows 11에서 Microsoft 365용 Excel을 사용하는 것을 전제로 설명할 것이다. Windows나 Excel 버전이 조금 다르더라도 이해할 수 있으며, Mac 버전에서도 동일하게 사용할 수 있다.

Excel로 수학적최적화 문제를 해결하려면 '해 찾기(Solver)'라는 추가 기능을 사용해야 한다. 이 기능을 아직 추가하지 않았다면, 다음 설명을 참고하여 설치해 보자.

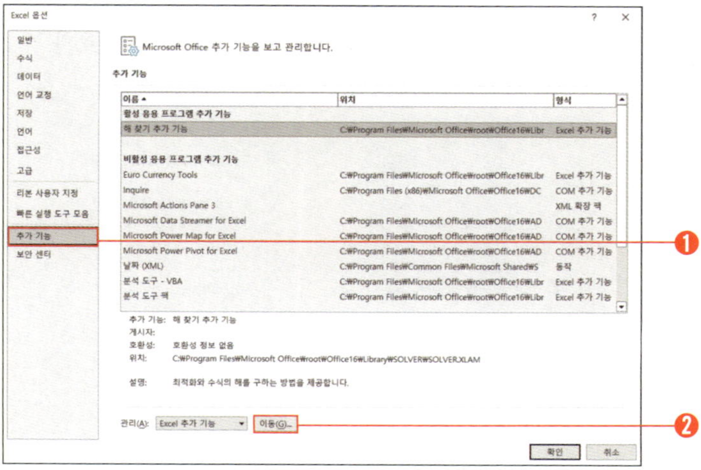

추가 기능을 사용하려면 먼저 [파일] → [옵션]을 클릭하여 [Excel 옵션] 대화상자를 열어야 한다. 그다음 [Excel 옵션] 대화상자의 왼쪽 하단에 있는 [추가 기능]을 클릭한 후❶, 대화상자 하단의 [이동(G)] 버튼을 클릭한다❷. 그러면 [추가 기능] 대화상자가 열린다.

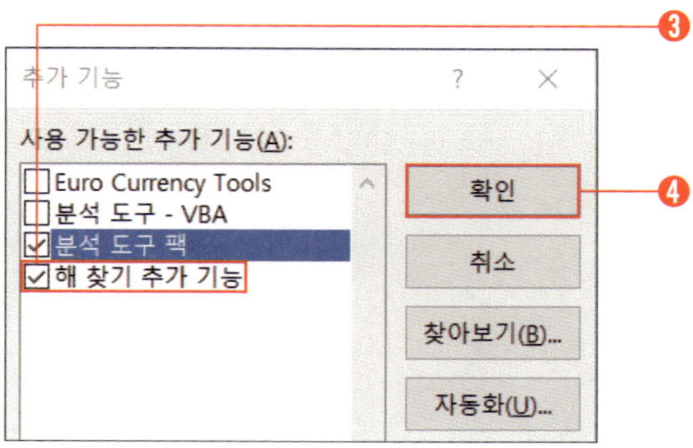

[추가 기능] 대화상자에서 [해 찾기 추가 기능]에 체크 표시를 한 다음❸, [확인] 버튼을 클릭한다❹. 참고로, [해 찾기 추가 기능] 바로 위에 있는 [분석 도구 팩]은

이번에는 사용하지 않지만, 체크 표시를 해둬도 상관없다. 여기까지 진행했는데 설치되지 않았다는 메시지가 뜨는 경우에는 화면에서 지시하는 내용에 따라 진행해 보자.

이제부터 Excel을 기반으로 수학적최적화 문제를 하나씩 풀어 보자.

Chapter 3

사례 1

상품 가격을 최적화하여 매출을 극대화하자

Chapter 3
이 장에서 다루는 내용

이제부터는 수학적최적화를 업무와 일상생활에 어떻게 적용할 수 있는지를 더 깊이 이해하기 위해 각각의 사례를 구체적으로 다룬다. 먼저, 가장 쉽게 이해할 수 있는 상품 가격 최적화 사례를 살펴본다.

제3장에서는 **상품 가격을 최적화하여 매출을 극대화하는** 것을 목표로 한다.

[그림 3-0-1] 이 책의 구조

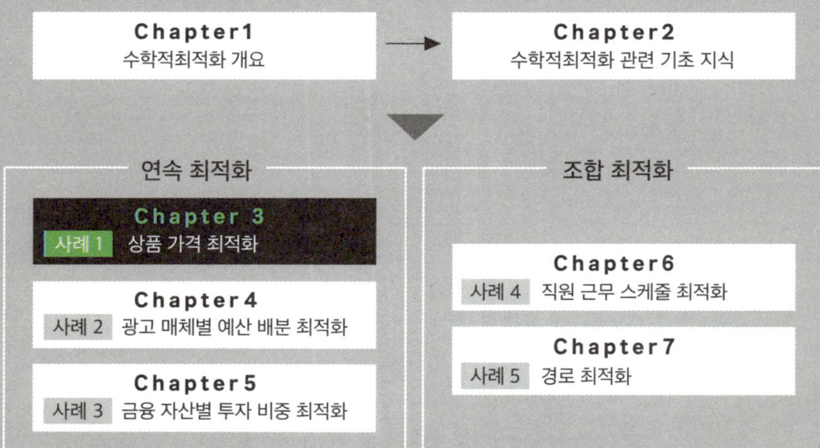

제3장의 핵심 포인트

- ☑ 상품 가격 최적화를 위한 문제 설정 방법
- ☑ 연속형 변수 기반의 최적화 문제 해결을 위한 기초 지식
- ☑ Excel의 해 찾기 기능을 활용한 최적화 문제 해결 방법

Section

1 문제 발견 매출을 극대화할 수 있는 상품 단가를 구해 보자

어느 회사의 소매점에서는 다양한 상품을 판매하고 있는데, 최근 취급하는 상품의 종류가 증가하면서 상품을 하나하나 관리하기 어려워졌다. 이러한 상황에서 상품 가격을 적절한 수준으로 조정해야 한다는 의견이 나오기 시작했다. 지금까지는 상품 가격을 내리면 같은 양을 팔아도 매출이 감소하고, 반대로 가격을 너무 올리면 판매량이 줄어서 역시 매출액이 감소했다.

매출액은 다양한 요소로 구성되지만, 아주 단순하게 보면 상품 가격과 판매량을 곱하여 계산할 수 있다. 즉, 상품 가격이 변하면 매출액도 달라진다. 이에 따라 매출액을 극대화할 수 있는 상품 가격을 찾아보려고 한다.

■ [그림 3-1-1] 매출액을 극대화하는 상품 가격 탐색

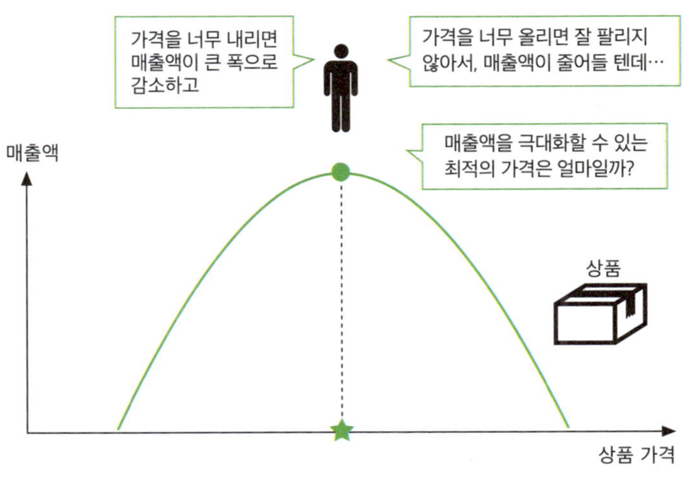

Section

2 문제 설정 가격 최적화 문제를 수학적최적화 문제로 변환해 보자

결정변수와 목적함수 정의하기

앞서 설명한 문제를 수학적최적화에 필요한 수식으로 변환해 보자. 첫 번째 사례이므로 아주 단순한 형태로 출발해 보자. 이 문제에서 상품은 한 가지며, 제약조건은 없는 상황이라고 가정해 보자.

수학적최적화 문제로 변환할 때 먼저 고려해야 하는 것이 다음의 두 가지 요소다.

- 결정변수: 어떤 값을 최적화하고 싶은가?
- 목적함수: 결정변수를 조정하여 무엇을 최대화/최소화하고 싶은가?

이 두 가지는 비즈니스 상황 등 여러 가지 요소에 따라 달라지므로 '반드시 이렇게 설정해야 한다'고 단정할 수는 없다.

여기서는 개념을 익히는 데 중점을 두고, 단순히 **'상품 가격을 최적화하여 매출액을 극대화하고 싶은 상황'**이라고 가정해 보자. 그러면 결정변수와 목적함수는 다음과 같이 정의할 수 있다.

- 결정변수: 특정 상품의 '가격'
- 목적함수: 해당 상품을 판매했을 때 '예상 매출액'

따라서 이번 문제는 **'목적함수인 상품 가격을 극대화하기 위해, 결정변수인 상품 가격의 최적해를 찾는 문제'**라고 할 수 있다.

이 장에서는 수학적최적화의 본질을 더 깊이 이해할 수 있도록 몇 가지 수식을 사용하여 설명할 것이다. 그리 어려운 내용은 아니니, 함께 차근차근 살펴보자.

매출액을 결정하는 요소는 무엇일까?

목적함수가 매출액이고, 결정변수가 상품 가격이므로 상품 가격과 매출액 사이에 일정한 상관관계가 있어야 한다. 그리고 그러한 상관관계를 **'수식으로 표현(모형화)'**해야 한다.

중고등학생 시절 수학 시간에 함수에 대해 공부한 적이 있을 것이다. 함수란 '특정 변수에 의해 결정되는 값이나 식'을 의미한다. 대표적인 예로 **'1차 함수'**가 있다. 1차 함수는 **직선의 방정식**이며, **[그림 3-2-1]**처럼 나타낼 수 있다.

[그림 3-2-1] 1차 함수의 정의

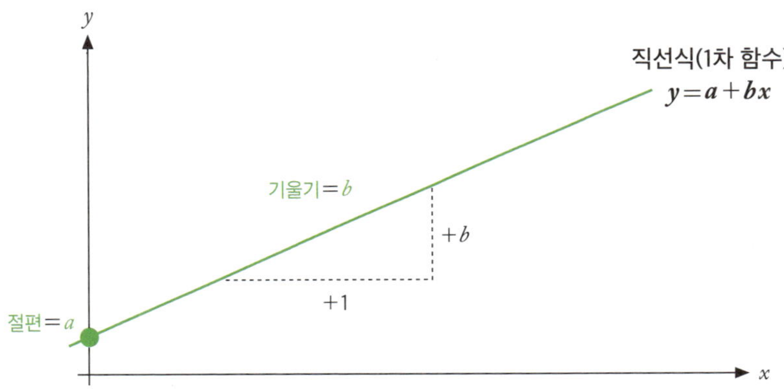

이를 수학적최적화의 관점에서 생각해 보면, 다음과 같이 바꿔 말할 수 있다.

- 가로축의 x값은 결정변수
- 세로축의 y값은 목적함수

즉, 'x라는 결정변수를 조절하여 목적함수인 y값을 결정한다'라는 형태다.

참고로, 직선식에서 a와 b는 흔히 **'절편'**과 **'기울기'**라고 표현하는데, 이를 통틀어 **'매개변수(parameter)'**라고 부른다. 매개변수값을 결정하는 것도 중요하지만, 이는 데이터의 상관성 등을 바탕으로 사전에 결정되는 경우가 많다. 이는 뒤에서 자세히 다룰 것이다. 이 1차 함수는 가장 기본적인 함수식(모형)이며, 이를 토대로 다양한 형태로 파생된다. 다만, 이 책에서는 수학적인 내용을 깊이 다루지 않으므로, 함수에 대해서는 이 정도로만 설명한다.

상품 가격과 매출액에 대한 이야기로 돌아가 보자. 매출액은 다양한 요인에 의해 결정되지만, 여기서는 상품 가격과의 관계를 단순하게 생각해 보려고 한다. 매출액은 판매량과 상품 가격을 곱하여 계산된다고 정의해 보자.

매출액 = 판매량 × 상품 가격

이 수식화(모형화)를 통해 매출액이 판매량과 상품 가격에 의해 결정된다는 관계를 명확히 보여줄 수 있다. 이것도 일종의 1차 함수라고 볼 수 있다. 그러나 이대로라면 '상품 가격을 인상할수록 매출액도 증가한다'는 관계가 되므로, 매출액을 극대화하기 위해 상품가격을 무한대로 인상하면 된다는 비현실적인 최적해가 도출된다.

■ [그림 3-2-2] 상품 가격 인상에 따른 매출액 변화

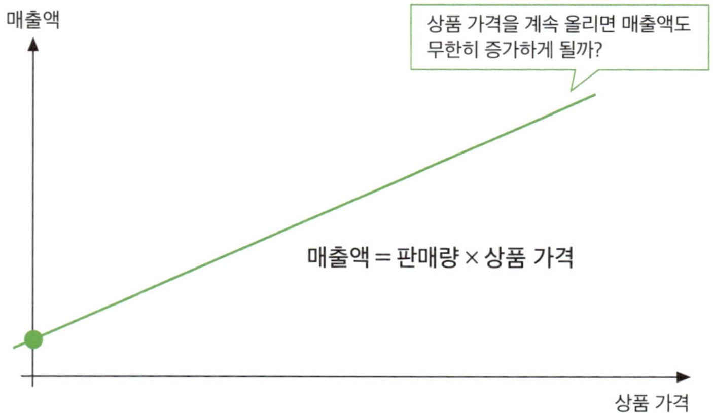

판매량과 상품 가격의 상관관계를 수식으로 표현하기

이제 앞서 설명한 1차식에서 '판매량' 부분을 살펴보자. 판매량은 어떻게 결정될까? 매출액과 마찬가지로 판매량 또한 다양한 요인에 의해 결정되지만, 여기서는 상황을 단순화하여 판매량과 상품 가격의 상관관계를 살펴보자.

이번에는 다수의 상품이 **'가격을 인상할수록 판매량이 감소하는'** 경향이 있다고 가정해 보자. 실제로 가격이 저렴해지면 소비자는 부담 없이 구입할 수 있고, 가격이 오르면 소비를 줄이게 되므로, 일반적인 상식으로 보아도 무리한 설정은 아닐 것이다.

이러한 경향을 정량적으로 표현하는 것은 매우 어렵지만, 여기서는 이해를 돕기 위해 앞서 소개한 1차 함수(= 직선)로 상관관계를 표현할 수 있다고 가정해 보자. 그러면 **[그림 3-2-3]**처럼 **'상품 가격을 인상할수록 판매량이 감소하는'** 음의 기울기를 가진(오른쪽으로 기울어진) 직선이 될 것으로 예상된다.

[그림 3-2-3] 판매량과 상품 가격의 상관관계

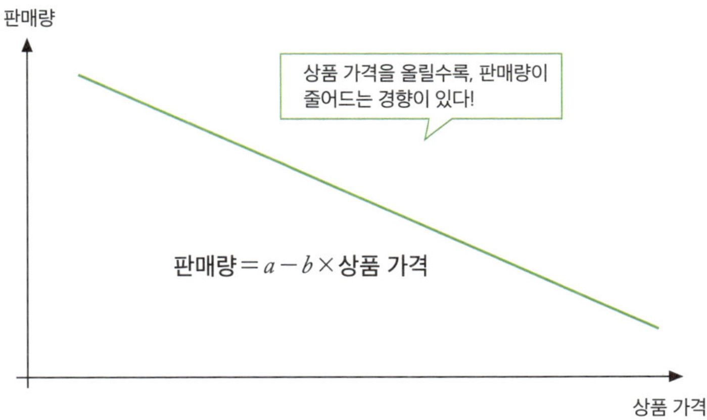

음의 기울기를 가진 직선으로 상관관계를 표현할 수 있다.

상품 가격과 매출액의 상관관계를 수식으로 표현하기

지금까지 다룬 수식을 정리해 보자.

1 매출액 = 판매량 × 상품 가격

2 판매량 = a(절편) − b(기울기) × 상품 가격

그러면 수식 1의 '판매량' 부분에 수식 2를 대입할 수 있을 것 같다! 실제로 대입하여 공식을 전개해 보면 다음과 같다.

■ [그림 3-2-4] 상품 가격과 매출액의 상관관계

매출액 = 판매량 × 상품 가격

매출액 = (a − b × 상품 가격) × 상품 가격

매출액 = − b × 상품 가격^2 + a × 상품 가격

이를 통해, 상품 가격과 매출액의 관계를 수식(모형)으로 표현할 수 있게 되었다! 한 가지만 더 설명하자면, 여기서 다룬 수식은 상황을 단순화하여 표현했지만, 실무에 적용하려면 이보다는 더 정교하게 모형화해야 한다. 이렇게 단순화한 내용을 통해, **결정변수(여기서는 상품 가격)를 이용해서 목적함수(여기서는 매출액)를 모형화한다**는 것을 이해할 수 있었을 것이다.

그리고 눈치챘을지도 모르지만, [**그림 3-2-4**]의 공식은 2차 함수의 형태를 띠고 있다. a와 b의 값에 따라 형태는 달라지지만, 2차 함수는 아래로 또는 위로 볼록한 형태가 된다. 여기서는 다음과 같은 상관관계를 보이므로, 위로 볼록한 2차 함수가 될 것이다.

- 상품 가격을 너무 내리면 매출액도 줄어든다.
- 상품 가격을 너무 올리면 (판매량이 줄어들어) 매출액이 줄어든다.

■ [그림 3-2-5] 상품 가격과 매출액의 상관관계(모형화)

최적화를 위한 모형화

극대화할 목적함수 = 매출액

= 판매량 × 상품 가격

= ($a-b$ × 상품 가격) × 상품 가격

= $-b$ × 상품 가격^2 + a × 상품 가격

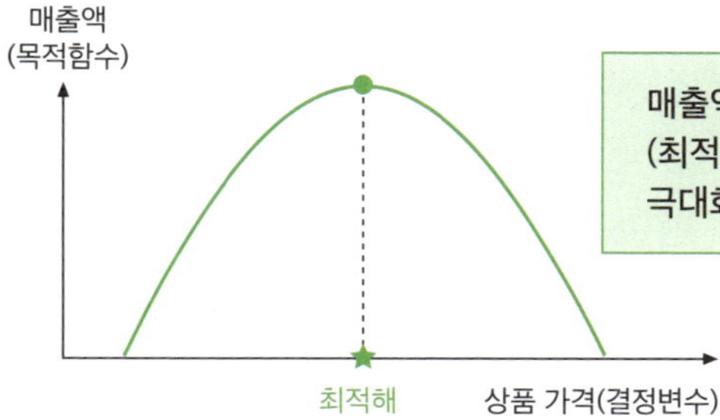

매출액을 극대화하는 최적의 상품 가격(최적해)을 찾을 수 있으면 목적함수를 극대화할 수 있다!

이러한 현상을 수학적 모형으로 표현할 수 있다면, 매출액이 최대가 되는 상품 가격(= 최적해)을 찾아낼 수 있을 것이다.

앞서 언급했듯이, 수학적최적화에서는 해결하고 싶은 현상을 어떻게 모형화(수식화)할지가 중요하다.

■ [그림 3-2-6] 현실 문제의 모형화

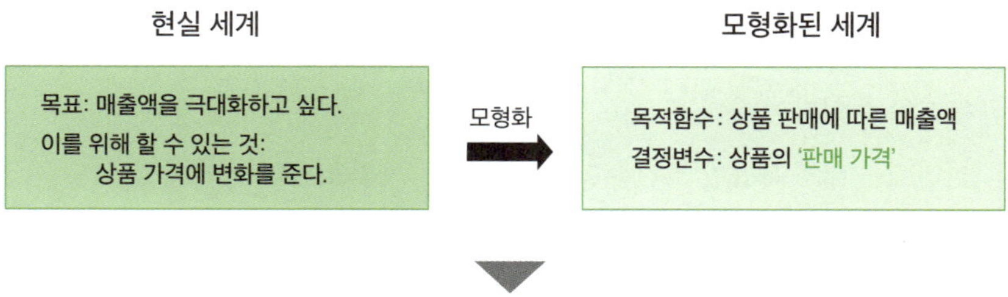

극대화할 목적함수 = 매출액

= 판매량 × 상품 가격

= ($a-b$ × 상품 가격) × 상품 가격

= $-b$ × 상품 가격^2 + a × 상품 가격

상품 가격을 결정하는 데 제약조건이 있는 경우를 생각해 보기

지금까지 최적화 문제의 해결에 필요한 모형화에 대해 살펴봤다. 이쯤에서 수학적최적화의 핵심 요소를 다시 한 번 짚어 보자.

- 결정변수: 어떤 값을 최적화하고 싶은가?
- 목적함수: 변수를 조정하여 무엇을 최대화/최소화하고 싶은가?
- 제약조건: 대상이 되는 변수에 제약이 있는가?

지금까지는 결정변수와 목적함수만 결정하고 제약조건은 고려하지 않았다. 하지만 실무에서 **최적화 문제를 풀려면 많은 제약조건을 고려해야 한다.** 여기서 다루는 가격 최적화 문제에서도 다음과 같은 제약조건을 고려해 볼 수 있다.

- 상품 가격은 매입 단가보다 낮출 수 없다.
- 고객에게 미칠 영향을 고려하여, 현재 가격 대비 X% 이상의 인상은 하고 싶지 않다.
- 다른 제조사에 미칠 영향을 고려하여, 대상 상품과 동일한 범주에 속한 상품군의 가격은 ±X% 내에 들어오게 하고 싶다.
- …

이처럼 현실에는 다른 사람이나 회사에 대한 배려처럼 모호한 요구 사항이 다수 존재한다. 물론, 의미 없는 제약은 과감히 덜어내려고 노력해야 한다. 최적화 문제를 풀 때는 필요한 제약조건은 적절히 반영하되, 의미 없는 제약조건은 과감히 무시할 줄 알아야 한다.

이번에는 너무 복잡한 조건은 고려하지 않고, 제약조건의 의미를 알 수 있을 정도로만 예를 들어 설명하려고 한다.

이해를 돕기 위해 **'가격 변동이 크면 고객을 잃을 가능성이 있다는 점을 고려하여, 상품 가격을 XXX원 이상, YYY원 이하로 제한한다'**는 제약조건을 설정해 보자.

이번에는 XXX와 YYY 부분을 구체적인 값으로 지정하지는 않고, 어느 정도 고정된 값이라고 가정해 보자. 'Excel 실습'에서 문제를 풀 때는 구체적인 수치를 대입해서 풀어 보자.

이는 **[그림 3-2-7]**처럼 간단하게 나타낼 수 있다. 앞서 다룬 결정변수(상품 가격)와 목적함수(매출액)의 관계를 나타내는 2차 함수 위에 상한치를 표현했을 뿐이다.

[그림 3-2-7] 상품 가격에 제약조건이 없는 경우 vs. 있는 경우

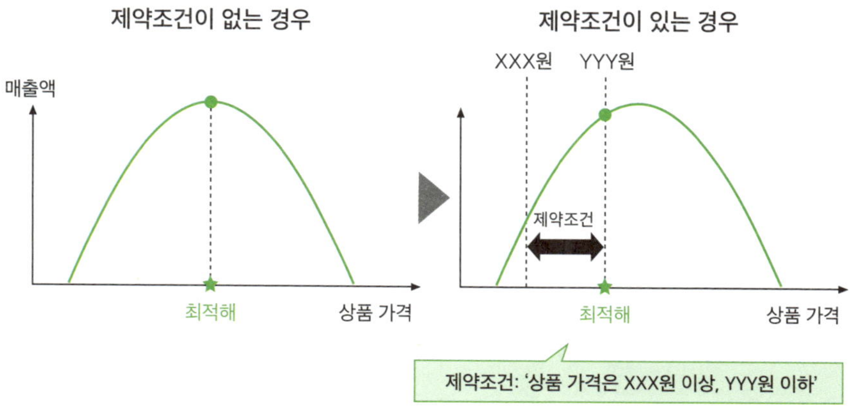

이와 같은 제약조건을 포함하여 최적화 문제를 다시 정리하면 다음의 수식으로 표현할 수 있다. 이전의 내용과 크게 달라지지는 않았지만, 목적함수 다음에 제약조건이 추가되었다. 이번에는 제약조건을 한 가지만 추가했지만, 몇 가지를 더 고려해야 하는 경우에는 제약조건 부분에 해당 내용을 계속 더하면 된다.

■ [그림 3-2-8] 모형화 결과

[모형화]

최적화 대상 변수: 상품 가격

(목적함수)

Maximize: 매출액

= $-\boldsymbol{b}$ × 상품 가격^2 + $\boldsymbol{a}$ × 상품 가격

(제약조건)

Subject to: XXX ≤ 상품 가격 ≤ YYY

이 책에서는 수식이 익숙하지 않은 분들을 고려해서 단순하게 표현했지만, 학술적으로는 다음과 같이 나타낼 수 있다.

■ [그림 3-2-9] 모형화 결과(학술적 표현)

$$\underset{x}{argmax}(-bx^2 + ax)$$

$$Subject\ to: c \leq x \leq d$$

여기서, x: 상품 가격, a, b: 매개변수

c: 상품 가격의 하한치, d: 상품 가격의 상한치

논문을 보다가 이러한 수식들을 발견했다면, 이는 저자가 최적화 문제를 풀고 있는 상황이라고 이해하면 된다.

Section

파일명: chap3_item_price.xlsx

3 Excel 실습 매출액을 극대화하는 상품 가격을 구해 보자

상품 가격과 판매량의 상관관계를 모형화하기

최적화에 대한 설명은 이 정도로 마무리하고, 앞서 언급한 문제를 본격적으로 풀어 보자. 제2장에서 설명했듯이, 이 책에서는 Excel을 활용하여 최적화 문제를 해결해 나갈 것이다. 지금까지 '문제 설정'에서 배운 내용을 Excel로 시뮬레이션해 보며 더 깊이 이해해 보자.

'문제 설정'에서 설명했듯이, 대상 상품의 가격을 최적화하려면, 먼저 **'상품 가격과 판매량'의 상관관계를 수식으로 표현(모형화)**해야 한다.

'가격을 낮추면 많이 팔리고, 가격을 올리면 덜 팔린다'는 단순한 논리를 바탕으로 상품 가격과 판매량의 상관관계를 표현하면, **[그림 3-3-1]**과 같이 우하향하는 직선 그래프로 그려진다.

■ [그림 3-3-1] 상품 가격과 판매량의 상관관계를 직선식으로 모형화

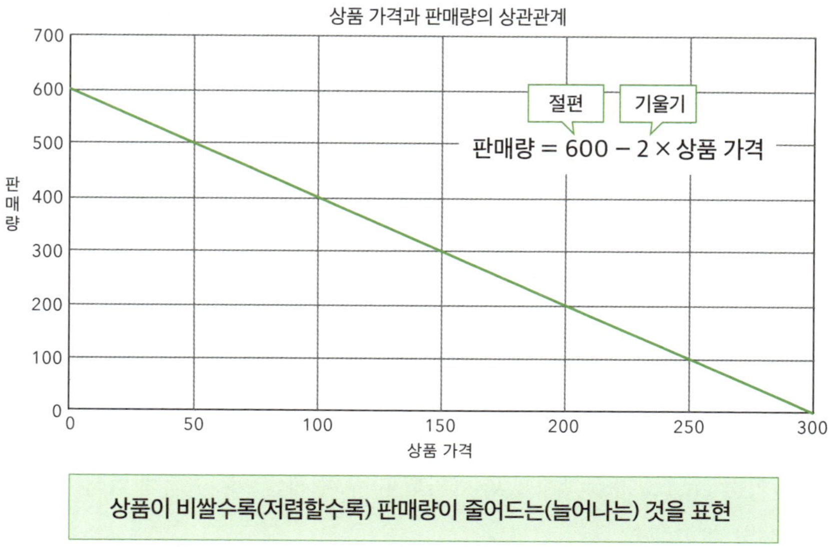

상황을 단순화하기 위해 절편과 기울기는 미리 정해 두고 진행하려고 한다. 실무에서는 몇 가지 상품 가격으로 실험한 결과를 축적하고, 이를 바탕으로 최적의 절편과 기울기를 결정한다. 이 방법을 데이터 기반의 **'학습'**이라고 하는데, 통계 분석과 머신러닝(Machine Learning) 분야에서 자주 활용된다. 절편과 기울기값의 결정 과정에 대한 설명은 생략하겠지만, 간단히 말하면, [**그림 3-3-2**]처럼 데이터(녹색 원)와의 차이가 최소화되도록 직선을 그려서 구한다.

[그림 3-3-2] 과거 데이터에 기반한 직선식 산출

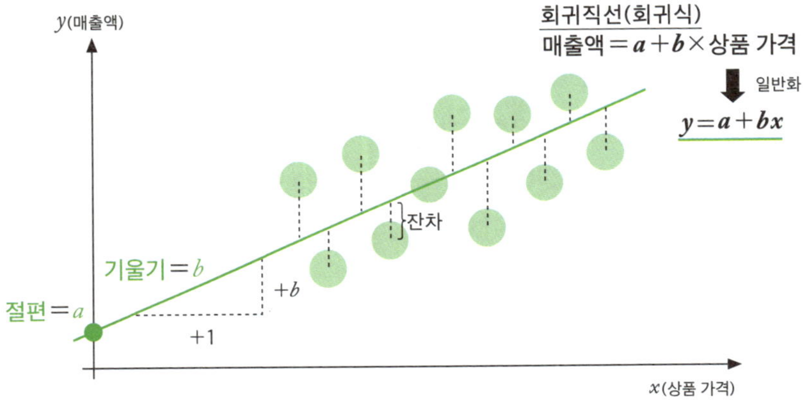

데이터를 기반으로, 데이터와 직선 사이의 잔차를 최소화하는 '절편'과 '기울기'를 구한다.

다음과 같이 절편을 600, 기울기를 －2로 하는 직선식(이를 '회귀식'이라고 한다)으로 표현해 보자.

판매량 ＝ 600 － 2 × 상품 가격

이를 통해, 상품 가격이 변화할 때마다 판매량이 어떻게 달라지는지를 예상할 수 있다. 앞의 [**그림 3-3-1**]은 상품 가격과 판매량의 상관관계를 그래프로 그린 것으로, 이는 'chap3_item_price_xlsx' 파일의 '수치 계산으로 최적해 탐색' 시트에서 확인할 수 있다.

상품 가격과 매출액의 상관관계를 모형화하기

이러한 전제 조건을 바탕으로, 상품 가격과 매출액의 상관관계를 모형화하자. 상품 가격의 변화에 따른 판매량 변화 양상을 수식으로 표현했으므로, 상품 가격의 변화에 따른 매출액(= 상품 가격 × 판매량)을 알 수 있다. '문제 설정'에서 정의한 상품 가격과 매출액의 상관관계를 다시 표현해 보면 다음과 같다.

■ [그림 3-3-3] 상품 가격과 매출액의 상관관계(모형화)

Maximize

$$매출액 = -2 \times 상품\ 가격^2 + 600 \times 상품\ 가격$$

수식이 단순하게 표현되어, Excel에서 결괏값을 계산할 수 있다. 'chap3_item_price_xlsx' 파일의 '수치 계산으로 최적해 탐색' 시트를 확인해 보자. 상품 가격을 이용해서 매출액을 계산한 후 이를 그래프로 표현해 보면, 위로 볼록한 형태의 2차 함수가 나타나는 것을 알 수 있다. 이 2차 함수가 바로 목적함수가 된다.

■ [그림 3-3-4] Excel로 계산한 상품 가격과 매출액의 상관관계 결과

상품 가격	판매량	매출액
0	600	0
10	580	5,800
20	560	11,200
30	540	16,200
40	520	20,800
50	500	25,000
60	480	28,800
70	460	32,200
80	440	35,200
90	420	37,800
100	400	40,000
110	380	41,800
120	360	43,200
130	340	44,200
140	320	44,800

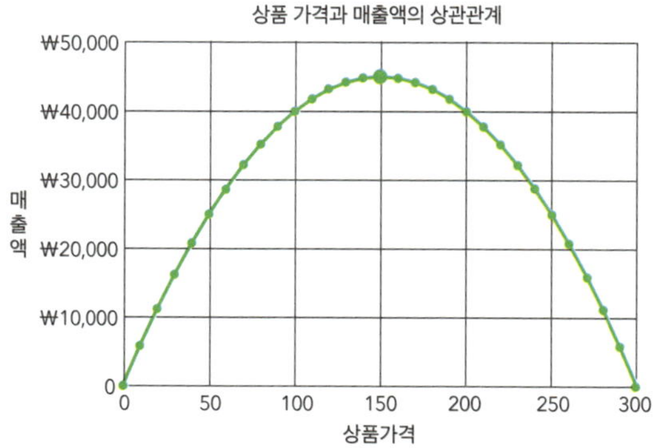

'상품 가격'과 '매출액'의 상관관계를 그래프로 그리면 2차 함수 형태의 목적함수를 표현할 수 있다.

이러한 계산과 Excel 시트, 그리고 그래프를 자세히 살펴보면, 매출액이 최대가 되는 상품 단가는 150원이라는 것을 알 수 있다. 이번 최적화 문제는 위로 볼록한 2차 함수이기 때문에, Excel의 함수를 활용하면 비교적 간단히 구할 수 있다. 이 결과는 사칙연산과 미분에 대한 기본적인 지식 등을 활용해서 수식을 변경하는 것만으로도 최적해를 구할 수 있는 **'해석해(解析解)'**에 해당한다.

그러나 실무에서는 이보다 복잡한 최적화 문제를 해결해야 하는 경우가 있으며, 이 사례처럼 해석적으로는 최적해를 구할 수 없는 경우도 많다. 그 경우에는 제2장에서 소개한 상용 패키지나 프로그래밍 언어 등 Excel 외의 도구를 사용해야 한다.

이번에는 Excel의 해 찾기 기능을 활용해서 해석해와 동일한 해를 얻을 수 있는지 확인해 보자. 해 찾기는 **Excel의 추가 기능에 포함된 도구 중 하나**로, Excel을 설치하면 별도의 추가 비용 없이 사용할 수 있는 훌륭한 도구다.

참고로 Python과 같은 프로그래밍 언어로도 Excel에서 해결할 수 있는 규모가 작고 단순한 문제를 풀 수 있지만, 프로그래밍 언어를 별도로 배워야 한다. 반면, Excel의 해 찾기 기능은 Excel 사용법과 수학적최적화에 대한 기본적인 지식만 갖춰도 어느 정도 활용할 수 있으므로, 최적의 학습 도구라고 생각한다.

Excel '해 찾기'로 최적화 문제 풀어 보기

앞서 Excel을 이용한 간단한 계산만으로 상품 가격의 최적해를 구할 수 있었다. 여기서는 Excel의 해 찾기 기능을 활용해서 최적화를 실행해 보고, 결과가 실제로 그렇게 나오는지 확인해 보자.

참고로, 다음 장부터는 Excel의 사칙연산 기능만으로는 해결할 수 없는 복잡한 문제가 등장하며, 이에 해 찾기를 적극적으로 활용하려고 한다.

'chap3_item_price.xlsx' 파일의 '해 찾기로 최적해 탐색' 시트를 열어 보자. 시트 상단의 '제약조건이 없는 경우' 부분에 지금까지 설정한 내용이 입력되어 있다.

■ [그림 3-3-5] 해 찾기로 최적해를 구하는 데 필요한 사전 정보

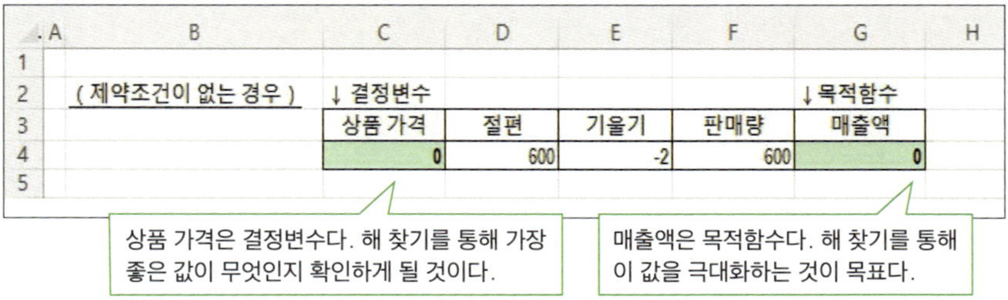

[**그림 3-3-5**]는 아직 최적해를 구하기 전의 상태이므로, 이후 설명을 참고하여 직접 결괏값을 구해 보자. 'chap3_item_price_answer.xlsx' 파일에 해답이 있으며, 우선 문제를 풀어본 후, 결과를 확인할 때 열어 보자.

또한 이 책은 그림만 살펴봐도 쉽게 따라갈 수 있도록 구성되어 있어, Excel을 사용하지 않아도 이해할 수 있다.

여기서 '매출액'은 결정변수인 상품 가격, 그리고 매개변수인 절편과 기울기를 바탕으로 계산된다. 계산 과정에서 판매량도 계산되지만, 이번에는 특별히 신경 쓰지 않아도 된다.

현재 상품 가격은 초깃값이 0(원)으로 설정되어 있는데, 이를 해 찾기를 활용하여 최적화해 보자. 최적화를 통해 매출액(셀 G4: 목적함수에 해당)이 최대화되고, 상품 가격(셀 C4: 결정변수에 해당)이 최적해가 되도록 하는 것이 목표다.

이제 Excel을 활용해서 최적해를 구하는 방법에 대해 알아보자. 먼저, [데이터] 메뉴를 클릭한 다음, 맨 오른쪽에 있는 [해 찾기] 메뉴를 클릭한다.

■ [그림 3-3-6] 해 찾기 메뉴 확인

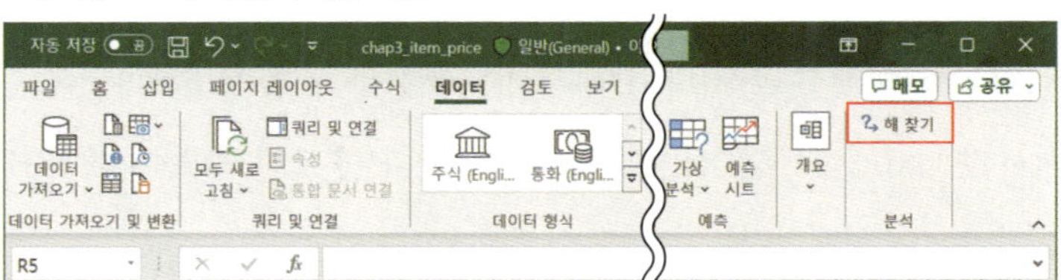

해 찾기에서는 다음을 설정해야 한다.

- 목적함수(목표 설정)
- 결정변수(변수 셀 변경)
- 제약조건(제한 조건에 종속)
- 최적화 알고리즘(해법 선택)

이 내용을 설정한 후 최적화를 실행하면, Excel이 최적화 문제를 풀어 준다. [해 찾기] 메뉴를 클릭하면 [해 찾기 매개변수] 대화상자가 열린다. 여기에서 목적함수, 결정변수, 제약조건 및 최적화 방법 등을 입력하면 된다.

[그림 3-3-7] 제약조건이 없는 경우의 '해 찾기' 매개변수 설정

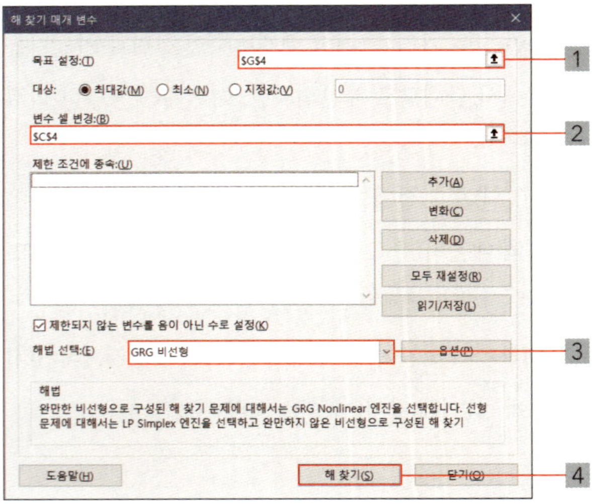

1 먼저, 이번 최적화 목표 중 하나인 '매출액'을 계산할 셀로 설정한다. [목표 설정]에서 셀 G4(매출액)를 절대 참조로 지정한다(바로 아래의 '대상' 옵션에서는 '최대값'을 선택한다).

2 그다음 [변수 셀 변경]에는 결정변수인 '상품 가격'에 해당하는 셀 C4를 절대 참조로 지정한다.

3 [해법 선택]에서 'GRG 비선형'이 선택되었는지 확인한 후,

4 [해 찾기] 버튼을 클릭하여 최적화를 실행한다.

여기서 3 [해법 선택]은 내부적으로 어떤 알고리즘을 사용해서 최적화 문제를 해결할 것인지를 지정하는 부분이다. 'GRG 비선형' 외에도 '단순 LP', 'Evolutionary' 등의 선택지가 있지만, 이 책에서는 자세히 다루지 않는다.

[그림 3-3-8] 해 찾기 결과

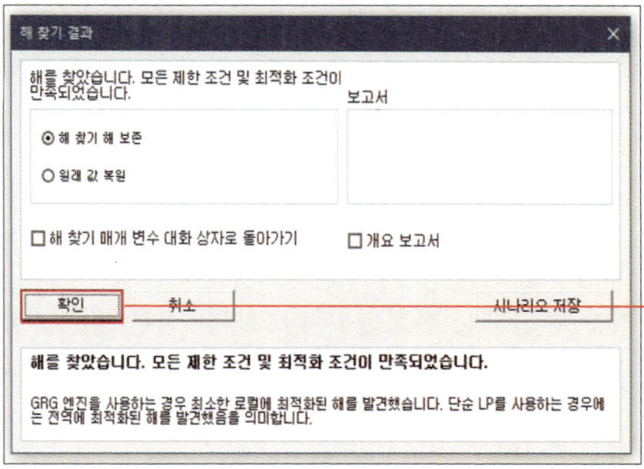

실행 결과, '**해를 찾았습니다. 모든 제한 조건 및 최적화 조건이 만족되었습니다.**'라는 메시지가 표시되면 성공한 것이다. 대화상자 하단의 [확인]을 클릭하자❶.

반면, '해를 찾지 못했습니다'라는 메시지가 표시되면, 셀 지정이 올바른지 점검하고 다시 시도해 보자.

이제 상품 가격과 매출액을 살펴보면 '수치 계산으로 최적해 탐색' 시트에서 탐색한 최적의 상품 가격과 그때의 매출액이 반영된 것을 확인할 수 있다!

그리고 상품 가격이 0원이었을 때 0원이었던 매출액이 45,000원으로 증가한 것도 확인할 수 있다.

■ [그림 3-3-9] 최적해 확인

	B	C	D	E	F	G	H
1							
2	(제약조건이 없는 경우)	↓ 결정변수				↓목적함수	
3		상품 가격	절편	기울기	판매량	매출액	
4		150	600	-2	300	45000	
5							

해 찾기로 최적의 값인 '150'을 찾았다!

해 찾기를 실행했더니 매출액이 극대화됐다!

제약조건을 고려하여 최적화 문제 풀어 보기

만약 제약조건이 있다면 이것도 고려해야 한다. **'가격 변동이 크면 고객을 잃을 가능성이 있다는 점을 고려하여, 상품 가격을 XXX원 이상, YYY원 이하로 제한한다'**는 제약조건을 고려해서 최적화 문제를 풀어 보자.

'해 찾기로 최적해 탐색' 시트의 '제약조건이 있는 경우'를 살펴보자. 앞서 본 것과 기본적인 설정값은 동일하지만, 하단에는 결정변수의 하한치 · 상한치를 설정하는 셀이 추가되었다. 이 문제에서는 이에 대한 별도의 언급은 없지만, 일단 50원 이상, 125원 이하로 설정해 보자.

■ [그림 3-3-10] 제약조건을 추가하는 경우 고려해야 할 데이터

	I	J	K	L	M	N	O
1							
2	(제약조건이 있는 경우)	↓ 결정변수				↓목적함수	
3		상품 가격	절편	기울기	판매량	매출액	
4		0	600	-2	600	0	
5							
6		하한	상한				
7		50	125				
8							

상품 가격에 대한 제약조건으로 하한치와 상한치를 추가한다.

이는 앞서와 마찬가지로 [해 찾기 매개변수]에서 실행하면 되지만, 이번에는 제약조건을 추가해야 한다. 다음과 같이 설정해 보자.

■ **[그림 3-3-11] 제약조건 설정**

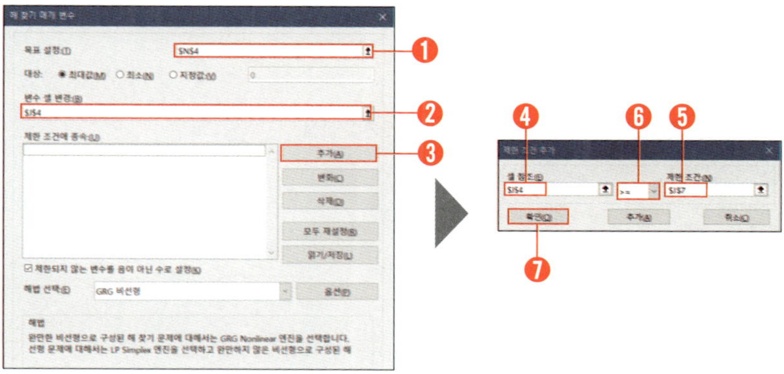

1 [목표 설정]: 최적화 목표인 '매출액'(셀 N4)을 절대 참조로 지정한다('대상'은 '최대값'으로 설정)❶.

2 [변수 셀 변경]: 결정변수에 해당하는 '상품 가격'(셀 J4)을 절대 참조로 지정한다❷.

첫 번째 연습 문제인 만큼, 여기서는 제약조건을 설정하는 방법을 더 자세히 설명해 보려고 한다. [해 찾기 매개변수] 대화상자에서 오른쪽에 있는 [추가] 버튼을 클릭한다❸. 그러면 [제한 조건 추가] 대화상자가 나타나는데, [셀 참조] 칸에는 결정변수에 해당하는 셀의 범위값을 입력해야 한다. 이번 문제에서 결정변수는 상품 가격이므로 '$J$4'를 입력한다❹. 그다음에는 [제한 조건]을 설정해야 한다. 여기서는 앞서 설정한 하한치 '50'(셀 J7)이 제약조건이므로 '$J$7'을 입력한다❺. '상품 가격 >= 하한치'라는 제약조건을 설정하려는 것이므로, 대화상자 가운데의 '∨'를 클릭하여 '>='를 선택한다❻. 여기까지 모두 진행했다면 대화상자 왼쪽 하단에 있는 [확인] 버튼을 클릭한다❼.

이어서 같은 방법으로 상한치(상품 가격 <= 상한치)도 추가하자. [추가] 버튼을 클릭하고 [셀 참조] 칸에는 상품 가격(셀 J4)을, [제한 조건] 칸에는 상한치(셀 K7)를 입력하고 '∨' 버튼을 클릭하여 '<='를 선택한다. 그다음 [확인] 버튼을 클릭하면 **[그림 3-3-12]**처럼 [해 찾기 매개변수] 대화상자에 상한치에 대한 제약조건이 추가된 것을 볼 수 있다.

[그림 3-3-12] 제약조건이 있는 경우의 해 찾기 매개변수 설정

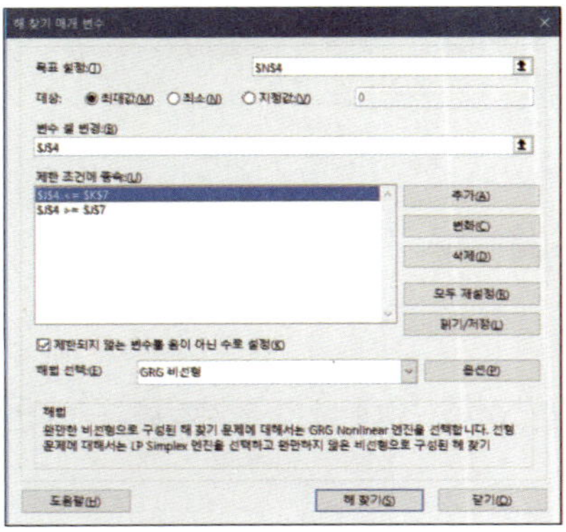

앞서와 마찬가지로,

1 [해법 선택]에서 'GRG 비선형'이 선택되었는지 확인한 후,
2 [해 찾기] 버튼을 클릭하여 최적화를 실행한다.

실행 결과, '해를 찾았습니다. 모든 제한 조건 및 최적화 조건이 만족되었습니다.'라는 메시지가 표시되는지 확인한 후, [확인]을 클릭하자.

그러면 이번에는 최적해가 상한치로 설정했던 125와 동일한 값으로 변경된 것을 확인할 수 있다. 이는 좀 더 높은 가격으로 책정하고 싶어도 '상한치보다는 낮은 값으로 설정해야 한다'는 제약조건을 추가했기 때문에 상한치인 125를 최적해로 설정한 것이다.

■ [그림 3-3-13] 제약조건을 고려한 최적해 도출

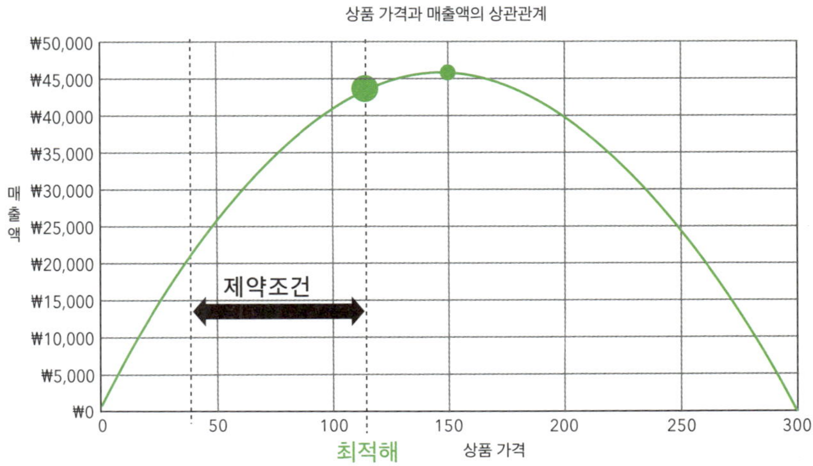

제약조건이 있으면 이를 고려하여 최적해를 도출한다.

이 장의 연습 문제에 대한 설명은 이 정도로 마무리하고, 참고할 만한 내용을 몇 가지 덧붙이려고 한다. 앞서 이야기했듯이, 이 책은 '**수학적최적화의 개념을 큰 틀에서 이해**'하는 데 중점을 두기 때문에, 연습 문제 또한 설정이 상당히 단순화되어 있다. 따라서 실무에 최적화를 적용하려면 다음의 내용을 반드시 유의해야 한다.

먼저, **상품 가격과 판매량의 관계는 완전한 선형(직선)은 아닐 가능성이 높다는 점**이다. 예를 들어, 상품 가격이 내려가는 경우, 가격이 0원에 가까워질수록 소비자들은 평소보다 상품을 더 쉽게 구입할 수 있을 것이다.

그렇기 때문에 앞서 가정한 것과 같이 상품 가격과 판매량의 관계가 직선 모양을 띤다고 가정하면 실제 상황과 동떨어질 수 있다. 따라서 현실 상황을 더 정확하게 최적화 모형(수식)에 반영하려면, '상품 가격이 지나치게 낮아질 경우 판매량은 지수함수적으로 늘어난다'는 점을 고려하여, 상품 가격과 판매량의 관계식을 정의한 후에 최적화를 실행해야 한다.

그 외에도 더 고려해야 할 사항이 많다. 예를 들어, **상품의 유형에 따라 가격을 올리는 것이 상대적으로 조심스럽거나 까다로운 경우**가 있다. 특히, 일용품처럼 소비자

■ [그림 3-3-14] 상품 가격과 판매량 간의 비선형 관계

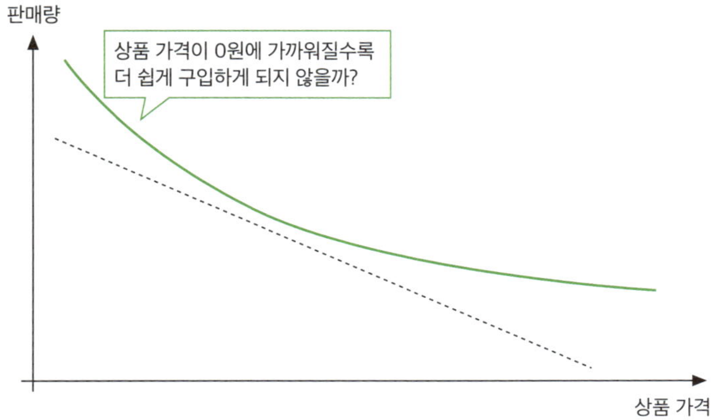

무조건 직선 형태라고 단정 짓기보다는,
비선형 관계일 가능성도 고려해야 한다.

가 일상적으로 구매하는 상품일수록 가격 탄력성이 있어, 가격이 오르면 판매량이 줄어드는 경향이 있다. 이 경우에는, 상품 가격은 유지하면서 '할인 폭'을 조절하는 방식으로 수학적최적화를 적용해 볼 수 있다.

또한 신선 식품과 같이 **'폐기' 비용을 고려해야 하는** 경우도 있을 것이다. 이때는 **단순히 가격 조정을 통한 매출 극대화뿐만 아니라, 폐기 비용 최소화를 동시에 고려한** 목적함수와 최적화 알고리즘을 설계해야 하므로 문제의 난이도가 크게 높아진다. 큰 틀에서 보면, 재고의 유통기한을 고려한 의사결정이 필요하다. 예를 들어, 곧 폐기해야 되는 상품은 가격을 낮춰 소비자가 더 많이 구매하도록 유도해야 한다.

이처럼 실제 업무에 최적화를 적용할 때는 이러한 상황적 요소를 충분히 고려하여 문제를 설정해야 한다. 다만, 처음부터 문제를 너무 복잡하게 설정하면 최적해를 구하기 어려울 뿐만 아니라 주변의 회의적인 시선 때문에 이러한 방법론의 도입이 어려워질 수 있다. 따라서 **처음에는 작게 시작한다는 생각으로 문제를 단순하게 설정한 후, 실제 상황을 반영하여 점진적으로 다양한 요건을 추가해 나가는 것**이 바람직하다.

다음 장부터는 다른 사례들을 살펴보자.

해석적 해와 수치적 해

지금까지 다룬 내용을 정리해 보자. 이 장에서는 1차 함수와 2차 함수 같은 비교적 단순한 수식으로 목적함수를 정의했다. 이렇게 사칙연산이나 미분을 활용해서 수식을 변형하여 최적해를 구하는 방식을 **'해석적으로 푼다'**고 하며, 그렇게 구한 최적해를 **'해석해(解析解)'**라고 한다.

반면, 목적함수 등의 형태가 복잡하여 문제 설정이 복잡해지면, 해석적으로 풀지 못하는 경우도 있다. 이때는 **'수치적으로 풀어야'**하며, 그렇게 구한 최적해를 **'수치해(數値解)'**라고 한다.

해석해는 다양한 방식으로 수식을 변형함으로써 구할 수 있지만, 수치해는 어떻게 구할 수 있는지 궁금한 사람도 있을 것이다. 간단히 표현하면, 수치해는 말 그대로 '수치' 계산을 통해 구한다. 요즘은 컴퓨터가 널리 보급되어 있고 컴퓨팅 파워(작업 수행 능력)도 크게 향상되었기 때문에, **수치해는 컴퓨터로 수없이 많은 연산을 수행하여 구한다.**

해석해와 수치해를 알기 쉽게 비교하면 다음과 같다.

- 해석해는 종이와 펜만으로 구할 수 있다.
- 수치해는 컴퓨터를 이용해서 구한다.

다만, 컴퓨터를 사용하더라도 아무런 계획 없이 최적해를 탐색만 하면 계산이 끝나지 않는 상황이 자주 발생할 수 있다. 따라서 컴퓨터가 효율적으로 계산할 수 있도록 최적화 알고리즘을 정교하게 설계해야 한다. 이 책에서 다루는 Excel의 해 찾기 기능은 알고리즘을 내장하고 있기 때문에, 사용자가 알고리즘에 대해 신경 쓸 부분은 없다. 여기서는 해석해와 수치해라는 개념이 있으며, 서로 이러한 차이가 있다는 정도로 이해하면 충분하다.

Chapter 4

사례 2

광고 예산 배분을 최적화하여 광고 효과를 극대화하자

Chapter 4
이 장에서 다루는 내용

제3장에서는 상품 가격을 최적화하여 매출을 극대화하는 사례를 다뤘다. 첫 번째 사례이므로 문제를 비교적 단순하게 설정했다. 이제부터는 사고의 폭을 조금씩 넓히고 깊이를 더해가 보려고 한다.

제4장에서는 **광고 예산 배분을 최적화하여 광고 효과를 개선하려는** 상황을 살펴보자.

■ [그림 4-0-1] 이 책의 구조

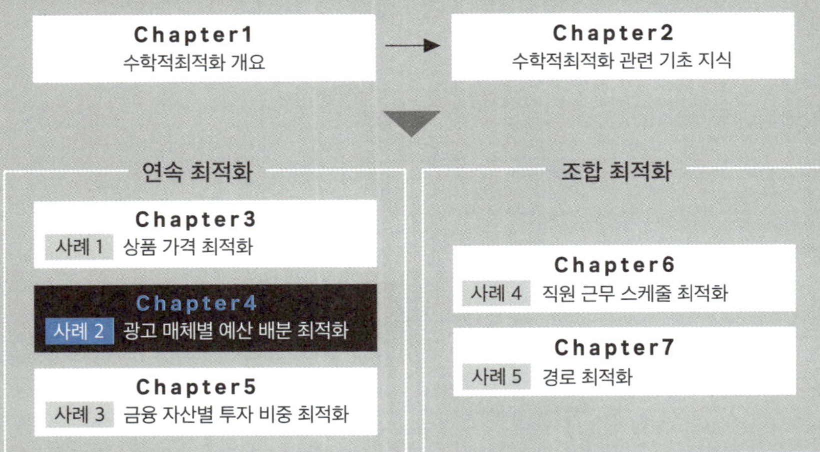

제4장의 핵심 포인트

- ☑ 광고 예산 배분 최적화 문제 설정 방법
- ☑ MMM(Media Mix Modeling)에 대한 기초 지식

Section

1 문제 발견 광고 매체별 비용 대비 효과를 극대화하자

고객에게 서비스를 제공하는 회사의 사례를 살펴보자. 이 회사는 고객에게 서비스를 알리고 관심을 유도하여 구매로 이어지도록 하기 위해 광고 홍보 활동을 펼치고 있다. 초기에는 비교적 만족스러운 효과를 얻었지만, 점차 그 효과가 둔화되면서 **광고 예산을 더욱 효율적으로 배분해야 할** 필요성이 대두되었다.

광고 효과를 개선하는 방법은 다양하지만, 여기서는 수학적최적화 기법을 활용하여 개선 방안을 모색하는 관점에서 접근하려고 한다.

이 회사는 과거 TV 광고라는 전통적인 매체 중심으로 서비스를 알려 왔으나, 최근에는 인터넷 광고, 전단지, 배너, 포스터 등 다양한 매체로 확대하기 시작했다. 이처럼 매체가 다양해짐에 따라, **각 매체에 광고 예산을 어떻게 배분할지 명확히 결정하는 것**이 중요해졌다. 앞서 언급했듯이, 과거에는 TV 광고에 집중하고 다른 매체는 제한적으로만 활용해 왔다.

이에 따라 지금까지 축적한 광고 운영 경험을 바탕으로, 각 매체별 예산 배분을 최적화하여 집행 금액을 명확히 결정하고 매출 증대 효과를 극대화하는 것을 목표로 문제를 풀어 보려고 한다.

물론, 실무에서는 상품의 종류와 특성에 따라 광고 운영 방법과 전략이 달라지지만, 이를 모두 고려하려면 광고 운영 전반에 대한 전문 지식이 필요하다. 이는 이 책의 범위를 벗어나므로, 여기서는 문제를 단순화하여 수학적최적화를 통해 광고 매체별 예산 결정 방법을 개선하는 데 초점을 맞춘다. 서비스나 상품 판매와 관련된 전문 지식('도메인 지식'이라고도 한다)은 논외로 한다.

이처럼 다양한 매체별 광고비 지출이 매출에 미치는 영향을 계량적으로 파악하고, 이론적 · 수학적 접근을 통해 광고 성과를 극대화하려는 노력 속에서, **'미디어 믹스 모델링(Media Mix Modeling, MMM)'**이라는 연구 분야가 발전해 왔다.

참고로, 이름이 비슷한 '마케팅 믹스 모델링(Marketing Mix Modeling, MMM)'

■ [그림 4-1-1] 광고 효과를 극대화하기 위한 매체별 예산 배분 최적화

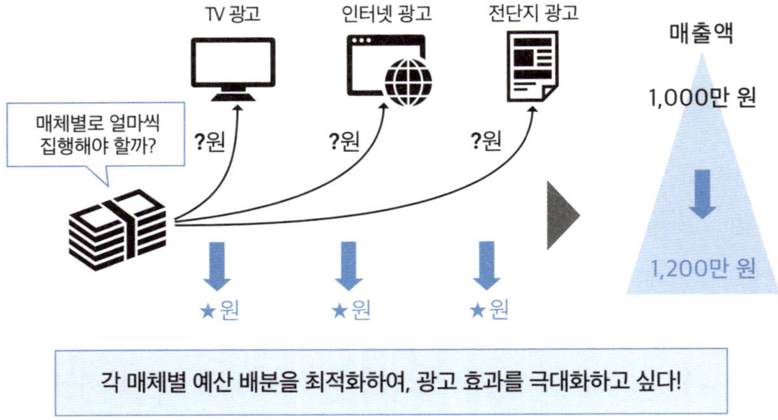

이라는 분야도 있는데, 이는 미디어 믹스 모델링과 개념적으로 유사하다.

일반적으로 '마케팅'이라고 하면 다양한 판매 채널을 통한 홍보, 판매 전략 수립, 브랜드 운영 등 다양한 활동을 포괄하는 넓은 영역을 떠올리게 된다. 그러나 여기서는 '매체별 광고 예산 배분'에 중점을 두고, 미디어 믹스 모델링(Media Mix Modeling) 관점에서 내용을 전개하려고 한다.

Section

2 문제 설정 광고 예산 배분 최적화 문제를 수학적최적화 문제로 변환해 보자

광고 예산 배분 최적화란?

'광고 예산 배분 최적화'의 개념을 다시 한 번 정리해 보자. 최적화를 적용할 필요가 있는 이 회사는 현재 TV, 인터넷, 전단지, 옥외 광고 등 다양한 매체를 통해 광고를 집행하며, 각 매체에 일정 수준의 광고비를 지불하고 있다.

이해를 돕기 위해 **[그림 4-2-1]**의 예시를 살펴보자. 만약 각 광고 매체에 1,000원씩 투자했을 때 발생한 매출 효과가 총 1억 원이라고 가정해 보자. 이때 광고 효과를 나타내는 지표로서 '매출액'을 사용할 수 있다.

그러나 사업 유형에 따라 매출액만으로는 성과를 정확히 측정하기 어려운 경우도 있다. 이러한 경우에는 '고객 문의'처럼 매출에 간접적으로 영향을 미치는 보조 지표를 활용하기도 한다. 어떤 지표를 설정할지는 광고 예산 배분 최적화 문제를 정의하는 데 매우 중요하므로, 분석에 앞서 반드시 신중하게 고려해야 한다.

■ [그림 4-2-1] 광고 예산 배분 최적화의 정의

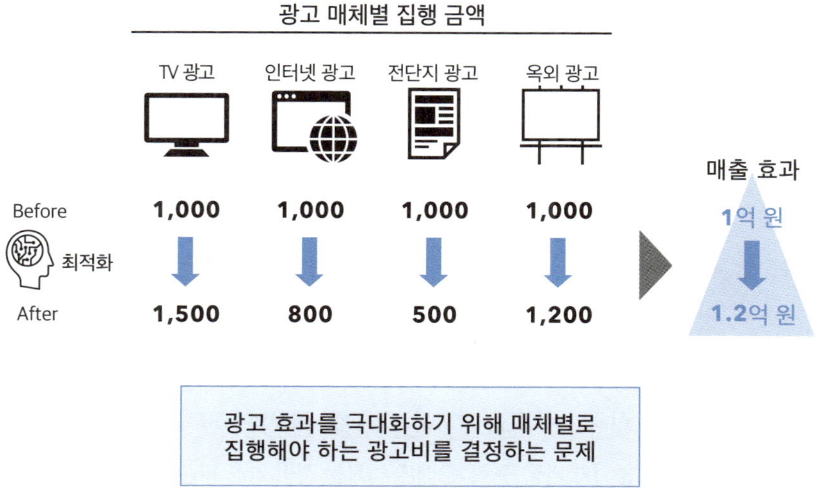

이러한 상황에서 우리의 목표는 각 매체별 광고 예산을 효과적으로 조정하여 비즈니스 성과를 극대화하는 것이다. 이를 위해 **'각 매체에 얼마씩 예산을 배정해야 매출 효과를 극대화할 수 있을까?'**라는 질문에 답할 수 있는 수학적최적화 알고리즘을 구현하고 최적해를 도출하려고 한다. [**그림 4-2-1**]의 'After' 부분이 바로 이 최적화를 통해 산출된 금액이다.

이제 광고 예산 배분 최적화 문제를 수학적최적화로 해결하기 위해 어떻게 모형화해야 할지 살펴보자.

광고 예산과 매출액의 관계를 직선식으로 정량화하기

앞서, 광고 예산 배분 최적화의 개요를 간략히 살펴봤다. 이제부터는 최적화 문제를 어떻게 모형화하는 것이 바람직한지 생각해 보자. 여기서 소개하는 접근법은 수많은 방법 중 하나일 뿐이다. 광고 예산 최적화를 위한 다양한 모형화 기법이 지속적으로 고안되고 있으며, 연구자들 사이에서도 여전히 활발한 논의가 이루어지고 있다. 따라서 여기서는 실무 활용 가능성과 입문자의 이해도를 고려하여, 비교적 쉽게 접근할 수 있는 한 가지 방법을 중심으로 설명하려고 한다.

먼저, 예산을 투입하여 광고를 집행하면 일정 수준의 매출 효과를 기대할 수 있으므로, **광고 예산과 매출 효과 간의 관계를 정량화할 수 있다**고 가정해 보자. 물론, 매출 효과를 정의하는 것은 실무적으로 매우 복잡한 문제지만, 여기서는 논의의 편의를 위해 '매출액'으로 단순화하여 정의한다.

일반적으로는 광고 집행액이 클수록 매출 효과도 증가한다고 생각하기 쉽다. 즉, [**그림 4-2-2**]처럼 **광고비가 증가함에 따라 매출액도 지속적으로 증가하는**, 제3장에서 학습한 1차 함수(직선) 모형을 떠올릴 수 있다.

하지만 과연 이렇게 단순한 직선 모형으로 표현하는 것이 적절할까? 각 매체는 서로 다른 특성을 가지며, 매출에 미치는 영향도 제각각이다. 예를 들어, [**그림 4-2-3**]처럼 TV 광고는 효과가 큰 반면, 옥외 광고는 상대적으로 미미할 수 있다. 이러한 상황에서는 **집행할 수 있는 광고비가 얼마든 예산의 100%를 매출 효과가 가장 큰 매체(직선의 기울기가 가장 큰 매체)에 투입하는 것이 가장 바람직**할 것이다.

■ [그림 4-2-2] 광고비 집행 금액과 매출액의 관계

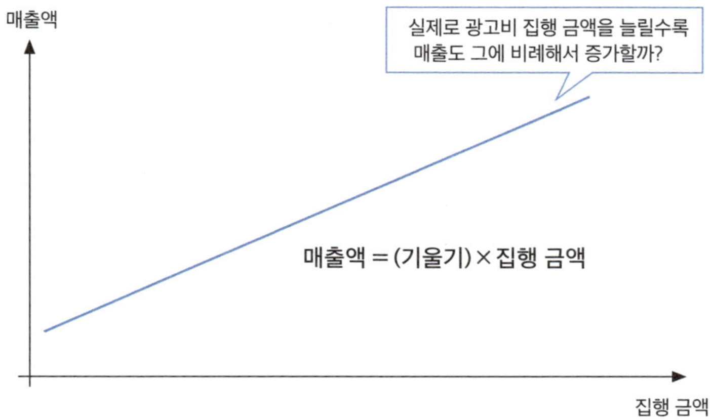

만약 앞서 가정한 단순한 상황(한 매체의 효과가 압도적으로 큰 경우)이라면, 광고 예산 배분 최적화 문제를 굳이 복잡하게 다룰 필요가 없을 것이다. 그러나 현실에는 광고비를 투입할수록 효과도 무한하게 커지는 1차 함수는 존재하지 않는다.

아무리 효과가 좋은 매체라 하더라도 어느 순간부터는 투입만큼 효과가 나타나지 않는 '포화 단계'에 도달하는 경우가 대부분이다. 이러한 경우에는 여러 매체를 동시에 운영해 나가면서 **'어느 매체에 어느 정도의 예산을 배분해야 매출 효과를 극대화할 수 있을까?'**라는 최적화 문제를 해결해야 한다.

■ [그림 4-2-3] 직선(1차 함수) 모형의 한계

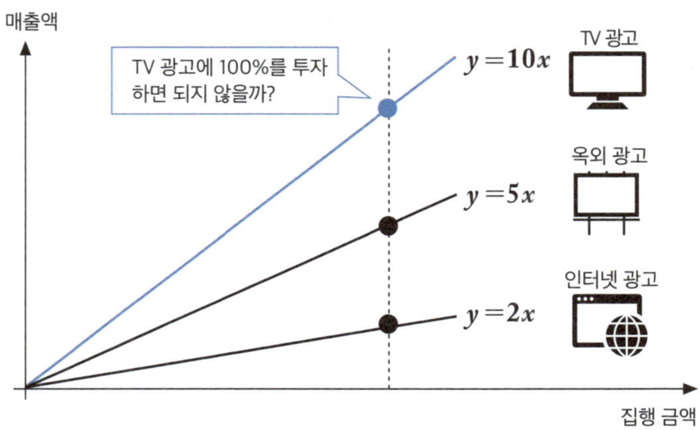

광고 효과의 포화 상태는 어떻게 표현할 수 있을까?

광고 효과가 포화되는 현상을 모형으로 표현하는 일반적인 접근 방법이 있다. 그렇다면 '광고 효과가 포화된다'는 것은 구체적으로 어떤 의미일까? 상식적인 수준에서 생각해 보자. 만약 지금까지 광고를 많이 하지 않았다면, 소비자들은 해당 광고를 신선하게 받아들일 가능성이 크다. 따라서 이러한 상황에서는 광고량을 늘릴수록 매출 효과도 비례하여 늘어날 수 있다. 반면, 과거에 광고를 많이 내보냈다면 소비자들은 식상함을 느끼게 되고, 이로 인해 광고량을 늘려도 추가적인 효과는 크지 않을 수 있다.

이처럼 광고는 **집행 예산을 늘리면 뚜렷한 효과를 보이다가, 어느 시점부터는 투입 금액 대비 효과 증가 폭이 둔화되는 경향이 있다.** 이것이 바로 '광고 효과의 포화 현상'이다. 이는 **[그림 4-2-4]**처럼 곡선 형태로 표현할 수 있다. 즉, 집행 금액이 증가할수록 추가적인 효과는 점차 반감되어, 매출액 역시 더 이상 크게 늘지 않는 지점에 도달하게 된다. 이 현상을 나타내는 곡선을 '포화 곡선'이라고 한다.

앞서 살펴본 1차 함수(직선)의 모형으로는 이러한 포화 현상을 제대로 표현할 수 없다. 반면, 포화 현상을 표현할 수 있는 곡선 형태의 수식(모형)을 활용하면, '여러 매체에 대한 예산 배분 문제'를 해결할 수 있는 실마리를 얻을 수 있다.

[그림 4-2-4] 광고 효과의 포화 곡선

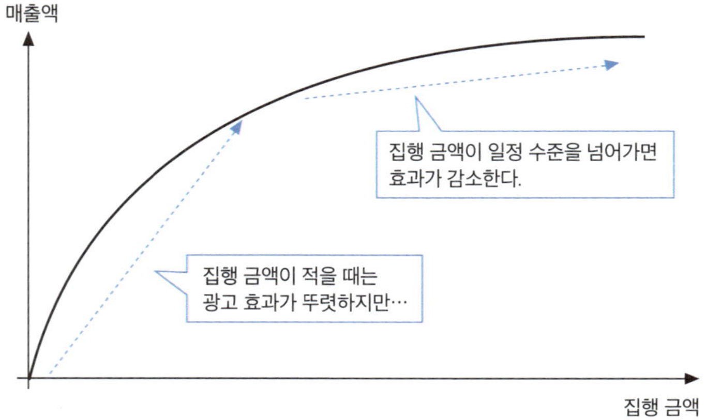

■ [그림 4-2-5] 포화 곡선 기반의 예산 배분 적정성 판단

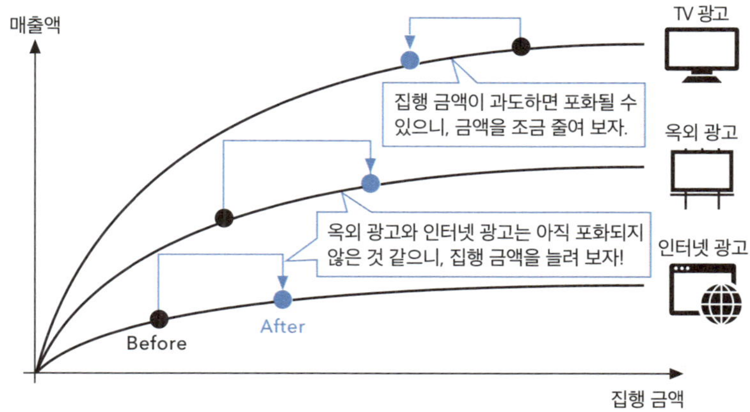

포화 상태를 표현할 수 있는 모델을 활용하면, 더욱 현실적으로 광고 예산의 적정 배분 방안을 도출할 수 있다.

과거에 집중적으로 예산을 집행했던 TV 광고는 집행액이 큰 반면, 신규 매체인 옥외 광고와 인터넷 광고는 집행액이 적다고 가정해 보자. 만약 각 매체가 **[그림 4-2-5]**처럼 포화 곡선을 따른다고 가정하면, 예산을 어떻게 배분해야 전체 광고 효과를 더욱 증대할 수 있을까? 옥외 광고와 인터넷 광고는 아직 집행 금액이 적어 포화 상태까지 여유가 있으므로, 집행 금액을 늘리는 것이 유리하다고 판단할 수 있다. 반면, TV 광고는 이미 집행 규모가 커서 포화 상태에 가까우므로, 일부 집행 금액을 줄여 다른 매체로 이전하는 방향을 고려해 볼 수 있다. **이처럼 포화 상태를 고려한 모형을 활용하면, 더욱 현실적인 광고 예산의 최적 배분 방안을 도출할 수 있다.**

로그 선형 모형이란?

수학적최적화 자체와는 조금 거리가 있는 이야기일 수 있지만, 포화 상태를 표현하는 모형으로는 구체적으로 어떤 것이 있을까? 포화 현상을 수학적으로 나타낼 수 있는 함수는 다양하지만, 그중 널리 사용되는 모형 하나를 간단히 소개한다. 지금까지 다룬 직선 형태의 1차 함수는 통계 분석이나 머신러닝 분야에서 **'선형 회귀**

■ [그림 4-2-6] 선형 회귀 모델과 로그 선형 모형

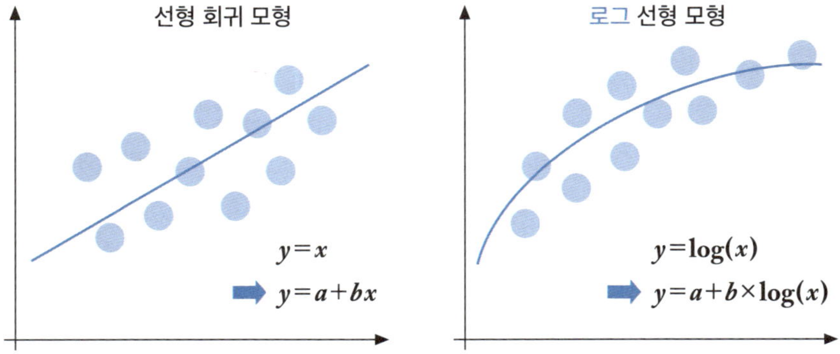

모형(Linear Regression Model)'이라고도 부른다.

기본적인 1차 함수 $y = x$에 절편 a와 기울기 b를 적용하여, $y = a + bx$와 같은 형태로 표현한다. 데이터 분포가 직선 형태를 보인다면, 이 선형 회귀 모형은 단순하면서도 매우 강력한 모형으로서 효과를 발휘한다.

그러나 앞서 언급했듯이, 데이터가 포화 경향을 보일 경우에는 선형 회귀 모형만으로는 데이터를 온전히 설명하기 어렵다. 이 경우에는 선형 회귀 모형을 발전시킨 '**로그 선형 모형**'을 대안으로 고려할 수 있다. 로그 선형 모형은 기본적으로 $y = \log(x)$ 형태로, 로그(log) 함수를 사용한다. 선형 회귀 모형과 마찬가지로, 절편 a와 기울기 b를 적용하여 $y = a + b \times \log(x)$로 표현할 수도 있다.

'Excel 실습'에서는 이 로그 선형 모형을 광고 효과를 표현하는 모형으로 활용할 것이다.

광고 예산 배분 최적화 문제를 수식으로 표현하기

지금까지의 정보를 바탕으로 광고 예산 배분 최적화 문제를 수식으로 표현하고, Excel로 실습해 보자. 먼저, 목적함수부터 살펴보자. 이 문제의 목표는 광고 집행을 통해 매출액을 극대화하는 것이 것이므로, 목적함수는 간단히 '**매출액 극대화**'로 설정해 보자. 광고 집행 대상은 TV 광고(TVCM), 옥외 광고(OOH), 인터넷 광고(Web) 등 세 가지라고 가정해 보자(이후 수식 및 Excel에서는 TVCM, OOH, Web

으로 간단히 표기한다) 그러면 이 세 가지 매체를 통한 예상 매출액은 다음과 같이 표현할 수 있다.

목적함수

예상 매출액 총계 = TVCM을 통한 예상 매출액
+ OOH를 통한 예상 매출액 + Web을 통한 예상 매출액

다음으로, 각 매체별 예상 매출액은 앞서 설명한 로그 선형 모형을 활용하여 매출 효과를 추정하도록 설정한다.

$$\text{각 매체 예상 매출액} = a + b \times \log(\text{각 매체별 집행 금액})$$

a, b와 같은 계수는 원래 과거 데이터 등을 바탕으로 사전에 결정해야 하지만, 여기서는 이해를 돕기 위해 임의의 값으로 가정했다. a는 모두 0으로, b는 TV, 옥외, 인터넷 광고에 대해 각각 100, 50, 30으로 가정하면 **[그림 4-2-7]**과 같은 형태가 된다.

[그림 4-2-7] 각 광고 매체별 예상 매출액에 대한 로그 선형 모형

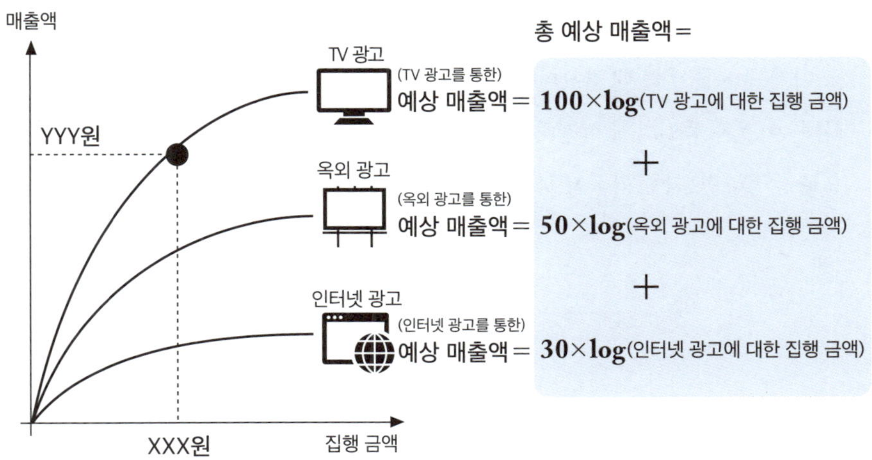

[**그림 4-2-7**]에는 한 가지 중요한 포인트가 숨어 있는데, 혹시 발견했는가? 각 매체를 통한 예상 매출액은 로그 선형 모형을 활용하여, 광고비 지출 대비 효과가 점차 감소하다가 어느 시점에 이르면 더 이상 크게 증가하지 않는, 즉 '포화'되는 형태로 표현할 수 있게 되었다. 이는 광고 효과의 현실적인 측면을 잘 반영한다는 장점이 있다.

그러나 아무리 포화 상태에 이르렀다 하더라도, 이론적으로는 아주 조금이라도 매출이 증가한다면, 매출액 극대화를 목표로 하는 최적화 모형은 별도의 제약이 없는 한 각 매체에 막대한 예산을 계속 집행하게 된다.

그 결과, 예상 매출액 또한 현실과 동떨어지게 무한히 증가하는 결론에 이르게 된다. 이는 매우 비현실적인 결과다. 실제 기업 운영에서는 가용한 광고 예산에 분명한 한계가 있으며, 예를 들어 '최대 500'과 같은 구체적인 상한선이 설정되기 마련이다.

이 광고 예산 한도액은 현실적인 최적해를 구하기 위해 반드시 고려해야 할 이번 문제의 제약조건에 해당된다. 이를 수식으로 표현하면 다음과 같다.

<u>**제약조건**</u>

TVCM에 대한 집행 금액 ＋OOH에 대한 집행 금액 ＋Web에 대한 집행 금액
≦ 광고 예산 한도액

이제 문제를 푸는 데 필요한 수식들을 모두 정리해 보자. 목적함수(매출액 극대화)는 이전과 동일하게 설정하고, 핵심 제약조건인 가용 광고 예산 상한선을 500으로 설정하면, 최종 최적화 모형은 다음과 같이 표현할 수 있다.

■ [그림 4-2-8] 광고 예산 배분 최적화 문제

[모형화]

최적화 대상 결정변수 : 각 매체(TVCM, OOH, Web)별 집행 금액

(목적함수)

Maximize : 예상 매출액 총계
= TVCM을 통한 예상 매출액 + OOH를 통한 예상 매출액 + Web을 통한 예상 매출액
= 100 × log(TVCM에 대한 집행 금액) + 50 × log(OOH에 대한 집행 금액) + 30 × log(Web에 대한 집행 금액)

(제약조건)

Subject to : TVCM에 대한 집행 금액 + OOH에 대한 집행 금액 + Web에 대한 집행 금액 ≤ 500

이제 이 정보를 바탕으로 Excel을 활용하여 각 매체에 대한 최적 집행 금액을 구해 보자!

Section 파일명: chap4_media_mix_modeling.xlsx

3 Excel 실습 광고 매체별 최적의 예산 금액을 산출해 보자

광고 예산과 매출액의 관계를 모형화하기

지금까지 살펴봤듯이, 최적화 문제를 해 찾기 기능으로 효과적으로 풀기 위해서는 그 기반이 되는 **매체별 집행 예산과 예상 매출액의 관계를 먼저 정확히 모형화**해야 한다. 앞서 설명했듯이, 현실적인 광고 효과, 즉 **광고 효과가 어느 시점에 이르면 포화되는 현상을 잘 표현하는 로그 선형 모형**을 활용하여 두 변수 간의 관계를 나타낸다.

일반적으로 이러한 상황에서는 실제 과거 광고비 집행 실적 데이터를 바탕으로, 각 매체가 어떤 형태의 로그 선형 모형을 따르는지 면밀히 분석해야 한다. 이때 과거 데이터를 활용하여 로그 선형 모형의 핵심 계수(절편 *a*와 기울기 *b*)를 추정(학습)해야 한다. 이 과정을 제대로 이해하고 수행하려면 지도 학습(Supervised Learning), 최소 자승법(Least Square Method), 다중회귀 분석(Multiple Regression Analysis) 등의 머신러닝과 통계 분석 기법에 대한 지식이 필요하다. 그러나 이 책의 목적상, 여기서는 매체별 로그 선형 모형을 이미 이해하고 있다고 가정하고 진행하겠다.

먼저, Excel 파일 'chap4_media_mix_modeling.xlsx'에 있는 '[전제] 로그 선형 모형의 매개변수' 시트를 열어 보자. 셀 B2부터 D5까지에 **각 광고 매체별(TVCM, OOH, Web) 로그 선형 모형의 계수인 절편(*a*)과 기울기(*b*)**가 입력되어 있다. 이 숫자들만으로는 전체적인 광고 반응 곡선 이미지가 잘 떠오르지 않을 수 있으므로, 매체별 집행 금액에 따른 예상 매출액을 그래프로 시각화해 보자.

이를 위해 F열에는 광고비 집행 금액을 10 단위로 나누어, 10부터 최대 예산인 500까지 입력해 두었다. 이를 바탕으로 각 행의 집행 금액별로 다음 공식을 활용하여 각 광고 매체의 예상 매출액을 계산해 보자.

$$\text{각 매체별 예상 매출액} = \text{절편 } a + \text{기울기 } b \times \log(\text{각 매체별 집행 금액})$$

TV, 옥외, 인터넷 광고를 통한 예상 매출액을 [**그림 4-3-1**]의 G, H, I열에서 확인할 수 있다. '광고 예산 집행 금액 vs. 예상 매출액'을 그래프로 나타내면, 로그 선형 모형을 시각화할 수 있다.

■ [그림 4-3-1] 매개변수값으로 나타낸 로그 선형 모델의 그래프

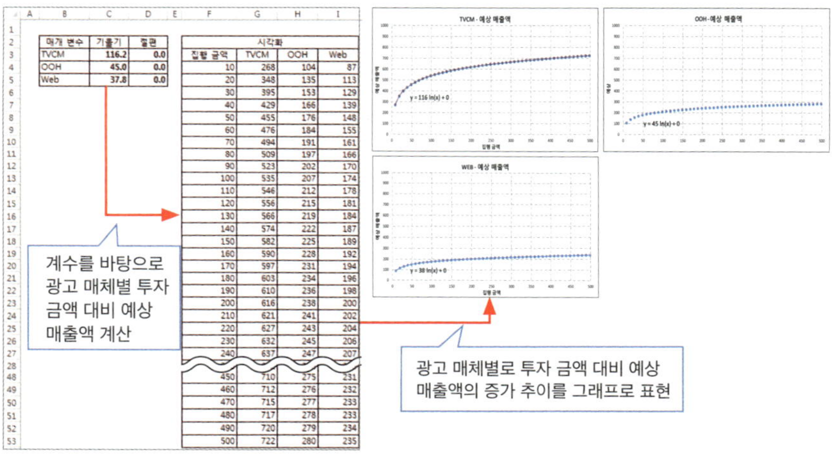

여기서는 단순화를 위해 세 매체의 절편은 모두 0으로, 매체별 광고 효율성을 나타내는 기울기는 각각 TV 광고 116.2, 옥외 광고 45.0, 인터넷 광고 37.8로 설정했다. [**그림 4-3-1**]의 그래프를 보면, 광고 효율성이 가장 높은(기울기가 큰) TV 광고는 동일한 집행 금액 대비 예상 매출액이 다른 매체에 비해 높은 반면, 효율성이 낮은(기울기가 작은) 옥외 광고와 인터넷 광고는 상대적으로 낮게 나타난다. 즉, **단순히 기울기만 보면 TV 광고는 광고 예산을 집행한 만큼 뚜렷한 매출 효과를 기대할 수 있으나, 옥외 광고와 인터넷 광고는 상대적으로 그 효과를 기대하기 어려운** 경향을 보여준다.

한편, 기울기값과 관계없이 모든 매체는 포화 곡선의 형태를 띠는데, 이는 앞서 설명했듯이 모든 매체에 포화 효과를 반영하는 로그 선형 모형을 적용했기 때문이다. 따라서 어느 시점부터는 포화 상태에 도달하므로, TV 광고의 초기 광고 효과

가 아무리 크더라도 가용 예산의 100%를 여기에 모두 투입하는 것은 최적의 전략이 될 수 없다. 이는 어느 시점 이후에는 추가 투입 비용 대비 매출 증가분이 급격히 감소하기 때문이다. 따라서 광고 효과가 뚜렷한 초기 시점까지는 TV 광고에 집중 투자하되, 포화점을 고려하여 옥외 광고와 인터넷 광고에도 일정 예산을 적절히 투입하는 방식의 최적 배분이 이뤄질 것으로 예상된다.

해 찾기 기능을 활용하여 광고 매체별 최적의 투입 예산을 계산해 보기

이제 광고 예산 배분 최적화 문제를 해결해 보자. '예산 배분 최적화' 시트를 열어보자. 먼저, 앞서 설정한 로그 선형 모델의 기울기와 절편값, 그리고 매체별 집행 금액을 바탕으로 예상 매출액을 흐름에 따라 관련 데이터를 아래와 같은 형태로 배열해 둔다(셀 B5부터 J9까지에 해당).

■ [그림 4-3-2] 매개변수와 예산 금액으로 예상 매출액 계산

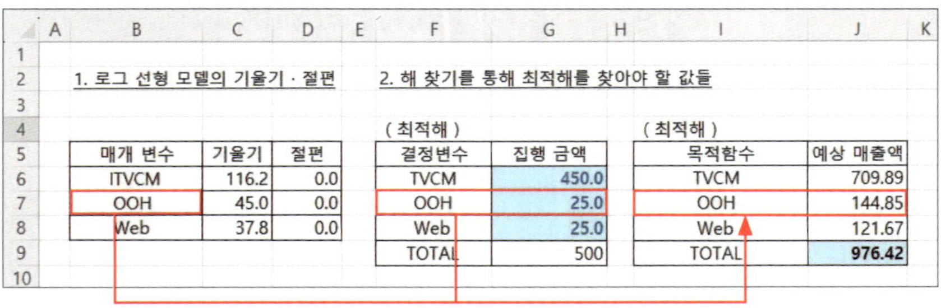
1. 로그 선형 모델의 기울기 · 절편

매개 변수	기울기	절편
ITVCM	116.2	0.0
OOH	45.0	0.0
Web	37.8	0.0

2. 해 찾기를 통해 최적해를 찾아야 할 값들

(최적해)

결정변수	집행 금액
TVCM	450.0
OOH	25.0
Web	25.0
TOTAL	500

(최적해)

목적함수	예상 매출액
TVCM	709.89
OOH	144.85
Web	121.67
TOTAL	976.42

각 매체별 예상 매출액 = 절편 + 기울기 × log(각 매체별 집행 금액)

계속해서 결정변수, 목적함수, 제약조건을 정의한다. 앞서 다룬 내용을 다시 정리해 보자.

- 결정변수: 각 매체에 투입할 광고 예산
- 목적함수: 광고를 통한 예상 매출액 총계
- 제약조건: 투입할 광고 예산 총계 ≤ 가용 예산

각 매체의 결정변수는 셀 G6~G8에 해당하고, 목적함수는 각 매체에 대한 광

고비 집행 시 예상되는 매출액(J6~J8)의 합계인 J9에 해당한다. 현재 상황에서 TV 광고에 450, 옥외 광고에 25, 인터넷 광고에 25의 예산을 투입하면, 총 976.42의 매출이 예상되는 것으로 분석된다. 그리고 각 매체별 투입 예산 금액의 총계인 Total(셀 G9)은 가용 예산(셀 G12)보다 작거나 같아야 한다. 여기서는 두 값이 모두 500으로 설정되어 있다. 최적화를 실행할 때는 이 조건을 제약조건으로 추가해야 한다. 지금까지 다룬 내용은 [**그림 4-3-3**]에 나타나 있다.

■ **[그림 4-3-3] 결정변수 · 목적함수 · 제약조건으로 사용할 데이터 살펴보기**

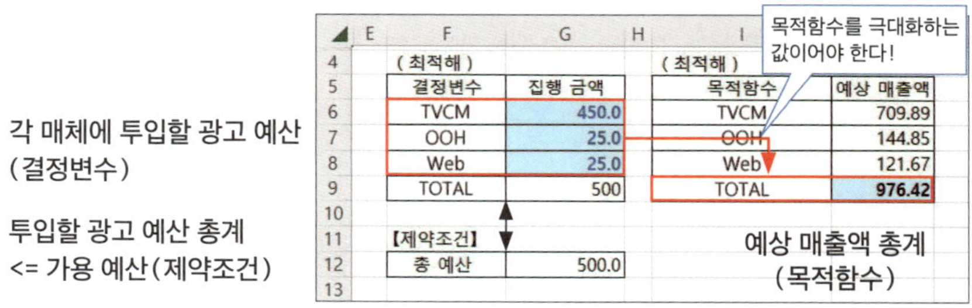

예상 매출액 총계를 극대화하기 위한 광고 매체별 투입 예산 금액(최적해)을 찾아보자!

여기까지 진행했다면, 해 찾기 기능의 대화상자에 필요한 정보를 적절히 입력하면 된다. [데이터] 탭의 맨 오른쪽에 있는 [해 찾기]를 클릭하고, 다음 순서대로 각 매개변수를 설정하자.

1 '예상 매출액 총계'를 목적함수로 지정하기 위해, [목표 설정]에서 셀 J9를 절대 참조로 지정한다('대상'은 '최대값'으로 설정)❶.

2 그다음 [변수 셀 변경]에서 결정변수인 '각 매체에 대한 집행 예산 금액'에 해당하는 셀 범위 G6:G8을 절대 참조로 지정한다❷.

3 모든 매체에 대한 예산 집행 금액이 가용 예산을 초과하지 않는다는 제약조건을 추가하기 위해, [제한 조건에 종속]의 '추가' 버튼을 클릭하고 대화상자에서 '$G$9 <= $G$12'로 설정한다❸.

■ **[그림 4-3-4] 해 찾기 매개변수 설정**

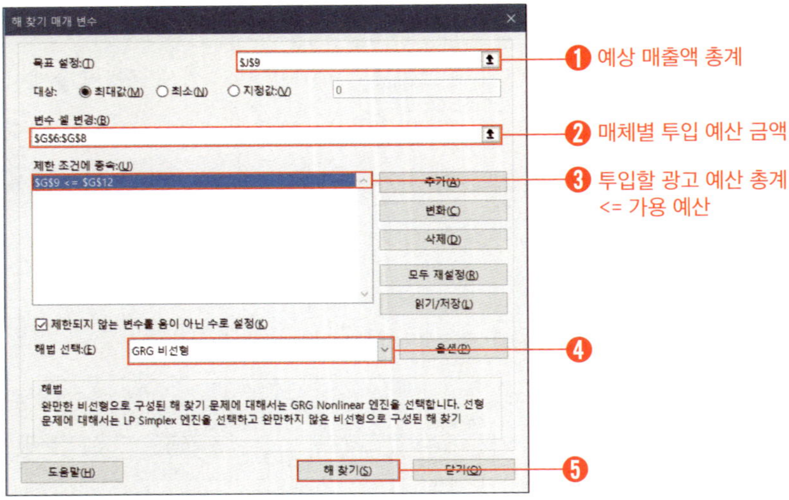

4 [해법 선택]에는 'GRG 비선형'이 선택되어 있는지 확인한다 ④.

5 [해 찾기] 버튼을 클릭하여 최적화를 실행한다 ⑤.

제약조건을 설정하는 일은 다소 복잡할 수 있지만, 이번에도 제3장에서 설명한 방식과 동일하게 진행하면 되며, 기억이 잘 나지 않으면 제3장을 참고해서 설정해 보자.

최적화를 실행한 결과, 각 수치가 어떻게 바뀌었는지 확인해 보자. 주요 포인트는 세 가지다.

- 결정변수: 각 매체에 대한 예산 집행 금액($G$6:$G$8)이 바뀌었는가?
- 목적함수: 광고를 통한 예상 매출액 총계($J$9)가 바뀌었는가?
- 제약조건: 예산 집행 금액의 총계($G$9)가 가용 예산($G$12)을 초과하지 않았는가?

최적화 결과가 **[그림 4-3-5]**의 결과와 일치하는지 확인해 보자. 결정변수의 경우, 최적화 전에는 TVCM = 450, OOH = 25, Web = 25(셀 G16~G18)로 TV 광고에 다소 편중되었다. 그러나 최적화 후에는 TVCM = 292.0, OOH = 113.1, Web = 95.0(셀 G6~G8)으로, **예산이 옥외 광고와 인터넷 광고로 조금 더 배분된 결과**가 나타났다. 또한 이들 세 매체에 투입한 예산의 총계는 약 500으로, 제약조건을 충족했음을 확인할 수 있다.

마지막으로, 예산 금액을 변경했을 때 목적함수인 예상 매출액 총계는 1044.51로, 초깃값인 976.42보다 증가했다! 이것만으로는 개선 효과를 느끼기 어려울 수 있지만, [**그림 4-3-5**] 오른쪽 하단의 '예상 매출액 증가율'을 보면, 초깃값 대비 최적화 후의 값이 107% 더 크다는 것을 알 수 있다. 즉, **최적화 문제를 해결함으로써 매체별 광고 예산 배분을 조정하고, 이를 통해 예상 매출액 총계를 기존 대비 7% 향상시킬 수 있다**.

■ [그림 4-3-5] 최적해와 초깃값 비교

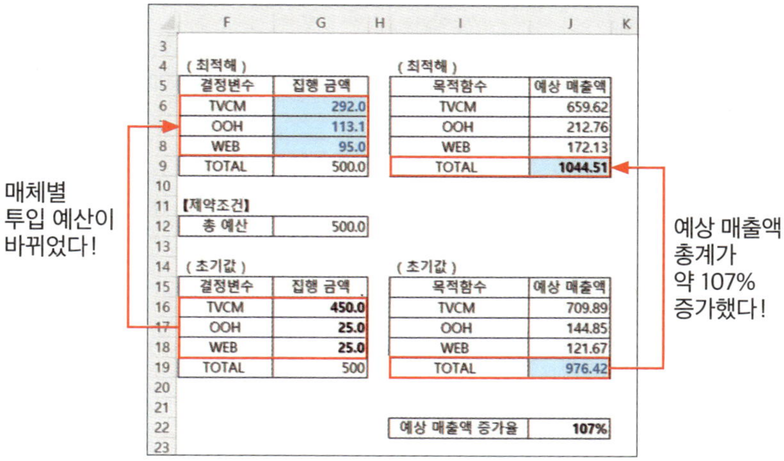

(최적해)

결정변수	집행 금액
TVCM	292.0
OOH	113.1
WEB	95.0
TOTAL	500.0

(최적해)

목적함수	예상 매출액
TVCM	659.62
OOH	212.76
WEB	172.13
TOTAL	1044.51

【제약조건】

총 예산	500.0

(초기값)

결정변수	집행 금액
TVCM	450.0
OOH	25.0
WEB	25.0
TOTAL	500

(초기값)

목적함수	예상 매출액
TVCM	709.89
OOH	144.85
WEB	121.67
TOTAL	976.42

예상 매출액 증가율	107%

최적화 적용 전후의 상황을 조금 더 쉽게 이해하기 위해 매체별 투입 예산의 변화를 시각화해 보자. [**그림 4-3-6**]의 시트 오른쪽에는 TV, 옥외, 인터넷 광고 각각의 투입 금액에 대한 예상 매출을 나타내는 그래프가 있다. 최적화 적용 전의 투입 금액을 왼쪽 그림에 ●으로 나타냈다(최적화 전후의 투입 금액이 그래프에 나타나도록 한 것이다). 이를 비교해 보면, 다음을 확인할 수 있다.

■ [그림 4-3-6] 최적화 전후 투입 예산 금액의 변화

(시각화)

집행 금액	TVCM	OOH	WEB
10	268	104	87
20	348	135	113
30	395	153	129
40	429	166	139
50	455	176	148
60	476	184	155
70	494	191	161
80	509	197	166
90	523	202	170
100	535	207	174
110	546	212	178
120	556	215	181
130	566	219	184
140	574	222	187
150	582	225	189
160	590	228	192
170	597	231	194
180	603	234	196
190	610	236	198
200	616	238	200
210	621	241	202
220	627	243	204
230	632	245	206
240	637	247	207
250	642	248	209
260	646	250	210
270	651	252	212
280	655	254	213
290	659	255	214
300	663	257	216
310	667	258	217
320	670	260	218
330	674	261	219
340	677	262	220
350	681	264	221
360	684	265	222
370	687	266	224
380	690	267	225
390	693	268	226
400	696	270	226
410	699	271	227
420	702	272	228
430	705	273	229
440	707	274	230
450	710	275	231
460	712	276	232
470	715	277	233
480	717	278	233
490	720	279	234
500	722	280	235

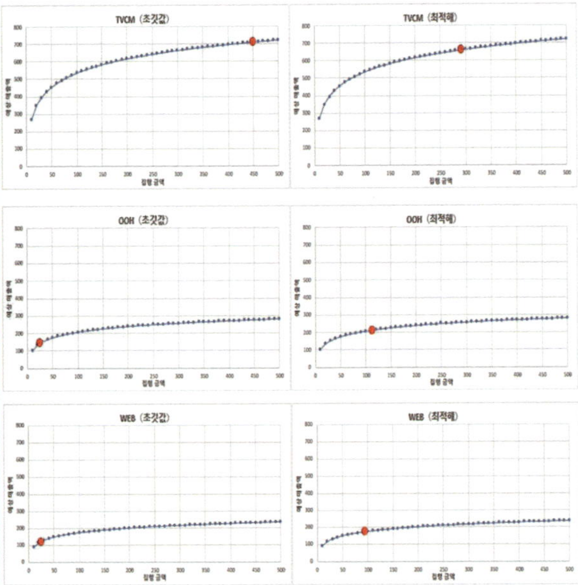

TVCM :
450→292

OOH :
25→113

Web :
25→95

- TV 광고는 투입 금액이 감소했고,
- 옥외 광고와 인터넷 광고는 투입 금액이 증가했다.

내용을 조금 더 분석해 보자. 최적화 전에는 TV 광고에 많은 예산이 투입된 반면, 옥외 광고와 인터넷 광고에는 거의 투입되지 않았다. 결과적으로 **예상 매출액 역시 대부분 TV 광고를 통해 발생하고, 다른 매체에서 발생하는 효과는 미미했던** 것으로 보인다. 이에 TV 광고에 투입하던 예산의 일부를 옥외 광고와 인터넷 광고로 재배분했고, 이를 통해 **TV 광고뿐만 아니라 옥외 광고와 인터넷 광고를 통해서도 예상 매출액을 끌어올릴 수 있게 되어, 결과적으로 예상 매출액 총계를 최적화 적용 전보다 개선할 수 있었다.**

이로써 광고 예산 배분을 최적화할 수 있게 되었다. 물론, 실무에 적용하려면 더 세부적인 요건들까지 고려해야겠지만, 지금까지 살펴본 예시를 통해 기본적이고 중요한 내용은 충분히 이해했을 것이라고 생각한다.

마지막으로, 실무에서 반드시 고려해야 할 사항을 몇 가지 소개하겠다. 첫 번째는 **매출 효과를 어떤 지표를 통해 측정할 것인가?**다. 이 장에서는 이해를 돕기 위해 매출액을 지표로 설정했지만, 사업의 형태와 상황에 따라 매출액을 정확하게 정의하기 어려운 경우가 있다. 예를 들어, 광고를 통해 유입된 고객이 일단 회원 가입을 하고 서비스를 무료로 이용해 볼 수 있게 한 다음, 일정 기간이 지난 후 유료로 전환하도록 유도하는 방식도 있을 것이다. 이때 무료 사용자는 매출 향상에 직접적으로 기여하지는 않지만, 미가입자에 비하면 향후 매출에 긍정적인 영향을 줄 가능성이 높다. 따라서 광고를 통해 서비스 가입을 유도하는 것은 분명 가치 있는 일이다. 이 경우에는 매출액이 아닌 '가입자 수'와 같은 지표를 극대화하는 문제를 푸는 것이 더 적절할 수 있다. 이처럼 **비즈니스 모델에 부합하는 최적화 지표를 설정하는 것**이 중요하다.

이는 사업의 **KPI(Key Performance Indicator, 핵심 성과 지표)를 설계하는 일**과도 직결된다. 여기서는 최적화 문제를 풀기 위해 목적함수를 어떻게 설정해야 하는지 간단히 설명하려고 한다.

이 장의 사례에서는 궁극적으로 매출액이라는 KGI(Key Goal Indicator, 핵심 목표 지표)를 극대화하기 위해 이를 목적함수로 설정했다고 볼 수 있다. KGI란 기업과 서비스 운영자가 목표로 하는 최종적인 정량적 목표 지표를 의미하며, 이러한 KGI를 개선하기 위해 다양한 KPI를 설계한다. 하지만 매출액을 목적함수로 정의하기 어려운 경우에는 KGI와 연결된 KPI를 목적함수로 설정해야 한다. 이때 **전환율(Conversion rate, CVR)**은 KPI의 좋은 예다.

전환이란 온라인 마케팅을 진행한 성과로서 나타나는 사용자의 행동이나 상태의 '전환'을 의미한다. 특정 서비스의 '구매자 수'가 대표적인 전환(율) 지표다. 이때는 구매자 수를 목적함수로 설정해야 하며, 전환율을 판단하거나 최적화하기 어려운 경우에는 다른 지표를 고려해야 한다. **[그림 4-3-7]**에서 처음에 기준점으

■ [그림 4-3-7] KPI 설정 시 고려해야 할 전환 지표

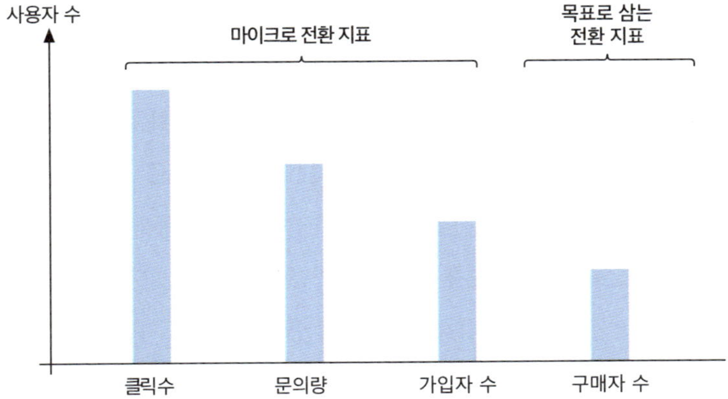

로 삼은 전환보다 앞서 발생하는 행동을 **'마이크로 전환'**이라고 하는데, 이를 목적 함수로 설정하는 방안도 생각해 볼 수 있다.

예를 들어, 구매 전에 회원 가입을 해야 한다면, '가입자 수'를 마이크로 전환을 나타내는 지표로 고려할 수 있다. 또한 가입보다 더 이전 단계인 '문의량'이나 웹사이트에서의 '클릭 수' 등의 지표도 고려할 수 있다. 이처럼 어떤 지표를 극대화할 것인지를 정의하는 일은 생각보다 쉽지 않으며, 최적화 문제를 풀기 전에 신중히 검토해야 한다.

■ [그림 4-3-8] 이월 효과(캐리오버 이펙트)

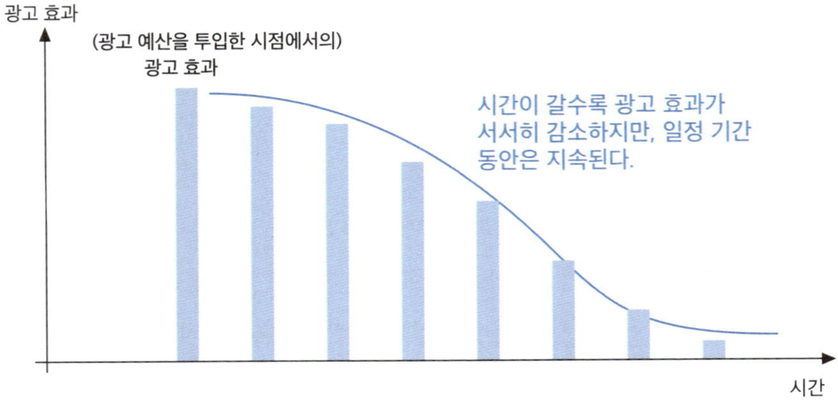

이와 더불어, 광고 예산 투입에 따른 매출 효과를 추정하는 것도 매우 중요하며, 이 장에서 로그 선형 모형으로 표현한 부분에 해당한다. 이는 수학적최적화를 이용해서 풀 수 있는 문제는 아니지만, 추정 정확도를 높이기 위해 적절한 모형을 선택하는 일은 매우 중요하다. 광고 예산 배분 최적화는 실무에서 **주 단위나 월 단위의 과거 데이터를 기반으로 추정하는 경우가 많지만**, 데이터의 양이 충분하지 않으면 모델을 추정하기 어려워질 수 있다. 이때는 통계 분석 기법을 활용하여 로그 선형 모형 외의 방법도 염두에 두고 추정해 나가야 한다.

그 외에도 광고 효과의 **'이월 효과'**를 고려하는 것도 중요하다. 예를 들어, TV 광고나 인터넷 광고를 본다고 해서 바로 해당 서비스의 웹사이트에 방문하거나, 서비스에 가입하거나, 상품을 구매하지 않을 수도 있다. 그 즉시 행동으로 옮기지는 않지만, 시간이 지난 후에 '역시 그 서비스가 제일 괜찮은 것 같다'고 느껴 뒤늦게 이용하게 될 수도 있다. 이는 **광고 효과가 즉각적으로 나타나지 않지만, 그 효과가 '일정 기간 계속해서 남아 있는' 현상**이라고 할 수 있다. 이를 '광고의 이월 효과' 또는 **'캐리오버 이펙트(Carry-over Effect)'**라고 한다.

광고 효과가 일정 기간 지속되는 '캐리오버 이펙트'를 고려하면 현재의 광고가 미래 매출에도 영향을 미치므로, 단기간에 불필요하게 많은 광고를 집행하지 않아도 누적된 이월 효과를 활용하여 장기적인 성과를 달성할 수 있다.

따라서 이러한 시간차를 둔 효과를 광고 투입 예산과 매출 효과의 상관관계를 모형화하거나 최적화하는 과정에서 정량적으로 반영할 수 있다면, 단기 성과뿐만 아니라 장기적인 관점까지 아우르는 더욱 정밀한 최적화가 가능해질 것이다.

AI·머신러닝과 수학적최적화의 차이점

이 책에서는 거의 다루지 않지만 제2장에서 잠시 언급했듯이, 데이터 활용이라는 맥락에서 'AI'와 '머신러닝(Machine Learning)'이라는 단어도 들어 보았을 것이다. 그렇다면 AI · 머신러닝과 수학적최적화는 서로 어떤 점이 다를까? AI는 최근 유행어처럼 쓰이고 있으며, 사람이나 기업마다 이를 다양하게 정의하고 있다(AI는 수학적최적화와 머신러닝 등 다양한 기법을 활용하여 고도의 업무를 처리하는 시스템이라고 정의할 수 있다). 따라서 여기서는 AI는 일단 제외하고 머신러닝과 수학적최적화의 차이를 명확히 구분하려고 한다. 머신러닝과 수학적최적화는 AI에 비해 비교적 명확히 정의할 수 있고, 차이도 확실히 구분할 수 있다. 이를 간략히 정리하면 다음과 같다.

- 머신러닝: 과거 데이터를 기반으로 규칙과 패턴을 발견하는(= 데이터를 기반으로 학습하는) 방법론
- 수학적최적화: (제약조건을 고려하여) 목적함수를 최대화/최소화하기 위한 최적의 값을 구하는 방법론

이 두 기법의 큰 차이 중 하나는 **많은 양의 과거 데이터가 반드시 필요한지 여부**다. 머신러닝은 기본적으로 방대한 데이터를 필요로 하며, 과거 데이터를 기반으로 그 안에 잠재된 경향과 패턴을 발견하는 귀납적 접근법이다.

반면, **수학적최적화는 데이터가 필수 요건은 아니다**. 물론 이번 장에서 살펴본 사례처럼, 수학적최적화 문제를 풀기 전에 모형의 파라미터 값(예: 광고 효과)을 추정하기 위해 데이터를 미리 준비해야 하는 경우도 있다. 그러나 일단 모형이 정의되면, 최적해를 구하는 알고리즘 자체는 (미리 준비된 파라미터를 사용할 뿐) 데이터가 추가로 필요하지 않다. 현실의 문제를 최대한 정확히 반영한 목적함수, 결정변수, 제약조건을 논리적이고 구체적으로 설정하는 것만으로 충분하다. 따라서 지금까지 데이터를 충분히 축적하지 못했더라도, 문제의 본질을 파악하고 있다면 현장에 도입하고 활용할 수 있다. 바로 이 점이 수학적최적화의 수많은 장점 중 하나다.

Chapter 5

사례 3

자산별 투자 비중을
최적화하여 포트폴리오
운영 리스크를 최소화하자

Chapter 5
이 장에서 다루는 내용

제3장과 제4장에서는 연속 최적화 문제의 사례로 상품 가격과 광고 예산 배분 문제를 다뤘다. 이번에 소개할 내용도 연속 최적화 사례다.

제5장에서는 **투자하고 싶은 종목에 대한 투자 비중을 최적화하여 수익률은 높이고, 리스크는 최소화하는 방법**을 살펴보려고 한다.

■ [그림 5-0-1] 이 책의 구조

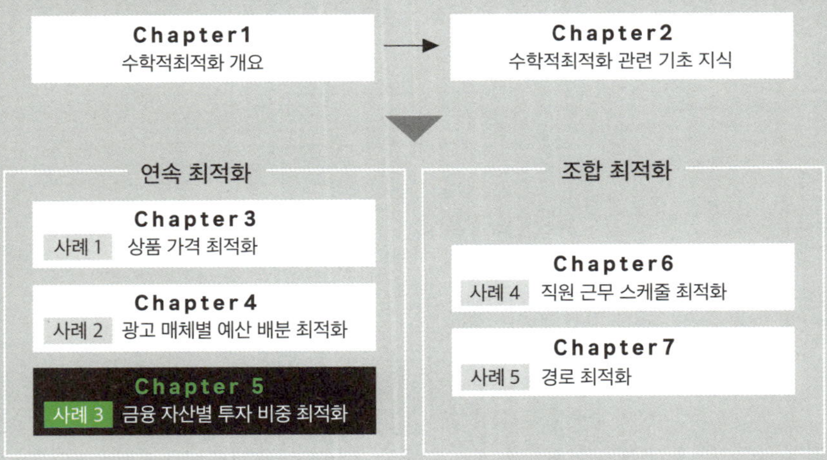

제5장의 핵심 포인트

☑ 포트폴리오 최적화(최적 자산 배분)를 위한 문제 설정 방법

☑ 평균, 표준편차 등 통계량을 이해하고 이를 포트폴리오 최적화 문제에 적용하는 방법

Section

1 문제 발견 투자 리스크를 최소화하여 수익을 극대화하자

어느 개인 투자자의 고민을 들여다보자

이번에는 더 많은 사람이 활용할 수 있는 주식 투자 사례를 살펴보려고 한다.

한 개인 투자자는 주식 투자를 통해 자산을 운용하려고 하며, 특정 국가의 주식 시장에 상장된 여러 종목에 투자할 계획이다. 이에 따라 그는 **어느 종목에 얼마씩 투자할 것인가?**라는 문제에 정량적인 방식으로 접근하려고 한다.

이는 난이도가 매우 높은 문제며, 이 책에서 수익을 낼 수 있는 확실한 방법을 제시할 수도 없다. 더욱이 이 문제를 제대로 해결하려면 해당 기업의 재무제표를 비롯해서 사업 현황, 조직 현황, 거시 경제, 정치적 상황 등 다양한 요소를 고려해야 한다. 여기서는 **수학적최적화를 기반으로 이 문제에 접근할 수 있을지** 살펴보려고 한다.

우리의 주인공은 분산 투자를 통해 **수익을 극대화**하고 싶지만, 투자에는 언제나 리스크가 따르기 마련이다. 현재로서는 **투자 리스크를 최소화**하려고 한다. 여기서 말하는 '리스크'에 대해서는 이 장의 뒷부분에서 다룰 것이다. 지금까지의 내용들을 잘 따라왔다면, '극대화'와 '최소화'라는 단어가 자연스레 떠오를 것이다. 수학적최적화를 활용하면 투자 리스크는 최소화하고 수익은 극대화할 수 있는 방안을 찾아낼 수 있을까?

조금 더 구체적으로 말하자면, 중요한 것은 어느 종목에 얼마를 투자할지가 아니라, 어느 정도의 비중으로 분산 투자를 할지다. 각 종목에 대한 투자 '비중'을 최적화하여 리스크를 최소화하고 수익을 극대화하는 것이 목표라고 생각해 보자.

이처럼 리스크와 수익성을 고려하여 최적의 자산 조합을 탐색하는 문제를 '최적 자산 배분 문제' 또는 '포트폴리오 최적화 문제'라고 한다. 포트폴리오는 일반적으로 '도록(圖錄)', '작품집'을 의미하며, 디자인 분야에서 일하는 사람들이 자신의 작품을 소개할 때 자주 언급하는 표현이다. 금융 업계에서 사용되는 포트폴리오

■ [그림 5-1-1] 금융 자산의 투자 비중 최적화

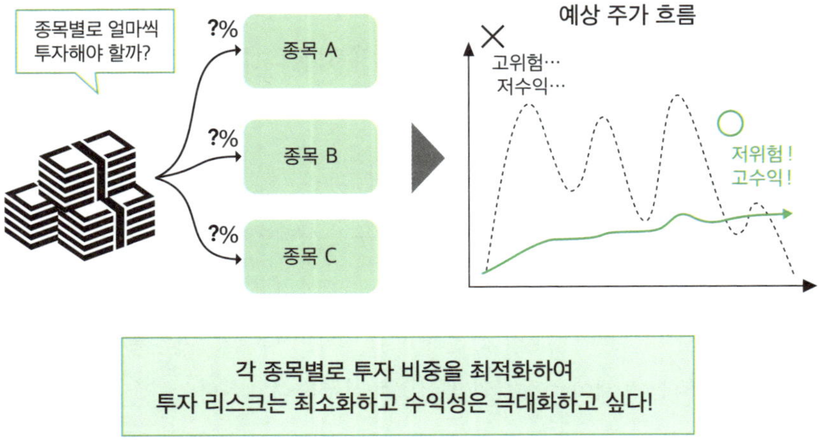

는 '자산의 조합'을 의미한다. 여기서는 '포트폴리오 최적화 문제'라는 용어를 사용해서 설명하려고 한다.

이 책은 어디까지나 수학적최적화의 적용 예시로서 투자 종목별 투자 비중 최적화 문제를 다룰 뿐이며, 투자나 투기를 권유하려는 의도는 없다.

또한 '문제 설정'에서는 어떤 비중으로 투자해야 할지에 대한 이야기가 나오겠지만, 이 또한 포트폴리오 최적화 문제를 일반적인 수학적최적화로 해결한 결과에 대한 설명일 뿐이다. 따라서 이 책에서 설명하는 방법으로 자산을 운용하더라도 리스크를 낮추거나 수익성을 보장할 수 없다는 점을 반드시 염두에 두기를 바란다. 이와 같은 내용을 전제로 하여 수학적최적화를 자산 운영 과정에 어떻게 적용할 수 있을지 살펴보자.

Section

2 문제 설정 포트폴리오 최적화 문제를 수학적최적화 문제로 변환해 보자

포트폴리오 최적화란?

포트폴리오 최적화에 대해 좀 더 정리해 보자. 포트폴리오 최적화는 **자신이 보유하고 있는 자금을 어떤 유형의 자산에 어느 정도의 비중으로 투자할 것인지**에 대한 문제다. 여기서 자산의 '유형'이란 어느 정도로 세분화한 것을 의미할까? 결론부터 말하면, 세분화 수준은 중요하지 않으며, 크게 국내 주식, 해외 주식, 국내 채권, 해외 채권 등으로 구분할 수 있다.

■ [그림 5-2-1] 포트폴리오 최적화

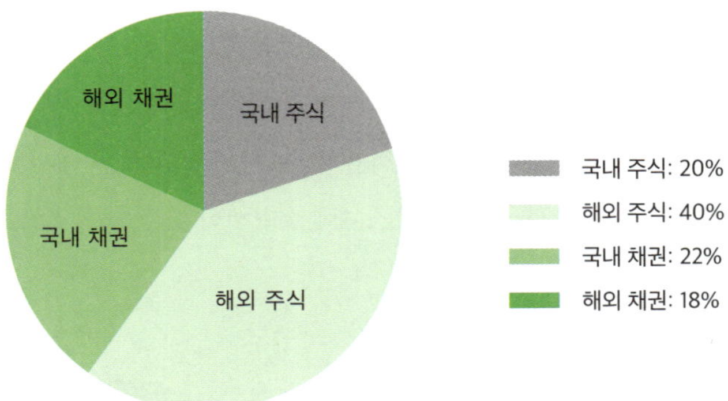

투자 자금을 어떤 유형의 자산에
어느 정도의 비율로 투자하는 것이 바람직할까?

이 책은 주식 투자 전문 서적이 아니므로 각 투자 자산에 대한 자세한 설명은 생략한다. 다만, 투자의 기본 원칙 측면에서 볼 때 어느 정도 리스크가 있더라도 높은 수익을 바란다면 미래 성장 가능성에 투자하는 주식 투자에 주력하는 것이 바람직하다.

반면, 높은 수익보다는 자산을 지키는 것을 우선시하여 리스크를 최소화하고 싶다면, 채권에 큰 비중을 두는 것이 바람직하다(채권은 만기 시점까지 보유할 경우, 발행 주체의 부도 등 특별한 경우가 아니라면 일반적으로 원금이 보장되며 정해진 이자가 함께 지급되기 때문이다).

또한 주식은 한국 주식인지 미국 주식인지에 따라 차이가 있다. 한국 증시에는 KOSPI200, KRX300과 같은 인덱스(한국 주식 시장에 상장된 주요 종목의 주가 동향을 보여주는 지수)가 있고, 미국 증시에는 S&P500과 같은 인덱스가 있다. 이러한 자산별로 어느 정도의 비중으로 분산 투자할 것인지 신중히 판단해야 한다. 즉, 리스크를 무시하고 높은 수익만을 추구한다면 해외 주식에 100%를 투자할 수도 있다. 반면, 어느 정도 높은 수익성을 기대하면서도 리스크를 조금은 줄이고 싶다면 주식에 80%, 채권에 20%를 투자하는 분산 투자 방식을 고려할 수 있다.

자산의 유형을 분류하는 기준으로는 여러 가지가 있다

주식과 채권 외에도 다양한 기준으로 투자 상품을 분류할 수 있다. 예를 들어, 이번에 다루는 사례처럼 개별 종목 단위로 분류할 수도 있다. 개별 종목은 LG CNS, 삼성전자 같은 개별 기업이 상장한 주식을 말한다. 개별 종목 중에서도 리스크가 높지만 수익성도 높은 종목이 있고, 리스크와 수익성이 모두 낮은 종목도 있다. 이

■ [그림 5-2-2] 자산 유형을 분류하는 다양한 기준

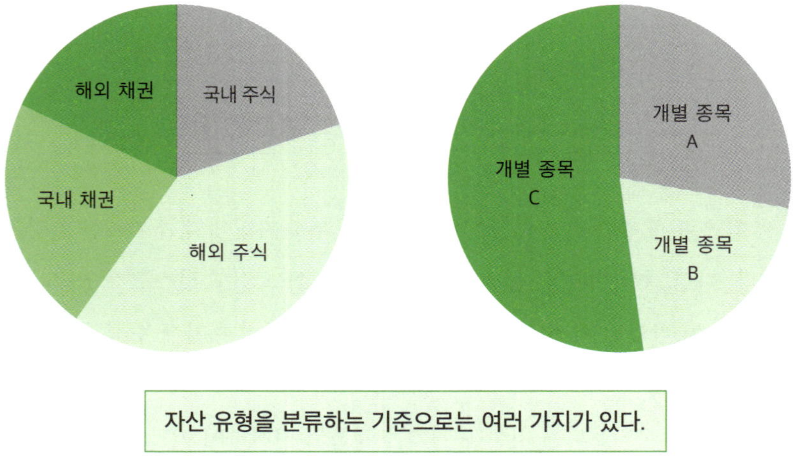

처럼 성격이 다른 종목들을 적절한 비중으로 조합함으로써, 투자자는 리스크와 수익률을 자신이 원하는 수준으로 조절할 수 있다.

물론, 국내 종목뿐만 아니라 미국이나 그 외 국가의 주식 시장에 상장된 종목을 투자 대상으로 삼을 수도 있다.

리스크 최소화와 수익성 극대화

지금까지 포트폴리오 최적화 관점에서 투자 대상 자산에 대해 설명했다. 그다음으로 고려해야 할 사항은 **'어떻게 투자 비중을 결정할 것인가?'**다. 이에 대해서는 정답이 하나만 있는 것은 아니다. 금융공학 등 관련 분야에서 이에 대한 다양한 접근 방법이 연구되어 왔지만, 이 책에서는 기본적인 수준에서만 다루려고 한다. 어떤 접근 방법이든 **'리스크 최소화'**와 **'수익성 극대화'**는 공통적인 목표다. 그리고 포트폴리오 최적화 문제를 풀기 위해서는 반드시 '리스크'와 '수익성'이라는 개념을 정량적으로 표현할 수 있어야 한다.

리스크와 수익성은 기본적으로 '주가'의 변동성을 기준으로 판단한다. 거시 경제나 정치적 상황 등 다양한 요소를 고려해야 하지만, 설명을 단순화하기 위해 주가를 중심으로 살펴보려고 한다.

먼저, 리스크에 대해 살펴보자. 리스크를 정량화하는 방법은 다양하다. 이 부분은 나중에 다시 다루겠지만, 기본 원리는 **'주가의 변동 폭이 클수록 리스크가 크다'**는 것이다. 주가가 크게 요동친다는 것은 자산을 안정적으로 운용하기 어렵다는 뜻이다. 따라서 주가의 변동 폭이 클 때는 고위험, 변동 폭이 작을 때는 저위험으로 간주한다.

주가의 변동 폭은 다른 말로 **'변동성(Volatility)'**이라고도 하는데, 이는 가격이 변동하는 정도(변동 폭의 크기)를 말한다.

한편, 수익률은 비교적 단순하다. **'주가가 올라 수익이 증가하면 수익성이 좋다'**고 볼 수 있다. 반대로 주가가 오르지 않으면 수익성이 좋지 않은 것이다.

따라서 [**그림 5-2-3**]의 녹색 선처럼 주가의 변동 폭이 작고 안정적으로 조금씩 상승하는 상태가 '리스크는 작고 수익성이 좋은' 이상적인 상황이라고 볼 수 있다.

■ [그림 5-2-3] 리스크와 수익성의 기본 개념

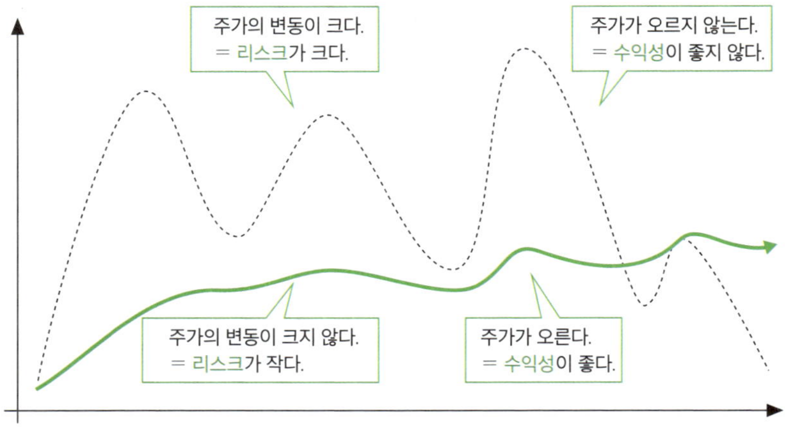

반대로, 검은색 점선처럼 주가의 변동 폭이 크고 주가는 상승하지 않는 상태는 바람직하지 않은 상황이라고 볼 수 있다.

리스크와 수익성 정량화하기 ① 주가를 수익률로 변환하기

이제 '리스크'와 '수익성'을 정량화해 보겠다. 수학적최적화에서 조금 벗어난 내용이지만, 리스크를 최소화하고 수익성을 극대화하는 문제를 푸는 데 필요한 과정이므로, 하나씩 차례대로 풀어보자.

먼저, 리스크와 수익성을 계산하기 위해 **수익률**을 산출해 보자. 주가는 이미 알고 있다고 가정한다. 누구나 쉽게 현재 주가를 확인할 수 있다. 다만, 주가는 종목에 따라 천차만별이다. 한 주당 몇백 원인 것도 있고, 몇십만 원에 달하는 것도 있다. 따라서 절대적인 수치만으로는 종목별 변동성을 일관성 있게 관리하기 어렵다.

이에 따라 주가 자체보다는 주가의 변동 폭을 수치적으로 확인하는 것이 바람직하다. 정량화 방법은 다양하지만, 가장 쉽게 이해할 수 있는 지표는 **직전 시점 대비 현시점의 주가가 변화한 정도를 나타내는 '수익률'**이다. **[그림 5-2-4]**처럼, 수익률은 **현시점의 주가에서 직전 시점의 주가를 빼고, 이를 직전 시점의 주가로 나누면** 계산할 수 있다. 수익률은 다음과 같이 해석할 수 있다.

■ [그림 5-2-4] 수익률의 정의

$$\text{수익률} = \frac{\text{현시점의 주가} - \text{직전 시점의 주가}}{\text{직전 시점의 주가}}$$

시점	주가
1	100
2	120
3	90
⋮	⋮

$\frac{(120-100)}{100} = 0.2 = 20\%$

$\frac{(90-120)}{120} = -0.25 = -25\%$

수익률(%)
20%
−25%
⋮

주가의 절댓값을 기준으로 하면, 종목별 가격 차이가 크게 나타난다.

수익률로 나타내면, 가격이 양수인지 음수인지 확인할 수 있어, 주가의 움직임을 판단할 수 있다!

- 양수(플러스)면 주가가 오르고 있는 것이며
- 음수(마이너스)면 주가가 떨어지고 있는 것이며
- 0이면 주가에 변동이 없는 상태라고 볼 수 있다.

이와 같이 주가 자체가 아닌 수익률을 통해 여러 종목을 동일한 기준으로 평가할 수 있다.

그 외에도 주식 배당을 고려하여 정교하게 수식화하는 방법이나 로그(log)를 사용하는 로그 수익률과 같은 다양한 방식이 있다.

리스크와 수익성 정량화하기 ② 수익률 분포에 대해 생각해 보기

이제 수익률의 '분포'에 대해 이야기하려고 한다. 이는 특정 종목의 수익률이 얼마나 좋은지, 그리고 수익률의 변동성은 어떤지를 살펴보는 것이다.

일정 기간 동안의 수익률을 계산한 후, 수익률 값의 **빈도 분포를 나타내는 히스토그램**을 그려 보자. 히스토그램은 측정 대상 데이터가 특정 구간 내에서 얼마나 자주 발생하는지를 정리한 그래프다. 이는 **[그림 5-2-5]**를 보면 쉽게 이해할 수 있

[그림 5-2-5] 수익률 히스토그램(빈도 분포)

수익률(%)
3%
20%
−25%
10%
13%
5%
0%
⋮

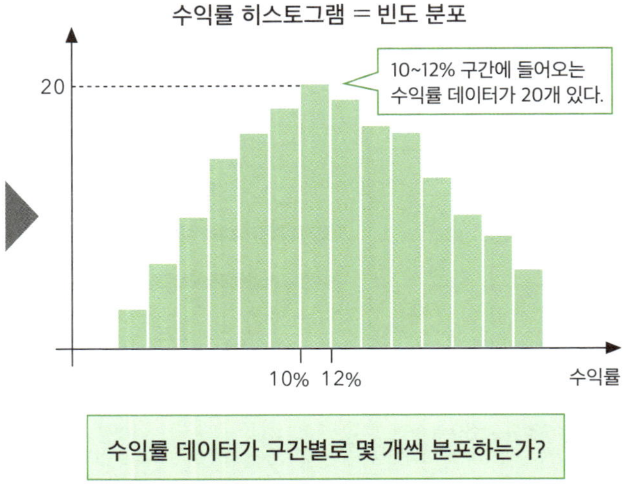

다. 먼저, 수익률 데이터를 바탕으로 값의 구간을 설정해야 한다. 그림에서는 10~12% 등으로 2% 단위로 구간을 나눴다. 그리고 그래프 세로축에 표기된 20은 10~12% 구간에 들어오는 수익률 데이터가 20개라는 뜻이다. 이처럼 히스토그램을 그려 보면, 수익률이 **어느 구간 내에 얼마나 분포하는지**를 알 수 있다.

수익률 히스토그램을 활용하면 어떤 점이 좋을까? **[그림 5-2-6]**에 있는 두 종목의 히스토그램을 비교해 보자. 어떤 차이가 있는가?

녹색 종목의 수익률 히스토그램은 분포의 중심이 왼쪽으로 치우쳐 있다. 이는 전반적으로 수익률이 낮다는 것을 의미한다. 그리고 분포의 변동 폭이 크고, 가로로 넓게 퍼져 있는데, 이는 수익률의 변동성이 전체적으로 크다는 의미다.

한편, 회색 종목의 수익률 히스토그램은 녹색 종목과는 반대로, 분포의 중심이 오른쪽으로 치우쳐 있다. 이는 전반적으로 수익률이 높다는 것을 의미한다. 그리고 분포의 변동 폭이 작은 것을 통해 수익률의 변동성이 작다고 판단할 수 있다.

이처럼 **히스토그램을 통해 수익률의 트렌드를 정성적으로 파악**할 수 있다. 그러나 이 상태로는 '정성적'인 분석에만 그치므로, 이를 정량화하고 지표화해야 한다.

■ [그림 5-2-6] 수익률 히스토그램 비교

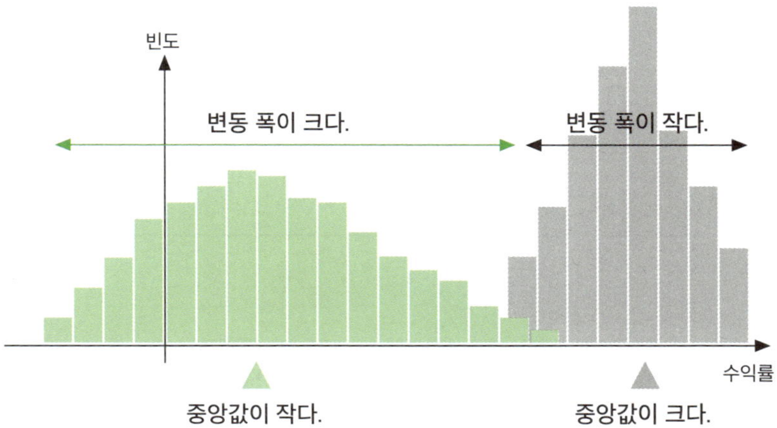

리스크와 수익성 정량화하기 ③ 수익률의 트렌드를 평균과 분산으로 표현하기

히스토그램을 통해 확인할 수 있는 '중심값'과 '값의 변동성' 등은 데이터 분포의 특징을 정량적으로 표현하는 통계학적 수치인 **요약 통계량**(줄여서 **통계량**)으로 정량화할 수 있다. 어렵게 들릴 수 있지만, 여기서는 평균, 분산, 표준편차라는 통계량을 사용할 것이다. 이들이 무엇인지 알고 있다면 넘겨도 괜찮다. 처음 접한다면 다소 어렵게 느낄 수 있지만, 최대한 쉽게 풀어 설명해 보겠다.

먼저 살펴볼 것은 데이터의 중심 위치를 설명하는 데 필요한 '평균'이다. 데이터의 중심값인 평균은 대략적으로 이 정도의 수익률을 기대할 수 있다는 것을 의미하는 수치이므로, 기대 수익률에 해당한다. 평균의 개념을 이미 알고 있겠지만, [**그림 5-2-7**]처럼 정의할 수 있다.

평균은 데이터의 '중심값'이다. 평균은 다른 값들에 비해 극단적으로 큰 값이 섞여 들어올 경우, 해당 집단에 속한 값들이 모두 크게 보이도록 만들 수 있다. 따라서 이러한 착시를 방지하기 위해 중앙값(Median: 수를 크기순으로 나열했을 때, 가운데 위치한 값)을 활용한다. 다만, 뒤에서 수학적최적화를 적용해서 문제를 풀 때는, 평균과 분산(표준편차)을 사용하는 대표적인 접근 방식인 평균-분산 모

■ [그림 5-2-7] 평균의 정의

$$\text{평균} = \frac{\text{모든 데이터를 더한 값}}{\text{데이터 개수}}$$

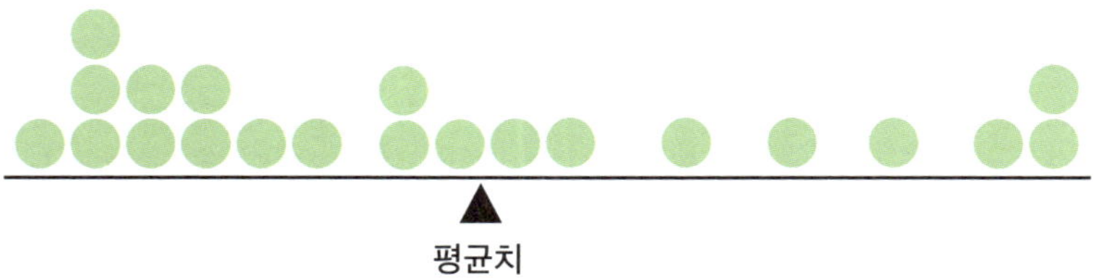

평균은 데이터의 '중심값'으로 볼 수 있다.

델을 활용할 것이므로, 여기서는 중점을 두고 설명하겠다.

평균과 중앙값은 데이터 중심의 위치를 파악하는 데 사용하는 통계량이다. [**그림 5-2-8**]에 있는 두 가지 데이터셋을 살펴보자. 두 데이터셋의 평균은 5로, 대략적으로 비슷한 상관성을 띠는 것처럼 보인다.

그러나 데이터를 자세히 살펴보면, 상단의 데이터셋에 비해 하단의 데이터셋이 상대적으로 더 넓게 흩어져 있는 것을 알 수 있다. 이 경우에는 데이터가 갖는 경향성을 평균(또는 중앙값)만으로는 파악하기 어렵다. 데이터의 경향성을 파악

■ [그림 5-2-8] 평균은 동일하나, 분산이 다른 두 데이터 셋

[0, 1, 2, 3, 4, 5, 6, 7, 8, 9, 10]

⬇

평균은 **5**

⬆

[−20, −15, −10, −5, 0, 5, 10, 15, 20, 25, 30]

중앙값만 알면 데이터의 전체적인 경향성을 판단할 수 있을까?

하려면 **'데이터가 서로 얼마나 떨어져 있는지'** 또한 알 수 있어야 한다.

데이터가 흩어져 있는 정도를 나타내는 대표적인 통계량으로는 '분산'이 있다. 분산은 직접 활용되는 경우가 많지는 않지만, 뒤에서 설명할 '표준편차'를 계산할 때 필요한 개념이다. **분산은 평균을 중심으로 데이터가 얼마나 흩어져 있는지를 나타내는 통계량**이다. 이를 수식으로 설명하면, 분산은 각 데이터와 평균의 차이(편차)를 제곱하여 이를 모두 더한 뒤에 데이터 개수(N)에서 1을 뺀 값으로 나누어 계산한다.

■ [그림 5-2-9] 분산의 정의

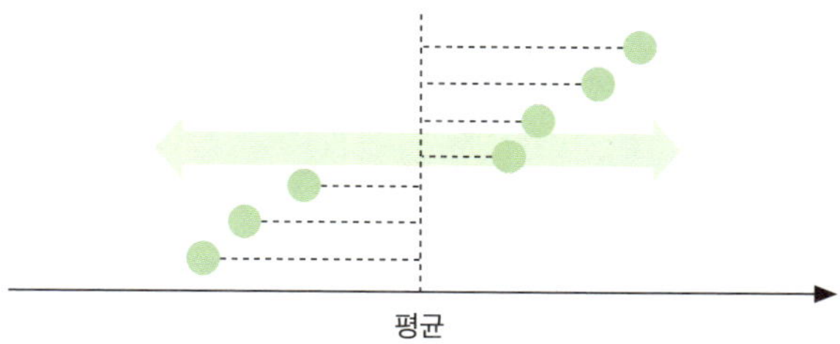

$$\text{분산} = \frac{\sum_{i}^{N} (i\text{번째 데이터} - \text{평균})^2}{\text{데이터 개수}(N) - 1}$$

분산은 평균을 중심으로 각각의 데이터가
얼마나 떨어져 있는지를 나타내는 통계량이다.

분산을 해석하기 어려운 이유는, 수식에서 볼 수 있듯이 데이터(정확히는 데이터－평균)를 '제곱'하기 때문이다. 예를 들어, 사람의 키(cm)의 분산을 계산하면 결괏값의 단위는 'cm'가 아니라 'cm의 제곱(cm^2)'이 되기 때문에, 이를 직관적으로 해석하기 어려워진다.

이 때문에 분산을 그대로 활용하는 일은 드물며, 대신 분산을 기반으로 계산하는 표준편차를 이용하는 경우가 많다. 표준편차는 분산에 제곱근($\sqrt{\ }$)을 씌워 단위를 원래대로 되돌린 값이기 때문에 그만큼 직관적으로 이해하기 쉽다.

■ [그림 5-2-10] 표준편차의 정의

$$\text{분산} = \frac{\sum_{i}^{N}(i\text{번째 데이터} - \text{평균})^2}{\text{데이터 개수}(N) - 1}$$

→ 데이터의 단위가 제곱이 된다.

▼

$$\text{표준편차} = \sqrt{\text{분산}}$$

→ 원래의 데이터 단위로 되돌아온다.

분산에 제곱근(√)을 씌우면 원래의 데이터 단위로 되돌릴 수 있다.

리스크와 수익성 정량화하기 ④ 두 가지 투자 상품의 상관성을 나타내는 '공분산'

지금까지 데이터의 중심 위치를 확인하는 평균, 그리고 데이터가 흩어져 있는 정도(변동성, 즉 리스크)를 확인하는 분산과 표준편차에 대해 알아보았다. 이 개념들만 알면 개별 자산의 리스크와 수익성을 충분히 정량화할 수 있을 것 같지만, 여러 자산을 조합하여 포트폴리오를 구성하고 그 효과를 제대로 이해하기 위해서는 몇 가지 개념을 더 알아야 한다.

평균, 분산, 표준편차는 **한 가지 변수**(한 열의 데이터)**의 경향을 나타내는 통계량**이다. 그러나 이 사례에서는 여러 종목에 대한 투자 비중을 고려해야 한다. 만약 두 종목이 서로 완전히 반대 방향으로 움직일 경우, 이 두 가지를 적절히 조합하면 리스크를 줄일 수 있다. 이는 결국, **여러 변수의 움직임을 동시에 고려해야 한다**는 것을 의미한다. 이를 위해 두 종목(두 열의 데이터) 간의 상관성을 보여주는 통계량인 '공분산'이 필요하다. 이는 앞서 소개한 '분산'과 유사한 용어로, 두 변수의 데이터 간 관계를 나타낸다.

공분산의 수식은 조금 복잡하므로, 먼저 기본 개념에 대해 알아보자. **[그림 5-2-11]**을 살펴보면, x축의 값이 커질수록 y축의 값도 커지는 '우상향' 형태인 경우에는 공분산은 커진다. 이때 두 데이터 간에는 **'양의 상관관계가 있다'**고 한다. 반대로, x축의 값이 커질수록 y축의 값은 작아지는 '우하향' 형태인 경우에는 공분산은 작아진다. 이때 두 데이터 간에는 **'음의 상관관계가 있다'**고 한다. 또한 x축과 y축 사이에 우상향이나 우하향 등의 상관성이 보이지 않는 경우, 공분산은 0에 가까워진다.

[그림 5-2-11] 공분산의 형태

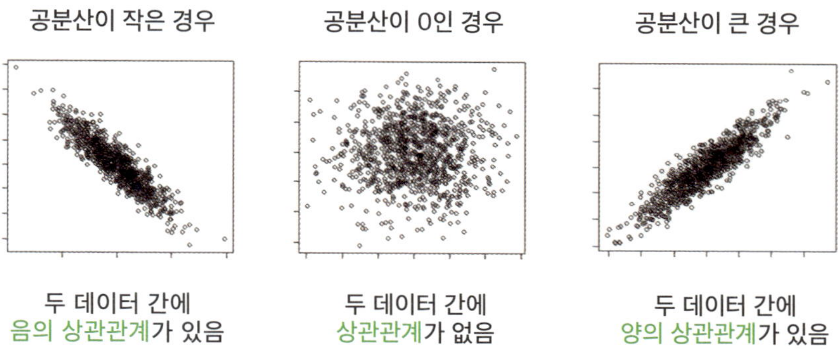

공분산은 값의 범위가 정해져 있지 않기 때문에 해석하기 어렵다. 값을 직접 해석할 때는 공분산을 기반으로 결괏값이 -1과 $+1$ 사이에 놓이도록 재정의한 **'상관계수'**라는 통계량을 사용하는 경우가 많다. 여기서는 상관계수를 자세히 다루지는 않지만, 공분산은 상관계수의 기초가 되는 값이므로 비슷한 지표라는 정도로 알아 두자. 수학적최적화 문제를 풀기 위해서는 공분산만 알아도 충분하다.

이제 공분산을 구하는 방법을 살펴보자. 최적화 문제를 푸는 데 반드시 알아야 하는 내용은 아니므로 참고만 해도 된다.

공분산을 구하는 공식은 **[그림 5-2-12]**와 같다. 두 변수 데이터를 산포도의 형태로 나타냈던 것을 떠올려 보자. 먼저, x축과 y축 각각의 평균을 계산한다. 그림에서는 x축의 평균은 5, y축의 평균은 3이다. 그다음 각 데이터에서 각각의 평균을 뺀 값을 구하고 이를 곱한다. 마지막으로, 모든 데이터(N개)에 대해 구한 값을 더하고, 데이터 개수에서 1을 뺀 값($N-1$)으로 나눈 것이 공분산이다.

■ [그림 5-2-12] 공분산의 정의 ①

$$공분산 = \frac{\sum_{i=1}^{N}(X_i - X의\ 평균) \times (Y_i - Y의\ 평균)}{N-1}$$

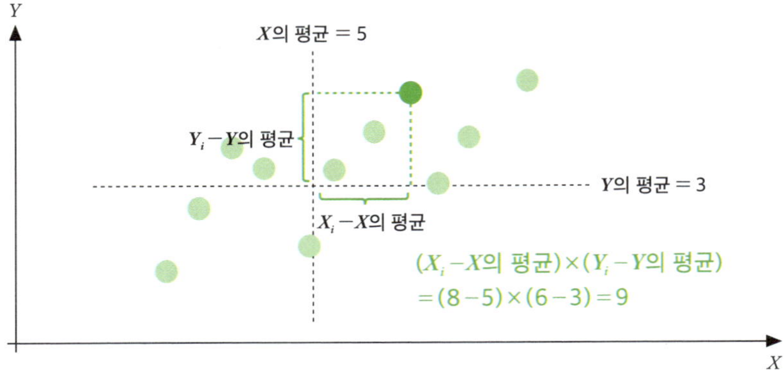

[**그림 5-2-13**]처럼 *x*축과 *y*축의 평균을 기준으로 오른쪽 상단과 왼쪽 하단에 위치한 데이터(동그란 점)들은 양의 상관관계를 갖는다. 정리하면, 데이터가 분포한 위치에 따라 공분산과 상관계수는 다음과 같은 상관성을 보인다.

■ [그림 5-2-13] 공분산의 정의 ②

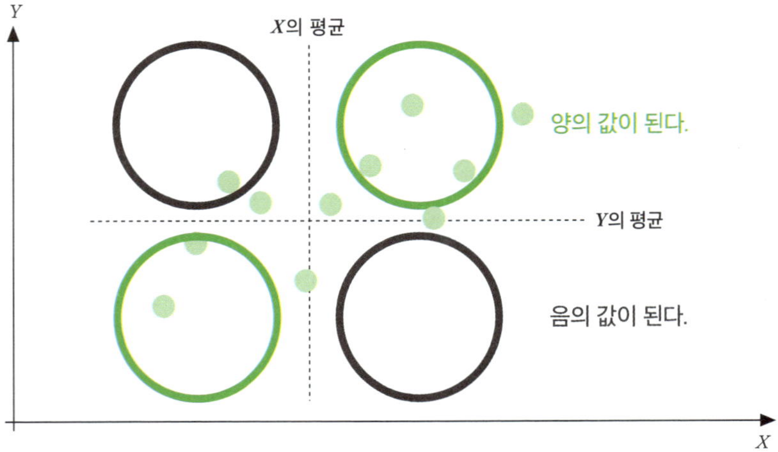

- 오른쪽 상단과 왼쪽 하단에 데이터가 많이 분포한 경우, 공분산은 양의 방향으로 커진다(상관계수도 +1에 가까워진다).
- 반대로, 오른쪽 하단과 왼쪽 상단에 데이터가 많이 분포한 경우, 공분산은 음의 방향으로 커진다(상관계수도 −1에 가까워진다).

리스크와 수익성 정량화하기 ⑤ 리스크를 표현하는 그 외의 지표

지금까지 데이터의 중심 위치를 확인하기 위한 평균, 변동성을 나타내는 분산과 표준편차, 그리고 두 변수 간의 관계를 나타내는 공분산 등의 통계량에 대해 알아보았다. 이제부터는 이 지표를 활용하여 최적화에 필요한 수식을 어떻게 구성하면 좋을지 알아보겠다. 그 전에, 참고가 될 만한 이야기를 잠시 들려주려고 한다.

바로 리스크를 나타내는 지표에 대한 이야기다. 이 장에서는 리스크를 나타내는 지표로 공분산을 소개했고, 뒤에서 최적화 문제를 풀 때도 분산과 공분산을 활용하려고 한다. 그러나 **분산 외에도 리스크를 나타내는 지표로는 여러 가지가 있다.** 이 지표들은 최적화 문제를 풀 때 함께 사용하기에는 다소 복잡하므로, 간단히 소개하려고 한다.

리스크는 '투자하려는 자산의 수익률 변동성'이라고 정의할 수 있다. 자산 운용

[그림 5-2-14] 분산의 한계

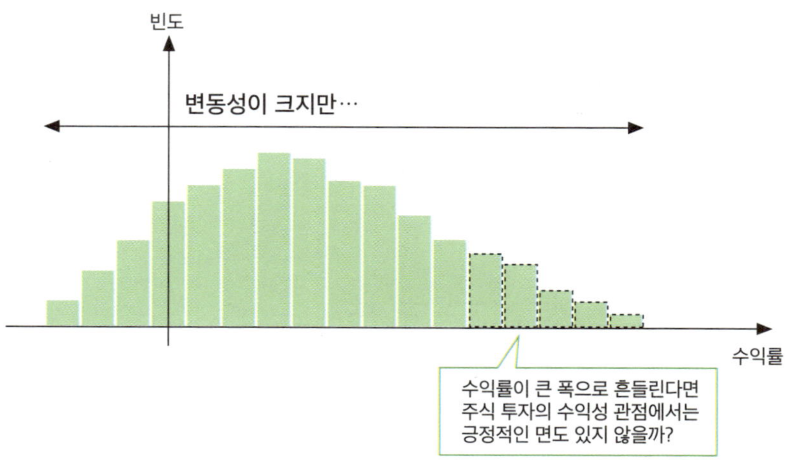

관점에서 수익률 변동성이 크다는 것은 그만큼 불확실성이 크다는 것을 의미하기 때문이다. 분산은 분명 데이터의 변동성을 나타내는 지표지만, **수익률이 크게 흔들린다면 수익성 관점에서는 좋은 일이 아닐까?** 물론, 큰 폭으로 흔들린다는 것은 수익률 변동을 꺼리는 사람들에게는 리스크로 간주될 수도 있다. 그러나 주가가 상승한다는 관점에서는 긍정적으로 해석할 수도 있다.

데이터의 변동성과 관련하여, 수익률이 기대나 예측을 벗어나 아래 방향으로 떨어질 위험, 즉 '**하방 리스크**'를 측정해야 할 때가 있다. 이러한 하방 리스크를 측정하는 대표적인 지표 중 하나가 바로 '**Value at Risk(VaR)**'다. 여기서 하방 리스크는 값이 예측이나 기대를 벗어나 아래 방향으로 흔들릴 위험을 의미한다. VaR는 금융 자산 투자뿐만 아니라 다양한 경영 활동에서 발생할 수 있는 리스크를 분석하고 관리하는 데 널리 활용되며, **자산의 잠재적 손실 가능성을 정량적으로 보여주는 유용한 지표**다.

VaR의 개념은 다음과 같이 이해할 수 있다. [**그림 5-2-15**]처럼 수익률 분포가 있을 때, VaR는 이 분포의 하위 X%에 해당하는 값이다. 이는 곧 '주어진 기간 동안 X%의 확률로 VaR 값보다 더 큰 손실이 발생할 수 있다'는 것을 의미한다. 다시 말해, $(100-X)$%의 신뢰수준으로 손실액이 VaR 값을 초과하지 않을 것이라고 예측하는 것이다.

[그림 5-2-15] VaR(Value at Risk)의 정의

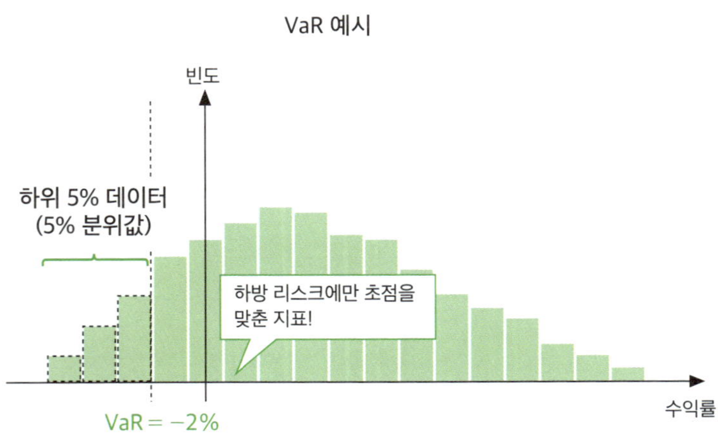

즉, X% VaR는 'X% 확률로 발생할 수 있는 최소 손실액' 또는 '(100−X)% 신뢰 수준에서의 최대 손실액'으로 이해할 수 있다. 여기서 X는 사용자가 리스크 관리 목적에 따라 설정하며, 손실 가능성을 평가할 때는 보통 1%, 5%, 10%와 같이 작은 값을 사용한다. 예를 들어, X를 5%로 설정한 5% VaR는 통계적으로 하위 5% **분위값**을 의미하며, '5%의 확률(또는 20번 중 1번 꼴)로 해당 VaR 값보다 더 큰 손실을 입을 수 있다'고 해석한다.

이처럼 VaR는 분산이나 표준편차가 상방향과 하방향의 변동성을 모두 포함하는 것과 달리, 손실이 발생할 가능성, 즉 하방 리스크에만 초점을 맞춘다는 점에서 중요한 차이가 있다.

VaR는 하위 X%에 해당하는 데이터에만 초점을 맞추지만, 더 낮은 값까지 고루 고려하는 **CVaR(Conditional Value at Risk)**라는 지표도 있다. 이처럼 리스크를 나타내는 다양한 지표가 있으며, 이를 기반으로 리스크를 최소화하는 포트폴리오 최적화 모델에 대한 연구가 활발히 진행되고 있다.

평균-분산 모델이란?

드디어 최적화 문제를 풀기 위한 사전 준비를 모두 마쳤다. 이제부터는 지금까지 익힌 통계량을 활용하여 포트폴리오 최적화 방법을 본격적으로 살펴보자. 이 분야는 금융 공학에서 활발히 연구되고 있으며, 다양한 최적화 접근법이 존재한다. 그중에서도 **'평균-분산 모델(평균-분산 접근법)'**은 가장 기본적이면서 다른 최적화 방법들의 기초가 되므로, 이를 먼저 소개한다.

평균-분산 모델을 통한 최적화 과정은 결과만 보면 다소 복잡해 보일 수 있다. 따라서 여기서는 이해를 돕기 위해 과정을 단계별로 나누고, 핵심적인 부분에 중점을 두어 살펴보려고 한다. '평균-분산' 모델은 그 이름처럼 평균과 분산(또는 표준편차)이라는 두 가지 통계량에 초점을 맞춘다. 앞서 살펴봤듯이, 분산은 제곱근을 취하면(단위를 맞추면) 표준편차와 사실상 동일한 정보를 제공한다. 특히, **표준편차는 분산과 달리 제곱 단위가 아니기 때문에 직관적으로 해석하기 쉽다는 장점이 있다.** 따라서 여기서는 평균과 표준편차를 중심으로 설명을 진행한다. 각 자산(주식

■ [그림 5-2-16] 자산별 평균과 표준편차(분산)

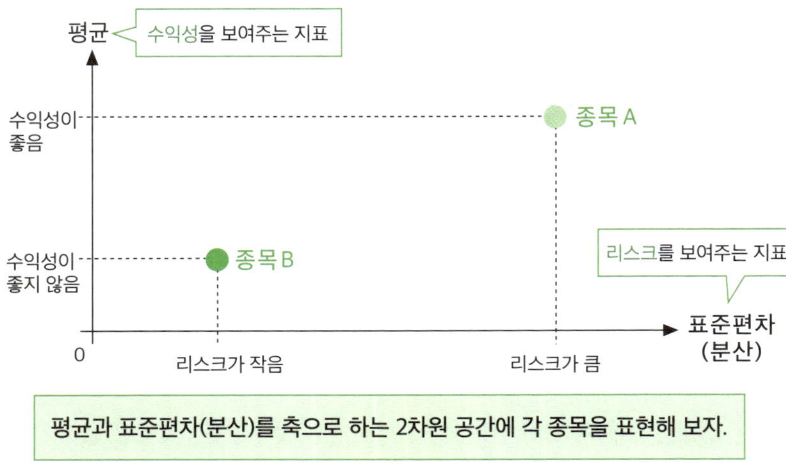

종목)별로 평균과 표준편차를 계산한 후, **[그림 5-2-16]**과 같이 그 값을 2차원 공간에 표시해 보자.

평균은 기대 수익을, 표준편차(분산)는 리스크를 나타내는 지표다. 따라서 **[그림 5-2-16]**은 다음과 같이 해석할 수 있다.

- 종목 A는 리스크(표준편차)가 크지만 수익성은 좋은 종목
- 종목 B는 리스크(표준편차)가 작지만 수익성은 좋지 않은 종목

지금까지 각 종목의 평균 및 표준편차만 살펴봤기 때문에 그리 어렵지는 않았을 것이다. 이제 본격적으로 포트폴리오에 대해 알아보자. 앞서 **어느 종목에 어느 정도의 비중으로 분산 투자를 할 것인가?**라는 질문을 던졌었다. 따라서 실제로는 다음과 같은 방식으로 가용 자금을 분산해서 투자하게 될 것이다.

- 종목 A에 100%, 종목 B에 0% 투자
- 종목 A에 90%, 종목 B에 10% 투자
- …

■ [그림 5-2-17] 투자 비중 변화에 따라 달라지는 표준편차와 평균

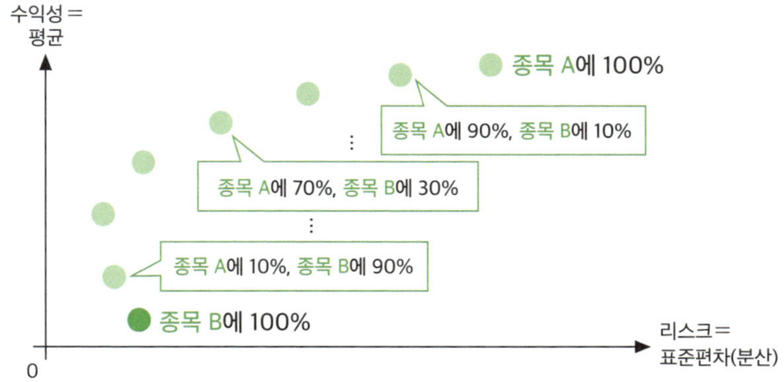

각 종목에 대한 투자 비중을 달리하면, 해당 종목이 담긴 포트폴리오의 표준편차와 평균도 달라진다!

- 종목 A에 70%, 종목 B에 30% 투자
- …
- 종목 A에 10%, 종목 B에 90% 투자
- 종목 A에 0%, 종목 B에 100% 투자

이 내용을 앞서 살펴본 평균과 표준편차(분산)의 2차원 공간에 표현하면, [**그림 5-2-17**]과 같은 형태가 된다. 즉, 종목 A와 종목 B 사이에 투자 비중을 달리한 각 경우의 평균과 표준편차(분산)값이 표시된 모습이다. 종목 A에 100%를 투자하는 경우에는 리스크가 크고 수익성도 높지만, 일부 자금을 종목 B에도 분산 투자하면 공분산이 존재하기 때문에 리스크는 약간 작아지고, 그만큼 기대 수익도 줄어든다. 이처럼 두 종목 간에는 공분산이 존재하여 서로 다른 움직임을 보이기 때문에, 분산 투자를 했을 때 리스크와 수익성 또한 달라지게 된다.

실제로 어떤 결과가 나올지는 구체적으로 알 수 없다. 이를 계산하려면 종목 A와 B의 평균, 분산, 종목 간 공분산을 알아야 하기 때문이다. 그렇지만 계산해 보지 않더라도, 대략적으로 [**그림 5-2-17**]처럼 종목 A와 B 사이의 어딘가에 위치할 것

이라고 예측할 수 있다. 이는 종목 A보다는 오른쪽 상단에, 종목 B보다는 왼쪽 하단에 위치하지는 않을 것이다(주식을 실제로 보유하지 않은 상태에서 매도하는 행위인 '공매도'를 허용한다면 가능하지만, 이는 예외적인 상황이므로 여기서는 고려하지 말자).

자산 배분을 통해 '효율적 프런티어'를 발견해 보자

지금까지 분산 투자를 통해 종목별 투자 비중을 조절함으로써, 포트폴리오의 리스크와 기대 수익을 관리할 수 있음을 확인했다. **[그림 5-2-17]**에서는 투자 비중을 10%, 20% … 등으로 크게 구분했기 때문에 각 점들 간에 간격이 벌어져 있다. 투자 비중을 더 세밀하게 구분할수록 점이 더 촘촘히 찍히게 되며, 궁극적으로 하나의 곡선처럼 보이게 될 것이다.

이를 나타낸 것이 **[그림 5-2-18]**의 곡선이다. 이를 전문 용어로 **'효율적 프런티어'**라고 하며, **리스크가 동일한 상황에서 최대 수익을 얻거나, 기대 수익이 동일한 상황에서 리스크를 최소화할 수 있는 포트폴리오의 집합**을 표현한 것이다. [역주: 금융 및 투자 분야에서는 '효율적 프런티어'를 '효율적 투자선', '효율적 경계선'이라는 표현과 함께 혼용

■ **[그림 5-2-18] 분산 투자를 통한 '효율적 프런티어' 구성**

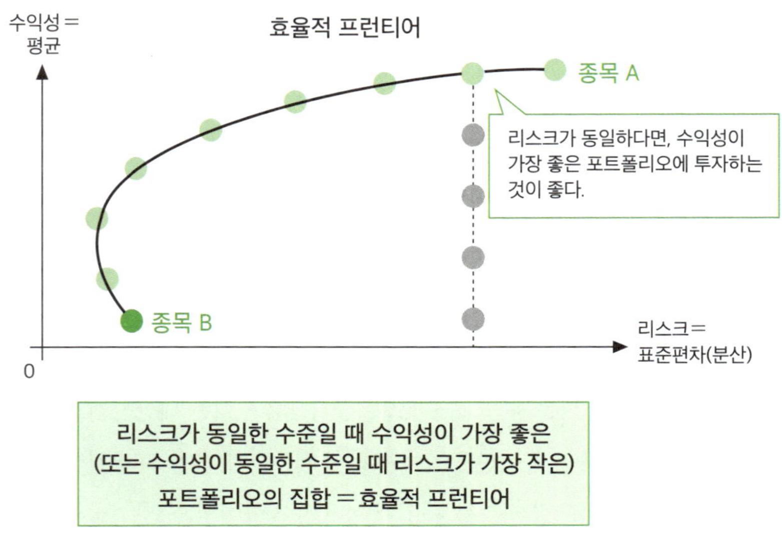

■ [그림 5-2-19] 투자 종목 추가 시 효율적 프런티어의 변화

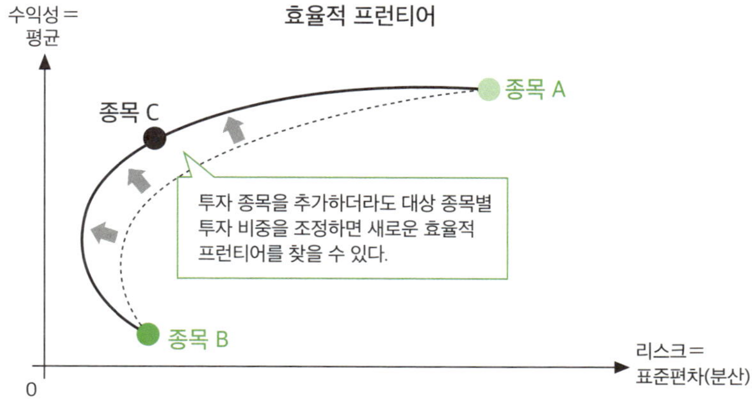

하거나 병기하고 있다.]

이는 종목 A와 B에 투자할 때, 각 종목의 과거 주가를 바탕으로 계산한 **평균, 표준편차(분산), 공분산을 기준으로 볼 때 검은색 선이 나타내는 효율적 프런티어보다 더 높은 수준의 리스크와 수익을 기대하는 것은 이론적으로 불가능하다**는 것을 의미한다.

따라서 분산 투자를 한다는 것은 **'종목별 투자 비중을 조정함으로써 효율적 프런티어상의 어느 한 점에 해당하는 평균 및 표준편차값을 기대하며 투자하는 것'**을 의미한다.

참고로, 투자 대상 종목수를 늘리더라도 동일한 이론이 적용된다. 여기서는 종목을 두 가지로 설정했지만, 만약 세 가지로 늘리면 어떻게 될까? [**그림 5-2-19**]처럼 종목 C를 추가했다고 가정해 보자. 그러면 효율적 프런티어는 종목 C를 관통하는 모양으로 변화한다. 이번에는 더 낮은 리스크로 더 높은 수익을 기대할 수 있는 종목 C가 추가되었기 때문에, 효율적 프런티어 곡선이 위로 당겨진 형태가 되었다. 이 경우에는 효율적 프런티어상의 각 점은 종목 A, B, C에 대해 10%, 30%, 60%와 같은 형태로 분산 투자된 상태로 간주할 수 있다.

따라서 기본적으로 **투자 종목수가 바뀌어도 원리는 동일하며, 대상 종목의 투자 비중을 조정함으로써 새로운 효율적 프런티어를 그릴 수 있다**.

한편, 종목별 리스크 및 기대 수익에 따라 모든 종목의 위치가 효율적 프런티어 곡선에 놓이지 않을 수도 있다. 예를 들어, [**그림 5-2-20**]처럼 종목 A, B와 비교했

■ [그림 5-2-20] 투자 종목이 효율적 프런티어에 놓이지 않는 경우

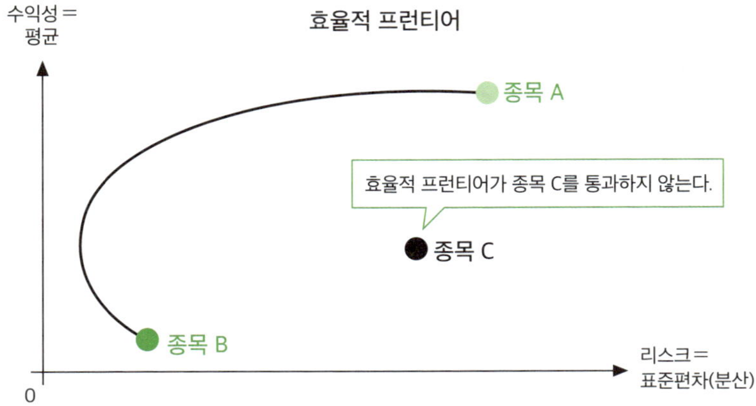

을 때 종목 C가 오른쪽 하단에 위치하는 경우에는 종목 C가 효율적 프런티어 곡선에 놓이지 않을 수도 있다.

이는 종목 C가 상대적으로 리스크가 큰 데 비해 기대 수익이 크지 않으므로, 효율적 프런티어를 끌어올리지 못했다고 해석할 수 있다. 그러나 종목 C가 추가되어 그것이 효율적 프런티어에 놓이지 못해도, 두 종목으로 구성된 [**그림 5-2-18**]의 효율적 프런티어와, 세 종목으로 구성된 [**그림 5-2-20**]의 효율적 프런티어는 모양이 조금 다를 가능성이 있다. 그 이유는 종목 C가 추가됨에 따라 종목 A, B, C 간에 공분산이 발생하기 때문이다.

이해를 돕기 위해 한 가지 예를 들어보자. 종목 C는 리스크와 기대 수익이 좋지 않지만, 종목 A, B와는 다른 움직임을 보인다고 가정해 보자. **만약 종목 A와 B의 주가는 큰 폭으로 하락했는데, 종목 C는 반대로 주가가 올랐다면, 포트폴리오 전체적으로는 손실을 어느 정도 줄일 수 있다.**

종목 C를 추가하면 기대 수익이 동일하더라도 더 낮은 리스크로 투자할 수 있기 때문에, 결과적으로 효율적 프런티어가 왼쪽 상단으로 당겨진 모습으로 조금 개선될 수도 있다.

이처럼 종목 간 공분산의 영향도 있기 때문에, 종목별 리스크와 기대 수익만으로는 효율적 프런티어의 위치를 단번에 파악할 수 없다는 점에 주의해야 한다.

리스크(분산)를 최소화하기 위한 자산 배분 방법은?

앞서, 여러 종목에 분산 투자하면 단일 종목에만 투자할 경우 기대할 수 없는 수준으로 리스크를 낮추고 수익성을 높일 수 있어, 효율적 프런티어상의 리스크와 수익을 실현할 수 있다는 것을 알게 되었다. 이제 수학적최적화를 적용해서 최적해를 구하기 위해 지금까지 다룬 상황을 수식으로 표현해 보자.

효율적 프런티어를 고려해서 분산 투자해야 하지만, 구체적으로 곡선상의 어떤 부분(점)을 선택할지를 결정해야 한다. 여기서는 기대 수익은 고려하지 않고, **리스크를 최소화하려면 자산 배분을 어떻게 해야 하는지** 생각해 보자.

이는 사실 간단한 문제다. **[그림 5-2-21]**처럼 효율적 프런티어에서 위험 지표인 **표준편차(분산)가 최소**인 점을 선택하면 된다. 이 점에서의 리스크와 수익은 분산 투자를 실행하고 포트폴리오를 운용했을 때 기대할 수 있는 값이다. 구체적으로 설명하면, 효율적 프런티어에서 가장 왼쪽에 찍힌 점에 해당하는 리스크(표준편차)와 기대 수익(평균)을 고려하여 각 종목에 대한 투자 비중을 결정하고, 그 비중으로 투자하면 된다. 이처럼 표준편차(분산)가 최소가 되도록 투자 비중을 조정한 포트폴리오를 **'최소 분산 포트폴리오'**라고 한다.

■ [그림 5-2-21] 최소 분산 포트폴리오

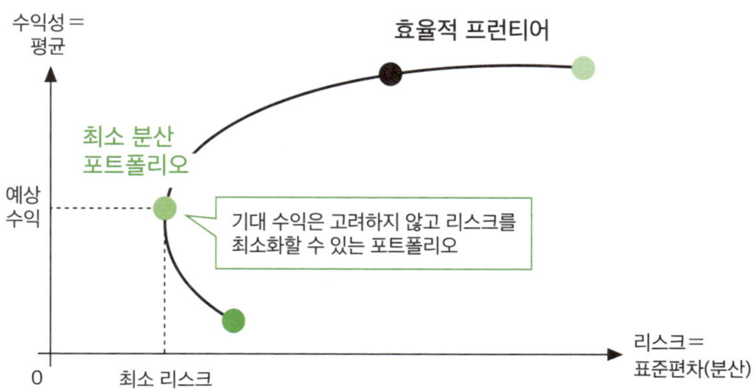

리스크 최소화 문제를 풀면 최소 분산 포트폴리오를 찾을 수 있다.

[그림 5-2-22] 분산 최소화 문제 모형화

[모형화]

최적화 대상 변수 : 각 종목(A, B)에 대한 투자 비중

(목적함수)

Minimize : 포트폴리오 수익률의 분산

= 종목 A에 대한 투자 비중 × 종목 A의 분산

\+ 종목 B에 대한 투자 비중 × 종목 B의 분산

\+ 종목 A에 대한 투자 비중 × 종목 B에 대한 투자 비중

× 종목 A와 B의 공분산

(제약조건)

Subject to : 종목 A에 대한 투자 비중 + 종목 B에 대한 투자 비중 = 1.0

이는 리스크 최소화 문제를 푸는 것과 같으며, 최적화 문제로서 수식으로 표현할 수 있다. [**그림 5-2-22**]에서 **최적화 대상 결정변수는 각 종목에 대한 투자 비중**이다. 여기서는 두 종목(종목 A와 B)에만 투자한다고 가정해 보자.

그리고 **목적함수는 포트폴리오 수익률의 분산**이며, 리스크를 최소화해야 하므로 목표는 **포트폴리오 수익률의 분산을 최소화(Minimize)하는 것**이다.

포트폴리오 수익률 분산은 어떻게 계산해야 할까? 이는 [**그림 5-2-22**]의 목적함수 부분의 수식으로 계산해야 한다. 이를 설명하려면 복잡한 수학적 이론이 필요하므로, 여기서는 이러한 수식이 사용된다는 정도로 알아 두자.

핵심은 **각 종목에 대한 투자 비중과 해당 종목의 분산을 곱한 후 결괏값을 모두 더한다**는 점이다. 이는 분산의 가중평균값을 구하는 것과 비슷하다. 또한 **각 종목에 대한 투자 비중과 종목 간의 공분산을 곱한 값**을 더한다는 점도 중요하다. 이는 앞서 설명한 효율적 프런티어와 연결되는 부분이다. 즉, 포트폴리오 수익률의 분산은 다음의 요소에 의해 결정된다.

- 각 종목에 대한 투자 비중
- 각 종목의 분산
- 종목 간 공분산

마지막으로, 제약조건에 대해 살펴보자. 여기서는 분산을 최소화하는 것이 목표이므로 기대 수익에 대한 제약은 없지만, 투자 비중에 대한 제약은 있다. '비중'이기 때문에 **모든 종목에 대한 투자 비중의 합은 1**이 되어야 한다. 이것이 제약조건으로 추가된다.

참고로, 투자 대상 종목이 3개 이상이어도 수식으로 표현하는 방법은 기본적으로 동일하다. [**그림 5-2-23**]에서 알 수 있듯이, 최적화 대상 변수가 두 종목에서 N개 종목으로 늘어날 뿐이다.

■ [그림 5-2-23] 3개 이상의 종목에 투자하는 경우

[모형화]

최적화 대상 변수: 각 종목(A, B, ···, Y, Z)에 대한 투자 비중

(목적함수)

Minimize: 포트폴리오 수익률의 분산

=종목 A에 대한 투자 비중×종목 A의 분산

+종목 A에 대한 투자 비중×종목 B의 분산×종목 A와 B의 공분산

+종목 A에 대한 투자 비중×종목 C에 대한 투자 비중
×종목 A와 C의 공분산

+···

+종목 Y에 대한 투자 비중×종목 Z에 대한 투자 비중
×종목 Y와 Z의 공분산

+종목 Z에 대한 투자 비중×종목 Z의 분산

(제약조건)

Subject to: 종목 A에 대한 투자 비중+종목 B에 대한 투자 비중+···
+종목 Y에 대한 투자 비중+종목 Z에 대한 투자 비중=1.0

또한 포트폴리오 수익률의 분산 계산식은 조금 복잡해지지만, 대상이 되는 모든 종목의 투자 비중과 분산, 그리고 종목 간 공분산을 이용한다는 점은 같다. 제약조건은 모든 종목에 대한 투자 비중의 합이 1이 되도록 설정해야 한다.

최소한의 기대 수익을 얻으려면 어떻게 해야 할까?

지금까지 리스크, 즉 분산(표준편차)을 최소화하는 최적화 문제의 수학적 접근법에 대해 살펴봤다. 이 과정에서는 리스크에만 초점을 맞추고 기대 수익은 고려하지 않았다. 하지만 일반적인 자산 운용은 '리스크를 최소화하면서도 적어도 단순한 저축보다는 높은 수익을 추구하는 것'을 목표로 한다.

따라서 수익에 대한 기대치까지 반영하려면, 기존의 최소 분산 포트폴리오를 보완하거나 개선해야 한다. 이때 어려우면서도 중요한 점은, '리스크 최소화'와 '수익 극대화'라는 때로는 상충하는 두 가지 목표를 동시에 고려해야 한다는 것이다. 이 문제에 대한 접근 방법은 다음과 같이 여러 가지를 생각해 볼 수 있다.

- 목적함수를 설정할 때 리스크와 수익 모두를 고려하는 방법
- 리스크의 허용치를 정하고 이를 제약조건으로 추가한 다음, 그 조건 안에서 수익을 극대화하는 방법
- 수익의 허용치를 정하고 이를 제약조건으로 추가한 다음, 그 조건 안에서 리스크를 최소화하는 방법

이 세 가지 방법 모두 유효한 접근법이 될 수 있으며, 관련 논문을 찾아보면 실제로 이 중 한 가지를 적용하는 사례를 확인할 수 있다. 이 책에서는 앞서 설명한 최소 분산 포트폴리오를 더 효과적으로 활용하는 방법을 살펴보려고 한다. 이는 위에서 소개한 세 가지 방법 중 세 번째 접근법에 해당한다. 다시 말해, 먼저 **수익률의 목표 수준(제약조건)을 정하고, 그 수준을 만족시키면서 리스크가 가장 낮은 포트폴리오(최소 분산 포트폴리오)를 찾는** 방법이다. 이 접근법은 실제로도 널리 활용되고 있으므로, 여기서 자세히 다루는 것이 의미가 있다.

이 접근 방법을 [**그림 5-2-24**]에 나타냈다. 투자 종목이 달라지지 않았다면, 효율적 프런티어의 모양도 그대로 유지된다. 여기서 최소한 X%의 기대 수익을 얻고 싶다는 것을 제약조건으로 설정한다. 이는 그림의 가로 점선에 해당한다. 그리고 기대 수익을 만족하면서, 리스크를 최소화할 수 있는 최적의 투자 비중을 찾아야 한다. 이는 기대 수익 관련 제약조건인 가로 점선과 효율적 프런티어가 교차하

■ [그림 5-2-24] 기대 수익률을 제약조건으로 설정한 리스크 최소화 문제 해결

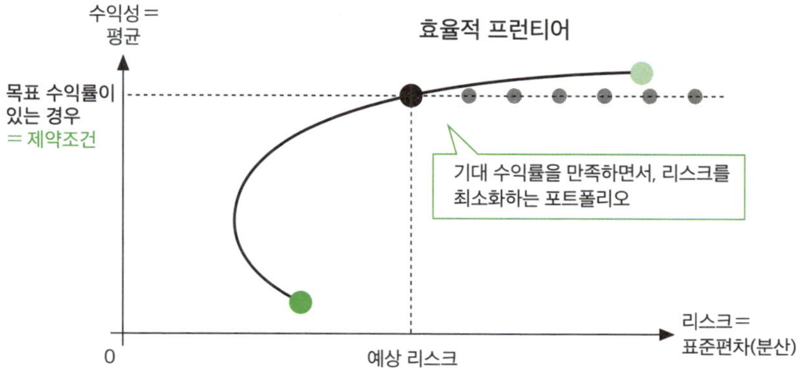

기대 수익률을 제약조건으로 설정한 상태에서 리스크 최소화 문제를 푼다.

는 검은 점에 해당한다. 이 검은 점 부분의 투자 비중이 **기대 수익을 만족하면서도 리스크를 최소화할 수 있는 포트폴리오**라고 할 수 있다.

이와 반대로, 리스크를 제약조건으로 설정하고 수익을 극대화하는 것도 올바른 접근법이다. 다만, 분산이나 표준편차와 같은 리스크 지표는 '어느 수준을 제약조건으로 삼아야 할지' 직관적으로 판단하기가 어려운 반면, 기대 수익은 '최소 목표 수익률을 몇 %로 할지' 정하기가 비교적 수월하다. 이러한 이유로, 먼저 최소 기대 수익률을 목표로 설정한 후, 그 목표를 달성하면서 리스크를 최소화하는 접근법이 널리 사용된다.

이 접근법 역시 [**그림 5-2-25**]처럼 최적화 문제로 변환할 수 있다. 이는 [**그림 5-2-22**]에서 살펴본 최소 분산 포트폴리오 최적화 문제와 기본 구조가 유사하다. 즉, 각 종목의 투자 비중이 결정변수, 포트폴리오 수익률의 분산을 최소화하는 것이 목적함수가 된다. 그리고 각 종목에 대한 투자 비중의 합이 1이 되어야 한다는 제약조건을 추가하는 점도 앞선 경우와 동일하다. 한 가지 다른 점은, 여기에 기대 수익률에 관한 제약조건인 **포트폴리오의 기대 수익률이 목표 수익률보다 크거나 같아야 한다는 제약조건**이 추가된다는 점이다.

여기서 포트폴리오의 기대 수익률은 **각 종목의 평균 수익률에 투자 비중을 곱한**

■ [그림 5-2-25] 기대 수익률을 제약조건으로 설정한 리스크 최소화 문제

[모형화]

최적화 대상 결정변수: 각 종목(A, B)에 대한 투자 비중

(목적함수)

Minimize: 포트폴리오 수익률의 분산
=종목 A에 대한 투자 비중×종목 A의 분산
+종목 B에 대한 투자 비중×종목 B의 분산
+종목 A에 대한 투자 비중×종목 B에 대한 투자 비중
×종목 A와 B의 공분산

(제약조건)

Subject to: 종목 A에 대한 투자 비중+종목 B에 대한 투자 비중=1.0
포트폴리오의 기대 수익률 ≧ 목표 수익률

값을 모두 더하여 계산한다.

이로써 수익과 관련하여 목표 수익률을 보장하면서도 리스크를 최소화하는 포트폴리오를 구성할 수 있을 것이다.

문제 설정을 위한 이론적인 설명은 이쯤에서 마치고, 이제부터는 Excel을 활용하여 포트폴리오 최적화 문제를 해결해 나가면서 더욱 깊이 이해해 보자.

파일명: chap5_stock_portfolio.xlsx

3 Excel 실습 투자 종목별 최적의 자산 배분 비중을 구해 보자

주가 데이터를 분석해 보자

이제 Excel을 활용한 실습을 통해 포트폴리오 최적화 문제를 해결해 보자. 이번에는 앞서 소개한 리스크 최소화와 기대 수익률을 제약조건으로 설정한 두 가지 최적화 문제를 풀어 보자. 먼저, 주가 데이터를 바탕으로 최적화 문제를 해결하는 데 필요한 통계량을 계산해 보려고 한다.

투자 대상 종목은 두 가지다. 앞서 설명했듯이, 세 종목 이상에 분산 투자하는 경우에도 기본적인 접근 방법은 동일하므로, 우선은 두 종목에 투자하는 상황에서 어떻게 최적해를 구해야 할지를 확실히 이해해야 한다. Excel 파일 'chap5_stock_portfolio.xlsx'를 열어, A사와 B사의 주가 데이터를 확인하고 분석해 보자.

이는 주 단위 데이터를 기준으로 하며, 총 18주치의 데이터를 활용할 것이다.

■ [그림 5-3-1] 주가 데이터 살펴보기

〈주가〉

시점	A사	B사
Week1	100.0	100.0
Week2	108.1	101.2
Week3	116.8	102.4
Week4	120.4	104.0
Week5	122.5	100.9
Week6	134.5	102.8
Week7	133.9	107.4
Week8	130.6	103.3
Week9	129.1	101.8
Week10	148.9	104.5
Week11	145.5	103.0
Week12	146.4	102.3
Week13	159.9	97.6
Week14	174.8	99.1
Week15	176.1	102.7
Week16	174.2	100.9
Week17	185.7	104.3
Week18	189.8	104.6

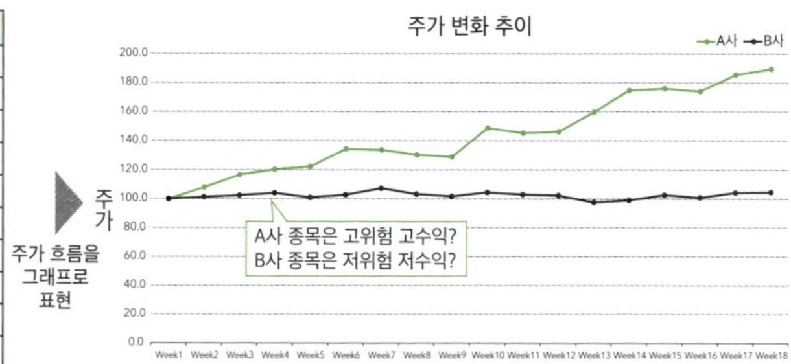

참고로, 이 데이터는 실습을 위해 실제 주가를 바탕으로 생성한 가상의 수치다.

그리고 주가 데이터의 변동을 한눈에 이해할 수 있도록 꺾은선그래프로 표현했다. 그래프를 통해 다음과 같은 몇 가지 경향을 확인할 수 있다.

- 녹색 선인 A사의 주가는 데이터 변동성이 크고 수익률이 높아 보임
  → 즉, 고위험 고수익?
- 검은색 선인 B사의 주가는 데이터 변동성이 작고 수익률이 낮아 보임
  → 즉, 저위험 저수익?

이 데이터를 활용해서 최적화 문제를 풀어 보자.

주가를 바탕으로 수익률을 계산해 보자

이제 주가를 바탕으로 수익률을 계산해 보자. 복습 차원에서 다시 살펴보면, 주가를 바탕으로 수익률을 계산하는 방법은 다음과 같다.

$$\text{수익률} = \frac{(\text{현시점의 주가} - \text{직전 시점의 주가})}{\text{직전 시점의 주가}}$$

Week 0(0번째 시점)의 직전 시점의 주가는 없으므로, 수익률은 Week 1부터 Week 18까지의 주가 데이터를 바탕으로 계산한다. 예를 들어, A사의 Week 3 수익률은 **[그림 5-3-2]**처럼 Week 3의 A사 주가(116.8)에서 Week 2의 A사 주가(108.1)를 뺀 값을 Week 2의 A사 주가(108.1)로 나누어 구할 수 있다. 그 결과, 8.08%가 된다. 이 공식을 A사와 B사의 모든 Week에 적용하면 수익률을 구할 수 있다.

■ [그림 5-3-2] 주가 데이터로 수익률 계산

<주가>

시점	A사	B사
Week1	100.0	100.0
Week2	108.1	101.2
Week3	116.8	102.4
Week4	120.4	104.0
Week5	122.5	100.9
Week6	134.5	102.8
Week7	133.9	107.4
Week8	130.6	103.3
Week9	129.1	101.8
Week10	148.9	104.5
Week11	145.5	103.0
Week12	146.4	102.3
Week13	159.9	97.6
Week14	174.8	99.1
Week15	176.1	102.7
Week16	174.2	100.9
Week17	185.7	104.3
Week18	189.8	104.6

$$\frac{116.8 - 108.1}{108.1} = 8.08\%$$

주가 데이터로 수익률 계산

<수익률>

시점	A사	B사
Week2	8.11%	1.16%
Week3	8.08%	1.26%
Week4	3.02%	1.56%
Week5	1.73%	-2.99%
Week6	9.85%	1.89%
Week7	-0.46%	4.42%
Week8	-2.48%	-3.82%
Week9	-1.11%	-1.47%
Week10	15.30%	2.66%
Week11	-2.23%	-1.41%
Week12	0.57%	-0.66%
Week13	9.23%	-4.56%
Week14	9.36%	1.51%
Week15	0.71%	3.58%
Week16	-1.06%	-1.75%
Week17	6.56%	3.36%
Week18	2.24%	0.31%

평균 수익률과 분산-공분산 행렬

앞서 구한 수익률은 기초 데이터(raw data)에 해당하므로, 이를 바탕으로 **수익률의 변화 경향을 보여주는 요약 통계량**을 계산한다. 수익률 데이터(A사는 Excel의 셀 C24부터 C40까지, B사는 셀 D24부터 D40에 해당)를 바탕으로 함수를 사용한다. 수익률의 평균값은 AVERAGE 함수를 활용하여 다음과 같이 각 종목별로 계산할 수 있다.

- A사의 평균 수익률 = AVERAGE(C24:C40)
- B사의 평균 수익률 = AVERAGE(D24:D40)

한편, 분산과 공분산은 **분산-공분산 행렬**이라는 형태로 표현해 보자. A사와 B사의 수익률 분산은 VAR.S 함수를 사용하여 계산할 수 있다. VAR는 '분산'을 뜻하는 Variance의 약자다. 이와 유사한 함수로 'VAR.P'가 있으며, VAR.S와는 미묘한 차이가 있지만, 자세한 설명은 생략한다. 둘 중 어느 것을 사용해도 괜찮지만, 정확성을 위해서는 VAR.S 함수를 사용하는 것이 좋다.

- A사의 수익률 분산 = VAR.S(C24:C40)
- B사의 수익률 분산 = VAR.S(D24:D40)

마지막으로, 공분산은 COVARIANCE.S 함수를 사용하여 구할 수 있다. Covariance는 '공분산'을 의미한다. 공분산은 두 데이터 간의 관계를 나타내는 지표이므로, 이 데이터를 인수로 사용하여 다음과 같이 계산할 수 있다.

- A와 B사의 수익률 공분산 = COVARIANCE.S(C24:C40, D24:D40)

[그림 5-3-3] 평균 수익률과 분산-공분산 행렬 계산

	A	B	C	D
22		<수익률>		
23		시점	A사	B사
24		Week2	8.11%	1.16%
25		Week3	8.08%	1.26%
26		Week4	3.02%	1.56%
27		Week5	1.73%	-2.99%
28		Week6	9.85%	1.89%
29		Week7	-0.46%	4.42%
30		Week8	-2.48%	-3.82%
31		Week9	-1.11%	-1.47%
32		Week10	15.30%	2.66%
33		Week11	-2.23%	-1.41%
34		Week12	0.57%	-0.66%
35		Week13	9.23%	-4.56%
36		Week14	9.36%	1.51%
37		Week15	0.71%	3.58%
38		Week16	-1.06%	-1.75%
39		Week17	6.56%	3.36%
40		Week18	2.24%	0.31%
41				
42		평균 수익률	**3.97%**	**0.30%**
43		분산-공분산	**0.28%**	**0.04%**
44		행렬	**0.04%**	**0.07%**
45				

Excel 함수를 활용한 평균·표준편차·공분산 계산

A사의 평균 수익률 = **AVERAGE**(C24:C40)	B사의 평균 수익률 = **AVERAGE**(D24:D40)
A사의 수익률 분산 = **VAR.S**(C24:C40)	A사와 B사의 수익률 공분산 = **COVARIANCE.S** (C24:C40, D24:D40)
A사와 B사의 수익률 공분산 = **COVARIANCE.S** (C24:C40, D24:D40)	B사의 수익률 분산 = **VAR.S**(D24:D40)

여기까지 계산한 후, 각 결괏값을 **[그림 5-3-3]**처럼 입력한다. A사와 B사의 평균 수익률은 C42와 D42에, 수익률의 분산은 C43과 D44에, 수익률의 공분산은 C44와 D43에 넣는다. 여러 데이터의 분산과 공분산을 행렬의 형태로 표현하기 때문에 '분산-공분산 행렬'이라고 부른다.

리스크를 최소화하기 위한 최적의 투자 비중을 구해 보자

이제 최소 분산 포트폴리오를 구성하기 위해 리스트를 최소화하는 최적의 투자 비중을 구해 보자. 셀 F23~I29에 필요한 정보를 입력해 두었다.

■ [그림 5-3-4] 최적화에 필요한 데이터 살펴보기

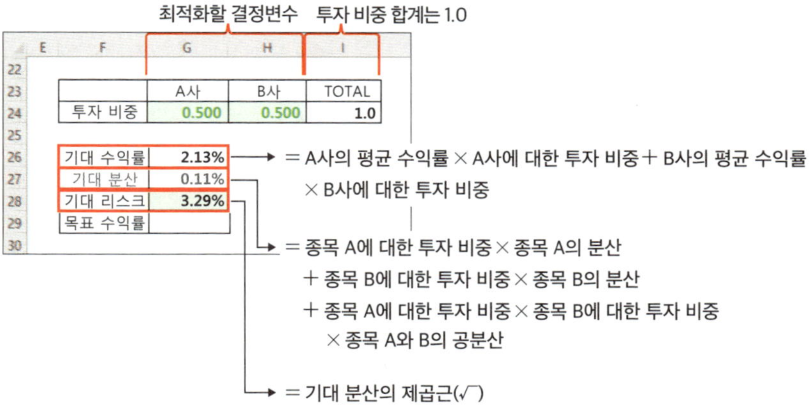

셀 G24와 H24에는 **최적화하고 싶은 결정변수인 A사와 B사에 대한 투자 비중**이 입력된다. 초깃값은 임의로 각각 0.5로 설정했지만, 최적화 이후 이 값이 어떻게 변화하는지가 중요하다.

셀 I24에는 두 값을 합산한 총 투자 비중(TOTAL)을 추가했다. 이 값은 **투자 비중의 합이 1이 되도록 제약조건**을 설정하는 데 사용된다.

셀 G26은 두 종목에 대해 셀 G24와 H24의 비중으로 분산 투자했을 때의 기대 수익률(평균 수익률)이다. [**그림 5-3-4**]처럼 **각 종목의 평균 수익률에 투자 비중을 곱한 값을 더하여** 계산한다.

셀 G27은 포트폴리오의 분산이다. 각 종목의 분산, 투자 비중, 종목 간 공분산 값을 활용하여 [**그림 5-3-4**]처럼 계산할 수 있다. 분산을 그대로 사용해도 되지만, 분산의 제곱근인 표준편차(기대 리스크)도 셀 G28에 계산해 두었다. 이 문제는 **최적화를 통해 포트폴리오 수익률의 표준편차를 최소화**하는 것을 목표로 한다.

이제 Excel의 해 찾기 기능을 열고 다음과 같이 설정해 보자.

1 '포트폴리오 수익률의 표준편차'를 목적함수로 지정하기 위해, [목표 설정]에서 셀 G28을 절대 참조로 지정한다('대상'은 '최소'로 설정)❶.

2 그다음 [변수 셀 변경]에서 결정변수인 '각 종목별 투자 비중'에 해당하는 셀

■ [그림 5-3-5] Excel 해 찾기를 활용한 최적화

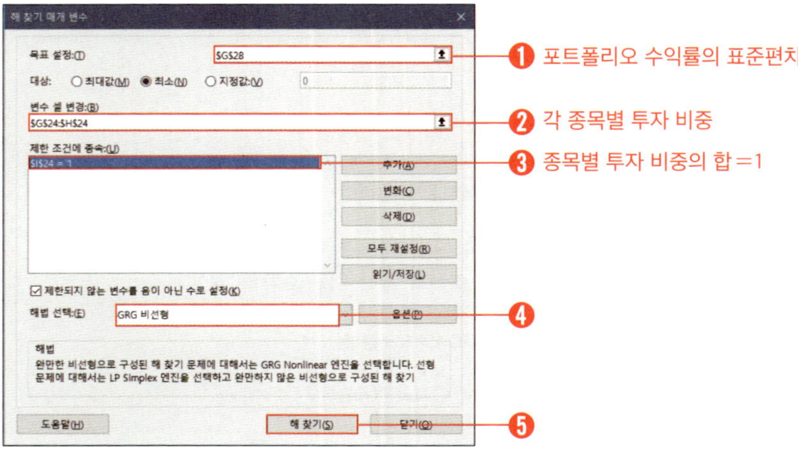

범위 G24:H24를 절대 참조로 지정한다❷.

3 투자 비중의 합이 1이어야 한다는 제약조건을 추가하기 위해, [제한 조건에 종속]의 '추가' 버튼을 클릭하고 대화상자에서 '$I$24 = 1'로 설정한다❸.

4 [해법 선택]에는 'GRG 비선형'이 선택되어 있는지 확인한다❹.

5 [해 찾기] 버튼을 클릭하여 최적화를 실행한다❺.

이제 목적함수와 결정변수값을 확인하여 최적화가 제대로 진행됐는지를 살펴보자. **[그림 5-3-6]**은 최적화 실행의 결과다. 먼저, 최적화 대상 변수인 **A사와 B사에 대한 투자 비중이 각각 0.103과 0.897로 바뀐 것**을 확인할 수 있다. 이는 초기에 투자 비중이 각각 0.5로 설정된 것에서, B사에 더 많이 투자하는 방향으로 조정된 결과다. 이는 **[그림 5-3-3]**에서 A사의 분산은 0.28%인 반면, B사의 분산은 0.07%로, B사의 리스크가 더 작기 때문에 B사에 집중 투자한 것으로 볼 수 있다. 또한 각각의 투자 비중을 더한 값이 1.0이므로, '투자 비중의 합계가 1이어야 한다'는 제약조건도 충족하고 있다.

그리고 기대 리스크인 포트폴리오 수익률의 표준편차는 2.60%로 나타났다. 이후에 효율적 프런티어를 확인해 보면 알 수 있겠지만, 여러 후보 포트폴리오 중에

■ [그림 5-3-6] 최적화 결과 확인

투자 비중이 조정되었다. (투자 비중의 합계는 1)

	A사	B사	TOTAL
투자 비중	0.103	0.897	**1.0**

기대 수익	**0.68%**
기대 분산	0.07%
기대 리스크	**2.60%**
목표 수익률	

포트폴리오의 리스크(표준편차)가 최소화되었다!

서 가장 작은 값이다.

이로써 최소 분산 포트폴리오를 손에 넣었다! 흥미로운 점은, B사의 리스크가 더 낮음(분산과 표준편차가 작음)에도 불구하고 B사에 100%를 투자하지 않고, A사에도 일정 비중을 투자했다는 사실이다. 이것이 바로 분산 투자의 핵심으로, **투자를 분산함으로써 리스크를 더 '분산'시켜, 결과적으로 포트폴리오 전체의 리스크를 낮출 수 있다**는 것이다. 만약 B사에 100% 투자한다면, B사의 주가가 크게 하락할 경우 그 피해를 고스란히 감수할 수밖에 없다. 반면, A사와 B사의 주가는 완전히 같은 방향으로 움직이지 않는다. 따라서 B사의 주가가 하락하더라도 A사의 주가가 똑같이 하락하지는 않는다. 다시 말해, B사의 주가가 하락할 때 A사의 주가는 상대적으로 덜 하락할 가능성이 있는 만큼, 분산 투자된 포트폴리오는 전체의 하락폭을 줄여 리스크를 낮출 수 있다. 이때 투자자금을 A사와 B사에 어느 정도의 비중으로 분산할지를 단번에 판단하기는 어렵다. 바로 이 때문에 수학적최적화가 필요하다.

목표 수익률을 제약조건으로 추가하여 최적의 투자 비중을 구해 보자

이번에는 **일정한 수준의 목표 수익률을 초과하는 리스크 최소화 문제**를 풀어 보자. 수익 극대화와 리스크 최소화를 동시에 달성할 수 있는 방법은 여러 가지가 있지만, 여기서는 '목표 수익률 이상'이라는 제약조건에서 수익률의 표준편차(분산)를 최소화하는 방법으로 진행하려고 한다.

이를 위해 셀 K23부터 N29까지 필요한 정보를 입력하자. **[그림 5-3-6]**과 유사하지만, 셀 L29에 **목표 수익률을 추가**했다. 이번에는 명확한 목표치는 없지만, 일단 2.5% 이상의 수익률을 목표로 한다고 설정한다.

■ [그림 5-3-7] 제약조건에 목표 수익률 추가

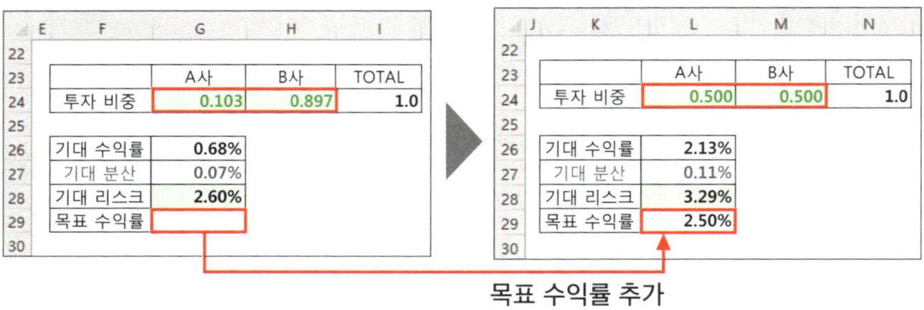

이어서 해 찾기에서 필요한 매개변수값을 입력하자. 앞서 입력한 내용과 유사하지만, 이번에는 포트폴리오 수익률의 기대 수익(평균값)이 목표 수익률 이상이라는 제약조건을 추가해야 한다.

■ [그림 5-3-8] Excel 해 찾기를 활용한 최적화(목표 수익률 제약 추가)

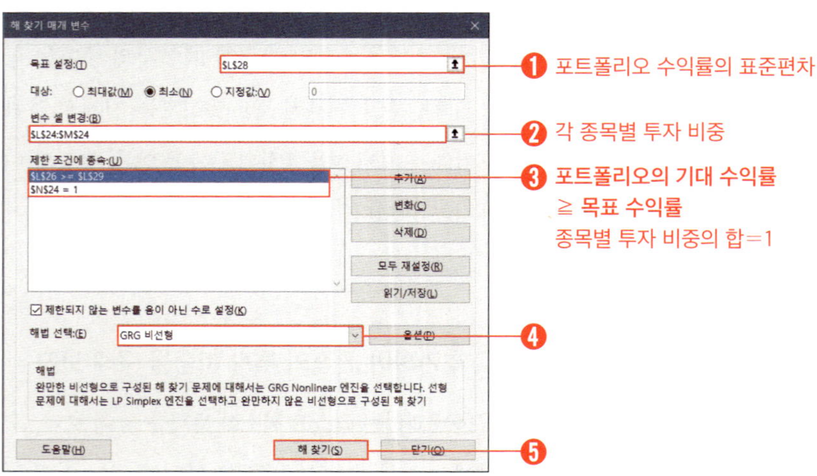

1 '포트폴리오 수익률의 표준편차'를 목적함수로 지정하기 위해, [목표 설정]에서 셀 L28을 절대 참조로 지정한다('대상'은 '최소'로 설정)❶.

2 그다음 [변수 셀 변경]에서 결정변수인 '각 종목별 투자 비중'에 해당하는 셀 범위 L24:M24를 절대 참조로 지정한다❷.

3 투자 비중의 합이 1이어야 하고 포트폴리오의 기대 수익률이 목표 수익률 이상이라는 제약조건을 추가하기 위해, [제한 조건에 종속]의 '추가' 버튼을 클릭하고 대화상자에서 '$L$26 >= $L$29'와 '$N$24 = 1'을 추가한다❸.

4 [해법 선택]에는 'GRG 비선형'이 선택되어 있는지 확인한다❹.

5 [해 찾기] 버튼을 클릭하여 최적화를 실행한다❺.

이제 최적화 결과가 어떻게 변했는지 확인해 보자. 먼저, 최적화 대상 변수인 A사와 B사에 대한 투자 비중을 확인해 보자. A사와 B사에 대한 투자 비중이 0.601과 0.399로 변경된 것을 알 수 있다. 여기서 주목할 점은, 앞서 다룬 최소 분산 포트폴리오는 주로 B사에 집중적으로 투자했지만, 이번에는 A사에 대한 투자 비중이 더 높다는 점이다. 이는 앞서 주가 데이터를 분석할 때 알 수 있었듯이, A사 종목의 수익률이 더 높았기 때문이다. 이에 따라 **더 많은 수익을 기대할 수 있는 A사에 대한 투자 비중이 증가한 것**이라고 볼 수 있다. 물론, 투자 비중의 합계는 변함없이 1이다.

또한 기대 수익률(셀 L26)을 살펴보면, 처음에 설정한 목표 수익률인 2.5%로 정확히 맞춰져 있음을 확인할 수 있다. 그리고 기대 리스크인 포트폴리오 수익률의 표준편차값(셀 L28)은 3.63%다. 앞서, 최소 분산 포트폴리오에서는 이 값이

■ [그림 5-3-9] 최적화 결과 확인

	J	K	L	M	N	O
22			투자 비중이 조정되었다.		(투자 비중의 합계는 1)	
23			A사	B사	TOTAL	
24		투자 비중	0.601	0.399	1.0	
25						
26		기대 수익률	2.50%			
27		기대 분산	0.13%			
28		기대 리스크	3.63%			
29		목표 수익률	2.50%			
30						

→ 제약조건인 '포트폴리오의 기대 수익률 ≥ 목표 수익률' 충족

2.60%였으므로, 그보다 변동성이 다소 증가했음을 알 수 있다. 이는 기대 수익률을 높게 설정한 만큼 포트폴리오 수익률의 변동성도 커진다는 의미다.

효율적 프런티어를 그려 보자

지금까지 두 가지 상황을 중심으로 한 최적화를 통해 최적 포트폴리오를 구성할 수 있었다. 이제 마지막으로, 두 종목을 대상으로 앞서 배운 효율적 프런티어를 그려 보며 개념을 더 깊이 이해해 보자. 셀 B54부터 E75까지에 A사에 대한 투자 비중이 0%에서 100%로 변할 때(B열), 각 상황별 기대 분산, 기대 리스크(표준편차), 기대 수익률(평균값)이 입력되어 있다. 이번에는 두 종목만 대상으로 하므로, A사에 대한 투자 비중을 알면, B사에 대한 투자 비중은 '1－A사에 대한 투자 비중'으로 간단히 계산할 수 있다.

두 종목에 대한 투자 비중을 알면, 다음의 계산식으로 포트폴리오의 주요 통계량을 계산할 수 있다.

■ [그림 5-3-10] 투자 비중의 변화에 따른 포트폴리오의 수익과 리스크 변화

< 효율적 프런티어 >

	A	B	C	D	E	F
53		< 효율적 프런티어 >				
54		투자 비중	기대 분산	기대 리스크	기대 수익	
55		0.00	0.07%	2.65%	0.30%	
56		0.05	0.07%	2.61%	0.48%	
57		0.10	0.07%	**2.60%**	0.66%	
58		0.15	0.07%	2.61%	0.85%	
59		0.20	0.07%	2.64%	1.03%	
60		0.25	0.07%	2.70%	1.21%	
61		0.30	0.08%	2.78%	1.40%	
62		0.35	0.08%	2.89%	1.58%	
63		0.40	0.09%	3.01%	1.76%	
64		0.45	0.10%	3.14%	1.95%	
65		0.50	0.11%	3.29%	2.13%	
66		0.55	0.12%	3.46%	2.31%	
67		0.60	0.13%	3.63%	**2.50%**	
68		0.65	0.15%	3.81%	2.68%	
69		0.70	0.16%	4.00%	2.86%	
70		0.75	0.18%	4.20%	3.05%	
71		0.80	0.19%	4.40%	3.23%	
72		0.85	0.21%	4.61%	3.41%	
73		0.90	0.23%	4.82%	3.60%	
74		0.95	0.25%	5.04%	3.78%	
75		1.00	0.28%	5.26%	3.97%	
76						

A사에 대한 투자 비중이 0.8일 때, 포트폴리오의 표준편차와 평균 계산

투자 비중을 0부터 1까지 변경

- 기대 분산 = A 종목에 대한 투자 비중 × A 종목의 분산
  + B 종목에 대한 투자 비중 × B 종목의 분산
  + A 종목에 대한 투자 비중 × B 종목에 대한 투자 비중 × A와 B의 공분산
- 기대 리스크 = 기대 분산의 제곱근
- 기대 수익률 = A 종목의 평균 수익률 × A 종목에 대한 투자 비중
  + B 종목의 평균 수익률 × B 종목에 대한 투자 비중

투자 비중을 0부터 1까지 변경하며, 각 상황별로 포트폴리오의 리스크와 수익률을 계산한다. 그다음 리스크(표준편차)와 수익률(평균값)을 그래프에 점으로 표시하고 점들을 연결하면, [**그림 5-3-11**]처럼 효율적 프런티어 곡선을 그릴 수 있다!

[그림 5-3-11] 효율적 프런티어 그리기

<효율적 프런티어>

투자 비중	기대 분산	기대 리스크	기대 수익
0.00	0.07%	2.65%	0.30%
0.05	0.07%	2.61%	0.48%
0.10	0.07%	2.60%	0.66%
0.15	0.07%	2.61%	0.85%
0.20	0.07%	2.64%	1.03%
0.25	0.07%	2.70%	1.21%
0.30	0.08%	2.78%	1.40%
0.35	0.08%	2.89%	1.58%
0.40	0.09%	3.01%	1.76%
0.45	0.10%	3.14%	1.95%
0.50	0.11%	3.29%	2.13%
0.55	0.12%	3.46%	2.31%
0.60	0.13%	3.63%	2.50%
0.65	0.15%	3.81%	2.68%
0.70	0.16%	4.00%	2.86%
0.75	0.18%	4.20%	3.05%
0.80	0.19%	4.40%	3.23%
0.85	0.21%	4.61%	3.41%
0.90	0.23%	4.82%	3.60%
0.95	0.25%	5.04%	3.78%
1.00	0.28%	5.26%	3.97%

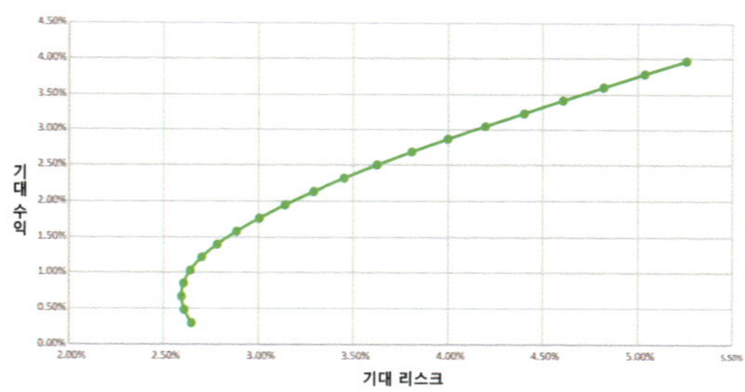

투자 비중별로 리스크(표준편차)와 수익률(평균)을 점으로 찍고 이를 연결하면, 효율적 프런티어를 그릴 수 있다.

이제 앞서 최적화를 통해 구성한 포트폴리오가 효율적 프런티어의 어디에 위치하는지를 확인해 보자. 최소 분산 포트폴리오는 효율적 프런티어에서 분산(표준편차)이 가장 작은 부분에 위치한다. 이는 [**그림 5-3-12**]에서 그래프 왼쪽 하단의 검은색 점에 해당한다. 그리고 이 점에서의 기대 리스크(표준편차)는 2.6%며, A사에 대한 투자 비중이 0.1(B사에 대한 투자 비중은 0.9)임을 그래프 왼쪽의 표를 통해 확인할 수 있다. 이는 앞서 최적화로 얻은 결과와 거의 동일하다고 볼 수 있다.

■ [그림 5-3-12] 최적 포트폴리오의 위치 확인

<효율적 프런티어>

투자 비중	기대 분산	기대 리스크	기대 수익
0.00	0.07%	2.65%	0.30%
0.05	0.07%	2.61%	0.48%
0.10	0.07%	2.60%	0.66%
0.15	0.07%	2.61%	0.85%
0.20	0.07%	2.64%	1.03%
0.25	0.07%	2.70%	1.21%
0.30	0.08%	2.78%	1.40%
0.35	0.08%	2.89%	1.58%
0.40	0.09%	3.01%	1.76%
0.45	0.10%	3.14%	1.95%
0.50	0.11%	3.29%	2.13%
0.55	0.12%	3.46%	2.31%
0.60	0.13%	3.63%	2.50%
0.65	0.15%	3.81%	2.68%
0.70	0.16%	4.00%	2.86%
0.75	0.18%	4.20%	3.05%
0.80	0.19%	4.40%	3.23%
0.85	0.21%	4.61%	3.41%
0.90	0.23%	4.82%	3.60%
0.95	0.25%	5.04%	3.78%
1.00	0.28%	5.26%	3.97%

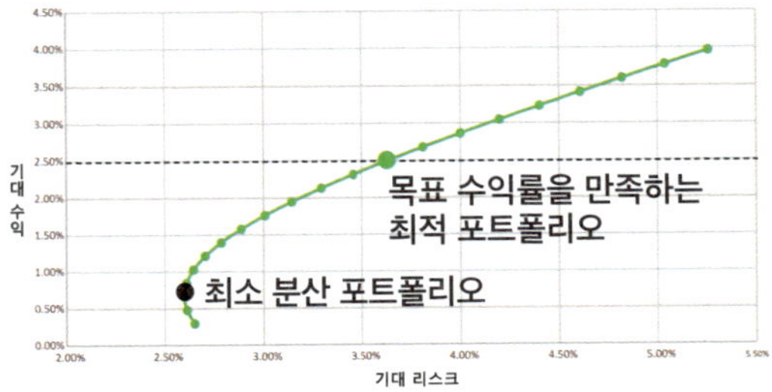

한편, 목표 수익률을 2.5%로 설정한 경우의 포트폴리오는 그래프 중앙에 있는 녹색 점에 해당한다. 이때의 기대 수익률도 2.5%다. 그래프에서 A사에 대한 투자 비중은 0.6(B사는 0.4)으로, 앞서 최적화로 얻은 결과와 거의 같다.

이와 같이 효율적 프런티어를 그려봄으로써 최적화를 통해 얻은 결과가 최소 분산의 형태를 띠고 있는지를 확인할 수 있다.

금융 자산의 투자 비중 최적화 문제에 대한 설명은 여기까지다. 문제를 푸는 데 필요한 기초 지식을 소개하느라 내용이 조금 길어졌지만, 도움이 되었기를 바란다. 상장 기업의 주가 데이터는 누구나 쉽게 볼 수 있으므로, 관심 있는 종목을 선정하여 최적의 포트폴리오를 구성해 보자. 이번에는 간단히 설명하기 위해 두 종목만을 대상으로 했지만, 그 이상의 종목이 추가되더라도 동일한 방법으로 최적화하면 된다.

금융 자산 포트폴리오 최적화는 상당히 심오한 분야며, 응용 범위도 넓다. 분산과 표준편차 외에 다양한 리스크 지표를 활용하는 방법론이 있고, 최적화 방법도 여기서 다룬 내용보다 더 복잡한 알고리즘에 대한 연구가 진행되고 있다. 그리고 이 장에서 다룬 내용은 금융 자산 포트폴리오의 최적화뿐만 아니라, 가계 재정 관리나 연금 운용 등의 다양한 분야에 활용되고 있다. 중요한 기초가 되는 내용이므로, 잘 이해해 두는 것이 좋다.

모든 수학적최적화 문제를 Excel로 풀 수 있을까?

이 책에서는 모든 장에서 'Excel을 활용한 수학적최적화' 문제 해결 방법을 다루고 있다. 그 이유는 많은 사람이 일상에서 Excel을 자주 접하고 익숙하게 사용하고 있기 때문이다. Excel로 실습을 해 보는 것만으로도 수학적최적화의 핵심 개념과 이론을 자연스럽게 이해할 수 있다. 만약 실습을 위해 프로그래밍 언어를 별도로 익혀야 한다면 학습의 진입 장벽이 높아지고, 자칫하면 수학적최적화가 부담스럽게 느껴질 수도 있다.

이러한 이유로, 이 책에서는 Excel에서 제공하는 해 찾기 기능을 최대한 활용하는 방식으로 내용을 구성했다. 물론, 실무에서도 Excel의 해 찾기 기능을 활용해서 수학적최적화를 업무에 적용하는 경우가 많다. 이는 Excel의 기능이 그만큼 우수하기 때문이다.

그렇다면 Excel의 해 찾기 기능으로 모든 수학적최적화 문제를 풀 수 있을까? 대부분의 문제를 풀 수 있지만, 다음과 같은 상황에서는 다른 방법이 필요하다.

- 풀려는 최적화 문제의 규모가 너무 큰 경우
- 수식이 지나치게 복잡한 경우

첫 번째는 고려해야 할 결정변수와 수식이 너무 많아서, 다시 말해 문제의 규모가 너무 커서 Excel로는 풀리지 않는 경우다. 두 번째는 목적함수와 제약조건이 너무 복잡해서 해 찾기 알고리즘만으로는 최적해를 구할 수 없는 경우다. 두 가지 경우 모두 실무에서 종종 맞닥뜨릴 수 있는 일이다. 이러한 상황에서는 Python(파이썬)이나 Java(자바) 같은 프로그래밍 언어를 활용하여 구현하고, Gurobi(구로비) 같은 전문적인 소프트웨어를 통해 최적해를 탐색할 필요가 있다.

그러나 최적화를 도입하는 초기 단계에서는 문제를 굳이 어렵고 복잡하게 설계할 필요는 없다. 따라서 처음에는 Excel로 해결할 수 있는 수준에서 시작한 뒤, 차츰 현실적인 조건을 조금씩 덧붙여 나가는 것을 추천한다.

Chapter 6

사례 4

근무 스케줄을 최적화하여 운영 효율을 극대화하자

Chapter 6
이 장에서 다루는 내용

제3장~제5장에서는 상품 가격, 광고 예산, 투자 비중 등 연속형 변수에 대한 최적화 문제를 다뤘다. 제6장에서는 **근무 스케줄을 최적화하여 운영 효율을 극대화**하는 문제를 다룬다. 이는 정수 계획 문제 중 하나로, 값이 연속적이지 않다는 점에서 **조합 최적화 문제**로 분류된다. 조합 최적화와 정수 계획 문제에 어떻게 접근해야 하는지, 사례를 통해 하나씩 살펴보자.

■ [그림 6-0-1] 이 책의 구조

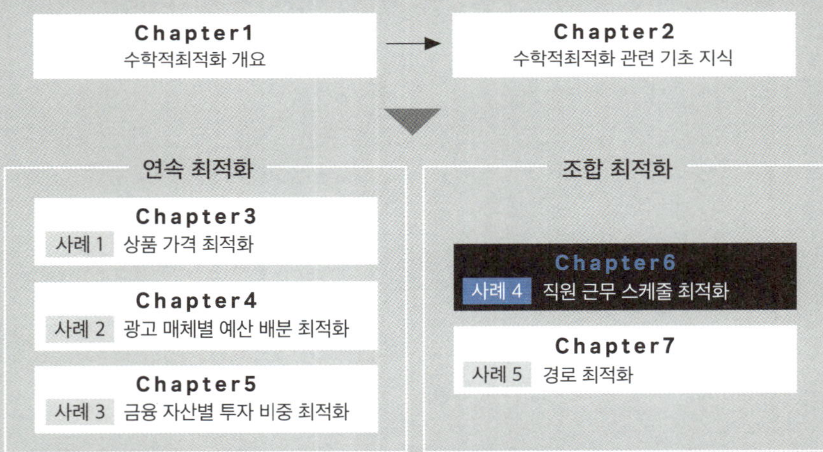

제6장의 핵심 포인트

- ☑ 근무 스케줄 최적화 문제 설정 방법
- ☑ Excel 해 찾기를 활용한 정수 계획 문제 해결 방법

Section

1 문제 발견 근무 스케줄을 최적화하여 운영 효율을 극대화하자

대형 마트에서 직원 근무 스케줄을 관리하는 상황을 생각해 보자

대형 마트, 편의점, 콜센터, 병원 등에서 직원 근무 스케줄을 관리하는 상황을 생각해 보자.

이 장의 주인공은 대형 마트에서 직원과 아르바이트의 관리를 맡고 있다. 여러 가지 업무를 담당하고 있지만, 그중에서 빼놓을 수 없는 것이 직원 근무 스케줄을 관리하는 일이다. 직원수가 점점 늘어나면서 **근무 스케줄표 작성 업무의 효율화와 자동화**의 필요성이 커지고 있다.

업종이나 업무에 따라 스케줄표를 작성할 때 고려해야 하는 요소는 다양하다. 이번에는 업무의 세부적인 특징까지는 고려하지 않고, 근무 스케줄을 최적화하는 것에 중점을 두려고 한다. 이를 위해 명확히 짚고 넘어가야 할 것들이 있다.

- 날짜별, 요일별로 근무 직원수를 결정할 것인가, 직원별로 근무 여부를 결정할 것인가?
- 주간 근무만을 고려할 것인가, 야간 근무도 포함할 것인가?
- 근무 인원을 1시간 단위로 배정할 것인가, 몇 시간 단위로 배정할 것인가?
- 시간대나 요일에 따라 필요한 기술이 다른가?
  (직원별 보유 기술을 고려할 것인가?)
- 근무 직원수를 최소화하고 싶은가, 기존 인원의 근무 시간을 평준화하고 싶은가?
- ……

이처럼 **업종과 업무 특성에 기초한 요구조건과 제약조건에 따라 근무 스케줄표를 어떻게 편성해야 할지가 크게 달라진다.** 이 모든 것을 다루려면 책 한 권으로는 부족할 수 있다. 따라서 이 장에서는 범위를 좁혀서 이야기를 이어가 보려고 한다. '근무 스케줄 최적화'의 개념을 제대로 이해하는 것이 중요하므로, 아주 단순한 문제부

■ [그림 6-1-1] 근무 스케줄 최적화에 따른 근무 직원수 최소화

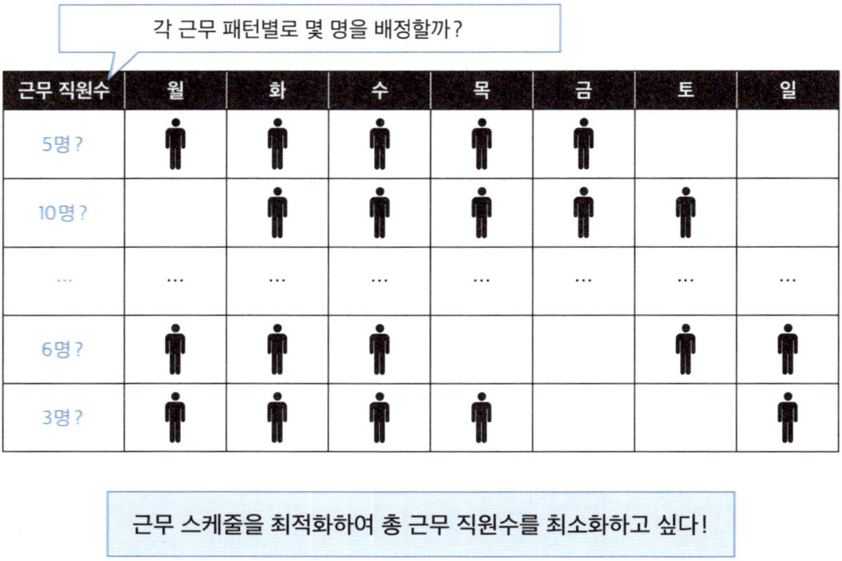

터 살펴보자.

주 5일 연속으로 근무해야 하는 상황을 가정해 보자. 예를 들어, 월요일부터 금요일까지 계속해서 출근하거나, 화요일부터 토요일까지 출근하는 식이다. 각 근무 패턴(요일)별로 **직원을 몇 명씩 배정해야 전체 근무 직원수를 최소화하고 이를 통해 인건비를 절감**할 수 있을까? 이것이 이번에 풀어야 할 문제며, 이에 대한 자세한 내용은 뒤에서 살펴볼 것이다.

Section

2 문제 설정 근무 스케줄 최적화 문제를 수학적최적화 문제로 변환해 보자

근무 스케줄 최적화란?

이번 문제는 수학적최적화 분야에서 **'근무 스케줄 최적화'** 또는 **'근무 스케줄링 문제'** 라고 불린다.

근무 스케줄 최적화는 **직원(인원)의 배정 기준, 직원 개개인의 희망, 보유 역량, 성향, 업무량 등 다양한 요건을 충족하는 가장 합리적인 근무 스케줄을 편성하는 문제**라고 정의할 수 있다. 조금 더 자세히 설명하면, **[그림 6-2-1]**처럼 직원별로 근무 스케줄표의 각 칸에 근무(상황에 따라 주간 근무 또는 야간 근무 등으로 세분화) 또는 휴무를 할당하는 문제라고 할 수 있다. 이를 통해 전체 근무 직원수와 인건비를 최소화하는 것이 목표다.

하지만 **근무 스케줄 최적화는 수학적최적화 문제 중에서도 가장 어려운 영역**으로 잘 알려져 있다. 가장 큰 이유는 앞에서 설명했듯이, 문제를 풀어야 하는 상황마다 요

■ **[그림 6-2-1] 근무 스케줄 최적화**

직원별 희망 사항

최소 필요 직원수 등 고려 사항

근무 스케줄 최적화 결과 예시

직원	1/1	1/2	1/3	1/4	1/5	1/6	…	1/30	1/31
A씨	휴무	주간	주간	주간	휴무	휴무	…	휴무	야간
B씨	주간	주간	휴무	휴무	야간	야간	…	주간	주간
C씨	야간	휴무	휴무	주간	주간	주간	…	주간	야간
D씨	주간	주간	주간	주간	휴무	야간	…	야간	휴무
E씨	휴무	주간	주간	주간	주간	휴무	…	주간	주간
…	…	…	…	…	…	…	…	…	…
Y씨	야간	야간	야간	야간	야간	야간	…	휴무	휴무
Z씨	주간	휴무	주간	휴무	주간	야간	…	주간	주간

근무 인원 배정을 최적화하여 근무 직원수를 최소화한다.

구 사항이 크게 다르기 때문이다. 앞에서 배운 용어를 사용하여 다시 설명하면, 문제마다 결정변수와 목적함수가 다르기 때문에 동일한 방식으로 풀 수 없기 때문에, 매번 머리를 쓰며 해결책을 찾아야 한다.

더 어려운 점은, 실제 문제를 해결하기 위해 고려해야 할 제약조건이 매우 많다는 것이다. 여기서는 근무 가능한 직원수가 필요 인원보다 많은 단순한 상황을 가정하지만, 실무에서는 이보다 훨씬 복잡한 제약조건을 고려해야 한다. 예를 들어, '야간 시간대를 반영해 근무 스케줄을 짜야 한다'거나, '시간대별로 필요한 기술이 다르므로 해당 기술을 갖춘 직원만 배정해야 한다' 등의 제약조건이 있을 수 있다.

게다가 '몇몇 직원들은 함께 근무할 경우 갈등이 생길 수 있다'와 같은 제약조건도 고려해야 할 수 있다. 이는 본래 최적화의 요건에 포함하지 않아도 되지만, 포함하지 않으면 실무에서 복잡한 문제가 발생할 수 있다. 따라서 이러한 제약조건들을 충분히 고려하며 최적화 문제를 해결해야 한다.

참고로, 근무 스케줄링 문제 중에서 가장 어렵다고 알려진 것이 바로 **'간호사 근무 스케줄 최적화 문제'**다. 말 그대로 병원에서 간호사의 근무표를 작성하는 문제다. 의료 현장은 생명과 직결된 업무를 다루기 때문에, 배정되는 직원의 역량과 자질은 매우 중요한 고려 요소가 된다. 특히, 24시간 내내 끊임없이 활동해야 하는 병동에서 근무표를 작성할 때는 간호 서비스의 질과 간호사의 삶의 질을 모두

■ **[그림 6-2-2] 근무 스케줄 최적화의 어려움**

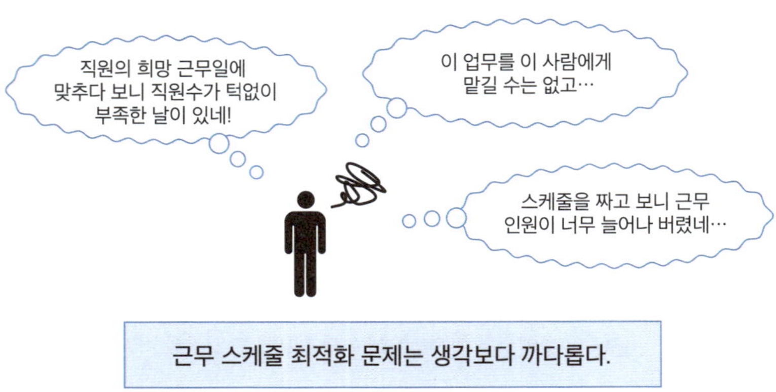

[그림 6-2-3] 간호사 근무 스케줄 최적화 문제의 어려움

표 13. 전월 말 스케줄과 간호사 근무·휴무 희망일(2shift-DATA1)
(−: 주간, Nn: 야간, +: 그 외 근무, /: 휴무, *: 야간 근무 불가, ×: 주간 근무 불가)

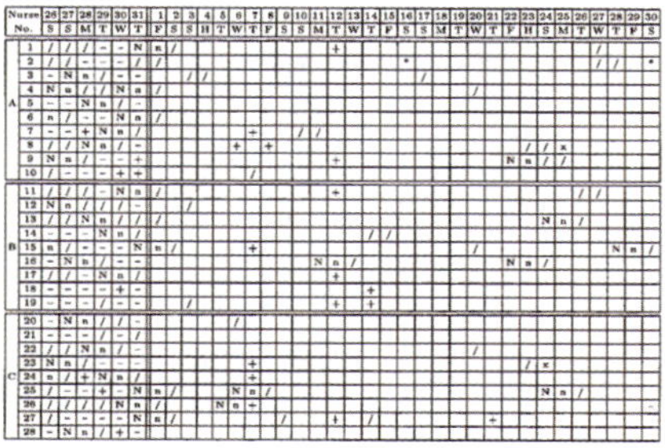

표 14. 그룹별 근무 간호사 수 하한·상한(3shift-DATA1)
(−: 주간, e: 저녁, n: 야간, L: 하한, U: 상한)

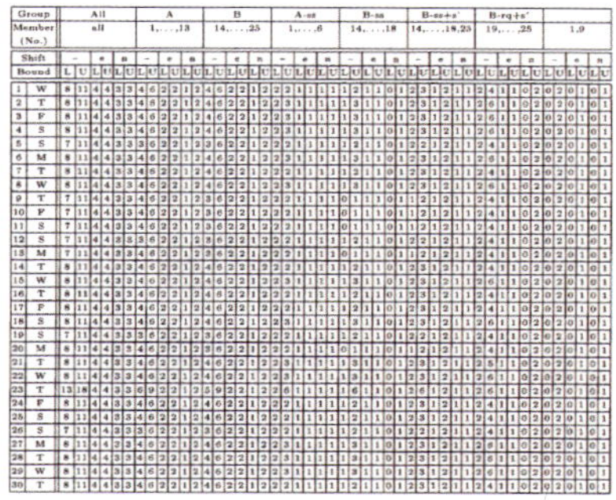

표 18. 전월 말 스케줄과 간호사 근무·휴무 희망일(3shift-DATA1)
(−: 주간, e: 저녁, n: 야간, +: 그 외 근무, /: 휴무)

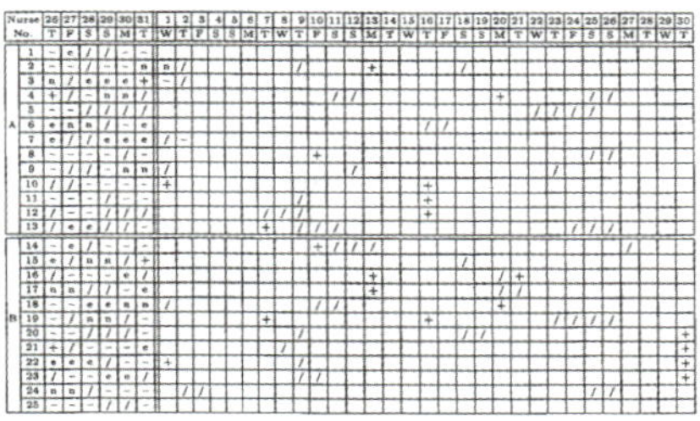

표 15. 연속 근무일수와 간격의 하한·상한(3shift-DATA1)

		연속 일수		간격 일수	
		LB	UB	LB	UB
/	휴무	1	5	2	6
d	주간	1	4	1	6
e	저녁	1	3	1	∞
n	심야	2	2	6	∞

출처: 간호사 스케줄링 현황 조사·모형화·알고리즘 개발
(https://www.ism.ac.jp/editsec/toukei/pdf/53-2-231.pdf)

보장해야 하기 때문에, 모든 조건을 충족시키는 것이 매우 어렵다.

이처럼 문제 상황이 복잡한 경우에는 근무 직원수를 최소화하는 것은커녕 모든 제약조건을 만족하는 해(解)조차 찾지 못하는 경우가 많다. 이는 근무 스케줄 최적화 문제에만 한정된 현상이 아니다. **제약조건이 너무 많아서 이를 모두 만족하는 해를 찾을 수 없는** 상황은 수학적최적화 전반에서 종종 발생한다. 다만, 그러한 경우에도 '모든 제약조건을 만족하지 않아도 되니, 어느 정도 나은 대안을 찾아줬으면 좋겠다'라는 요청이 있을 수 있다. 그럴 때는 **제약조건을 최대한 충족하면서 목적함수값을 최적화하는,** 한 차원 높은 문제 설정을 해야 한다.

근무 스케줄 최적화는 문제 상황을 정확히 파악하고 이해한 내용을 최적화 모형으로 변환할 수 있다면, 여러 분야에 적용할 수 있다. 이 책을 통해 문제를 정의하고 해결하는 데 필요한 기본기를 익혀 두면 많은 도움이 될 것이다.

실무에서 자주 등장하는 '0-1 정수 계획 문제'

근무 스케줄링 문제를 본격적으로 다루기 전에, 반드시 알아야 할 수학적최적화의 기초 개념을 잠시 살펴보자. 표현 방식은 문제 상황에 따라 조금씩 다를 수 있지만, 근무 스케줄을 편성할 때는 보통 다음과 같은 질문을 던진다.

- 누가 언제 근무할지, 근무하지 않을지?
- 어느 요일에 몇 명이 근무할지?

이때 결정변수는 근무할지(1), 근무하지 않을지(0) 또는 근무 직원수가 될 것이다. 이는 지금까지 다룬 연속 최적화 문제와 비교해 보면, 가능한 **결정변수값이 '정수(1, 2, 3과 같은 자연수, 자연수의 음수, 0)'**여야 한다는 점에서 다르다. 이처럼 결정변수 값이 정수로 제한되는 제약조건을 가진 문제를 '정수 계획 문제'라고 한다.

참고로, '선형계획 문제'라는 것도 있다. 이는 목적함수와 제약조건이 선형함수로 표현되는 최적화 문제를 말한다. 그중에서도 변수까지 정수인 문제를 일반적으로 '정수 계획 문제' 또는 '정수 선형계획 문제'라고 한다. 이처럼 세부 정의에 주의해야 하지만, 여기서는 일단 결정변수가 정수여야 한다는 점만 알아두자.

■ **[그림 6-2-4] 0-1 정수 계획 문제로서의 근무 스케줄링 최적화**

직원	1/1	1/2	1/3	1/4	1/5	1/6	…	1/30	1/31
A씨	0	1	1	1	0	0	…	0	1
B씨	1	1	0	0	1	1	…	1	1
C씨	1	0	0	1	1	1	…	1	1
D씨	1	1	1	1	0	1	…	1	0
E씨	0	1	1	1	1	0	…	1	1
…	…	…	…	…	…	…	…	…	…
Y씨	1	1	1	1	1	1	…	0	0
Z씨	1	0	1	0	1	1	…	1	1

근무한다 → 1
근무하지 않는다 → 0

누구를 어느 날짜에 배정할 것인가?
→ 결정변수가 0 또는 1인 문제를 '0-1 정수 계획 문제'라고 한다.

그리고 그중에서도 근무할지(1), 근무하지 않을지(0)처럼 결정변수값이 0 또는 1인 문제를 **'0-1 정수 계획 문제'**라고 부른다. 제1장에서 소개한 '해적의 고민'도 0-1 정수 계획 문제다. 결정변수값이 0 또는 1로 제한되는 문제는 실무에서 자주 접할 수 있다. 몇 가지 예시를 살펴보자.

첫 번째는 '경로 최적화' 문제다. 근무 스케줄링 문제와 마찬가지로, 경로 최적화도 다양한 방식으로 문제를 설정할 수 있다. 택배 기사가 여러 명이고, 각자 여러 곳을 차례로 방문하여 물품을 배송해야 하는 상황을 가정해 보자. 이때 결정해야 할 것은 **어느 택배 기사에게 어느 배송지를 배정할지다.** 좀 더 구체적으로 설명하면, **각 택배 기사가 각 배송지를 방문할지(1), 방문하지 않을지(0)**를 결정변수로 설정하여 최적해를 구하는 문제가 된다. 이는 누가 어느 요일과 시간대에 근무할지, 근무하지 않을지를 결정하는 문제의 구조와 유사하다.

또 다른 예시로는 매칭(matching) 문제가 있다. 매칭은 다음과 같은 상황에서 필요하다.

- 부동산 중개업자가 매수자와 매도자를 연결하는 상황
- 소개팅 앱에서 이성을 연결하는 상황

■ **[그림 6-2-5] 0-1 변수로 표현할 수 있는 사례(경로 최적화)**

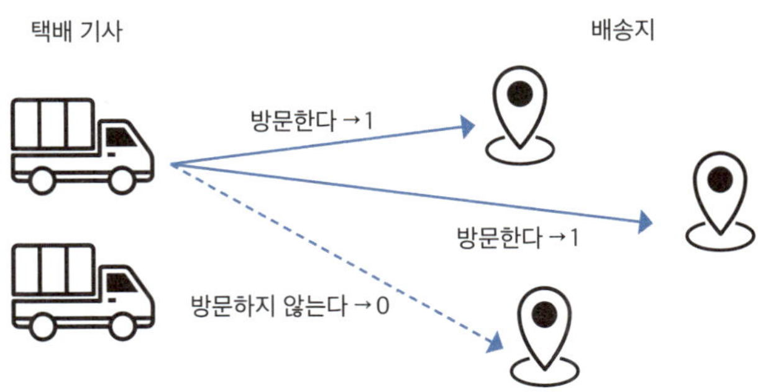

> **경로 최적화 문제도 '누구를 어디로 보낼지, 보내지 않을지'를 결정하는 0-1 정수 계획 문제다.**

- 광고 회사가 광고주와 타깃 고객층을 연결하는 상황
  (어떤 광고를 어떤 고객층에 노출하는 것이 가장 효과적인가)

이해를 돕기 위해, 데이트 상대나 결혼 상대를 찾아주는 소개팅 앱을 예로 들어 보자. 이는 **어떤 남성을 어떤 여성에게 연결할 것인가(또는 어떤 여성을 어떤 남성에게 연결할 것인가)** 를 결정하는 문제다. 즉, **각 남성과 각 여성이 연결될지(1), 연결되지 않을지(0)**를 결정변수로 설정하여 최적해를 구하는 문제다.

■ [그림 6-2-6] 0-1 변수로 표현할 수 있는 사례(소개팅 앱)

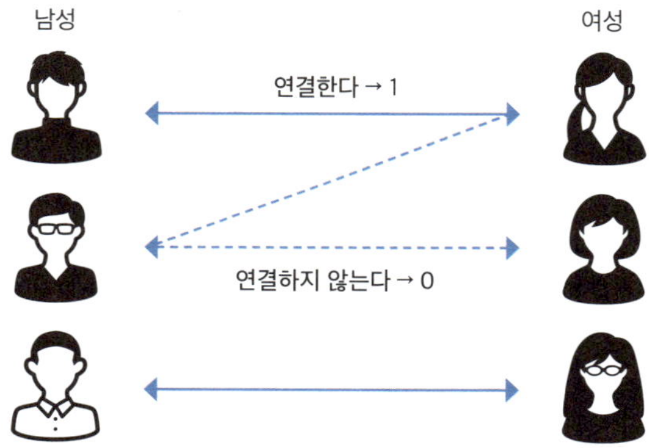

매칭 최적화도 결국 '누구를 누구에게 연결할 것인지'를 결정하는 문제다.

어떤 유형의 사람들이 서로 잘 연결되는지는 과거 데이터를 활용하면 어느 정도 예측할 수 있다. **머신러닝**을 기반으로 **방대한 데이터에서 트렌드와 패턴을 발견하여** 앞으로도 비슷한 흐름이 이어질 것이라고 추론하는 것이다. 이러한 데이터 사이언스(Data Science)와 수학적최적화를 적절히 결합하면 문제를 더욱 정교하게 해결해 나갈 수 있다.

이처럼 결정변수가 0 또는 1인 경우는 실무에서 자주 다뤄진다. 만약 실생활에서 이러한 문제에 직면하게 된다면, 결정해야 할 사항을 0-1 변수로 바꿀 수 있을지를 먼저 생각해 보자. 그러면 지금까지는 어떻게 풀어야 할지 막연했던 문제들도 수학적최적화를 통해 해결할 수 있을지도 모른다.

근무 스케줄 최적화를 위한 결정변수 살펴보기

다시 근무 스케줄링 문제를 중심으로 살펴보자. 근무 스케줄링 최적화를 위해서는 문제를 어떻게 설정할지가 매우 중요하다. 따라서 근무 스케줄링 문제의 전체 구조를 파악할 수 있도록, 한 가지 사례에만 집중하기보다는 여러 사례를 살펴보려고 한다.

수학적최적화의 핵심 요소는 '결정변수 · 목적함수 · 제약조건'이다. 먼저, 최적화해야 할 '결정변수'에 대해 생각해 보자. 이는 세밀하게 설정할지, 아니면 큰 틀에서 설정할지에 따라 달라진다. 가장 세밀한 방법은 예를 들어, **직원 한 사람 한 사람을 몇 월 · 며칠 · 몇 시에 배정할지**를 결정변수로 설정하는 것이다. 이 경우에는 [**그림 6-2-7**]처럼 행에는 직원을, 열에는 날짜와 시간대를 적고, 각 칸에 0 또는 1로 근무 여부를 표시한 표를 만들 수 있다.

물론, 상황에 따라 변수를 1시간 단위가 아니라 2시간, 3시간 단위로 더 크게 나눌 수도 있다. 앞서 소개한 간호사 근무 일정이나 편의점, 음식점 같은 곳에서는 보통 이처럼 시간 단위로 근무 여부를 결정한다. 반면, 하루 단위로 근무 여부를 결정하는 경우에는 시간대 구분은 필요 없고, 몇 월 · 며칠만 고려하면 된다.

만약 이보다 더 간단하게 접근하면 어떻게 될까? 매주 특정 요일에 특정 인력을 배정하고 싶을 때는 몇 월 · 며칠 · 몇 시가 아니라 **특정 직원을 어느 요일에 배정할 것**

■ [그림 6-2-7] 결정변수 예시(근무일과 시간대별 근무 직원)

	1/1				1/2				…
직원	0시	1시	…	23시	0시	1시	…	23시	…
A씨	0	1	1	1	0	0	…	0	1
B씨	1	1	0	0	1	1	…	1	1
C씨	1	0	0	1	1	1	…	1	1
D씨	1	1	1	1	0	1	…	1	0
E씨	0	1	1	1	1	0	…	1	1
…	…	…	…	…	…	…	…	…	…
Y씨	1	1	1	1	1	1	…	0	0
Z씨	1	0	1	0	1	1	…	1	1

누가 몇 월 며칠 몇 시에 근무할 것인가, 근무하지 않을 것인가?

인가, 배정하지 않을 것인가만 결정하면 된다. 이 경우에는 [**그림 6-2-8**]처럼 행에는 직원을, 열에는 요일을 적고, 0 또는 1로 근무 여부를 표시한 표를 만들 수 있다.

■ [그림 6-2-8] 결정변수 예시(요일별 근무 직원)

직원	월	화	수	목	금	토	일
A씨	0	1	1	1	0	0	1
B씨	1	1	0	0	1	1	1
C씨	1	0	0	1	1	1	1
D씨	1	1	1	1	0	1	0
E씨	0	1	1	1	1	0	1
…	…	…	…	…	…	…	…
Y씨	1	1	1	1	1	1	0
Z씨	1	0	1	0	1	1	1

누구를 어느 요일에 배정할 것인가, 배정하지 않을 것인가?

지금까지는 값이 0 또는 1인 결정변수를 다뤘지만, 이를 더 확장하여 앞서 다룬 사례처럼 정수값을 가지는 경우도 생각해 볼 수 있다. 이는 특정 요일에 직원 몇 명을 배정할지를 결정변수로 설정하는 경우다.

이 경우에는 [**그림 6-2-9**]처럼 요일별로 근무 인원이 정수로 입력된 표를 만들 수 있다.

■ [그림 6-2-9] 결정변수 예시(요일별 근무 직원수)

직원	월	화	수	목	금	토	일
근무 직원수	5	4	7	8	10	20	12

어느 요일에 몇 명의 직원을 배정할 것인가?

요일 단위뿐만 아니라, 일 단위, 주 단위, 월 단위 등으로도 세분화 정도를 달리할 수 있지만, 기본적인 구조는 동일하다. 또한 시간대를 기준으로 0~6시, 6~12시, 12~18시, 18~24시 등 각 구간마다 필요한 직원수를 결정변수로 설정할 수 있다. 이처럼 근무표의 형태와 일정의 세분화 정도, 그리고 결정변수의 형태는 근무 스케줄표 작성 요구사항에 따라 달라진다. 따라서 문제를 풀 때는 **어떤 데이터가 관**

리되고 있으며, 이를 최적화 문제를 푸는 데 활용할 수 있는지를 정확히 파악한 후, 요구사항을 충족하려면 결정변수를 어떻게 설정하는 것이 바람직할지를 검토해야 한다.

근무 스케줄 최적화를 위한 목적함수 살펴보기

이제 목적함수를 설정해 보자. 근무 스케줄 최적화 문제에서 목적함수는 인적 자원을 효율적으로 운용하기 위해 **근무 직원수 최소화**로 설정하는 것이 가장 일반적이다. 이는 **가동 자원 최소화**라고도 표현할 수 있다. 그리고 '가동 자원'이란 **일정 기간 동안 근무하는 전체 직원수 또는 총 근무 시간**이라고 정의할 수 있다.

이러한 결정변수를 최적화하면 근무표와 필요한 근무 직원수를 구체적으로 결정할 수 있다. 그리고 필요 근무 직원수를 최소화하는 것이 최적화의 최종 목표가 된다.

가동 자원 최소화는 비용 최소화로 직결된다. 이 상황에서는 근무 스케줄을 효율적으로 수립해서 필요한 업무를 모두 수행하면서도 직원들에게 지급해야 할 **비용을 최소화**하는 것이 주목적이 된다. 따라서 근무 스케줄링을 잘 관리하면 자원을 효율적으로 운용할 수 있다.

■ [그림 6-2-10] 목적함수 예시(근무 직원수 최소화)

직원	월	화	수	목	금	토	일
A씨	0	1	1	1	0	0	1
B씨	1	1	0	0	1	1	1
…	…	…	…	…	…	…	…
Y씨	1	1	1	1	1	1	0
Z씨	1	0	1	0	1	1	1

직원	월	화	수	목	금	토	일
근무 직원수	5	4	3	8	10	15	12
합계	57						

근무 직원수를 최소화하고 싶다.

한편, 목적함수를 조금 다른 형태로 설정할 수도 있다. 예를 들어, **직원들 간의 근무 시간이나 근무일수의 편차를 최소화하는 것**을 목표로 할 수도 있다. 앞서 다룬 목적함수는 근무하는 직원수를 줄이는 것을 목표로 했지만, 상황에 따라 근무 직원수가 고정되어 있는 경우도 있다. 이때는 어차피 근무를 시킬 거라면 직원들에게 업무량을 균등하게 분배하고 싶을 것이다.

어떤 직원은 과도한 업무에 시달리는 반면, 어떤 직원은 거의 근무하지 못하는 상황이 발생한다면, 직원들 사이에 불평불만이 생길 수밖에 없다. 이를 해결하려면 근무 스케줄을 잘 조정해서 **직원들 간의 근무 시간과 근무일수의 편차를 최소화**해야 한다.

이는 앞서 설명한 근무 시간 최소화와는 완전히 다른 방향이기 때문에, 목적함수를 설정하는 방법 또한 완전히 달라진다. [**그림 6-2-11**]처럼 직원별 총 근무일수가 결정변수가 되어야 하며, 직원 간의 근무일수 편차를 최소화하는 것이 목표가 된다. 이를 해결하는 방법은 다양하지만, 가장 간단한 방법은 앞 장에서 다룬 통계량을 활용하는 것이다. 여기서는 **직원 간 근무일수와 근무 시간의 분산(표준편차)을 최소화하면 된다**.

■ **[그림 6-2-11] 목적함수 예시(직원 간 근무일수의 차이 최소화)**

직원	1/1	1/2	1/3	1/4	1/5	…	1/30	1/31	총 근무일수
A씨	휴무	주간	주간	주간	휴무	…	휴무	야간	15
B씨	주간	주간	휴무	휴무	야간	…	주간	주간	20
C씨	야간	휴무	휴무	주간	주간	…	주간	야간	13
D씨	주간	주간	주간	주간	휴무	…	야간	휴무	14
E씨	휴무	주간	주간	주간	주간	…	주간	주간	12
…	…	…	…	…	…	…	…	…	22
Y씨	야간	야간	야간	야간	야간	…	휴무	휴무	18
Z씨	주간	휴무	주간	휴무	주간	…	주간	주간	19

직원 간 근무일수의 차이를 최소화하고 싶다.

이처럼 근무일수와 시간의 편차를 지표로 삼고 이를 최소화하는 것을 목적함수로 설정하면, 최적화 문제를 풀기 위한 기본 토대는 모두 갖췄다고 볼 수 있다.

근무 스케줄 최적화를 위한 제약조건 살펴보기

마지막으로, 제약조건을 설정해 보자. 근무 스케줄링 문제는 고려해야 할 제약조건이 매우 많다. 모든 제약조건을 나열할 수는 없으니, 여기서는 가장 일반적이고 이해하기 쉬운 몇 가지만 소개하려고 한다.

첫 번째 제약조건은 **일별, 요일별 등 단위 기간별로 필요한 최소 근무 직원수**다. 일반적으로 업무량에 따라 특정일이나 요일에 최소한으로 필요한 직원수에 대한 제약이 있을 것이다. 이러한 최소 직원수를 충족하는 근무표를 작성해야 한다.

그 외에도 개별 직원을 중심으로 한 제약조건이 있다. 예를 들어, **직원별로 각 주에 근무할 수 있는 최대 근무일수나 월별로 근무할 수 있는 최대 근무 시간**을 설정할 수 있다. 주 6일 근무가 가능한 직원이 있고, 주 3일만 근무할 수 있는 직원도 있을 것이다.

이는 월 단위로 보더라도 마찬가지다. 월 160시간(8시간 × 20일) 근무할 수 있는 직원도 있고, 월 70시간만 일할 수 있는 직원도 있다. 특히, 아르바이트나 파트타이머가 있는 경우에는 직원별 근무 시간과 근무일수의 차이를 고려해야 근무 스케줄을 효율적으로 편성할 수 있다.

■ [그림 6-2-12] 제약조건 예시(날짜별, 요일별로 필요한 최소 근무 직원수)

날짜별로 필요한 최소 근무 직원수

날짜	필요 인원
1/1	10
1/2	15
1/3	13
1/4	12
1/5	8
…	…
1/30	11
1/31	9

요일별로 필요한 최소 근무 직원수

요일	필요 인원
월요일	5
화요일	4
수요일	6
목요일	7
금요일	10
토요일	15
일요일	12

날짜별, 요일별로 필요한 최소 근무 직원수

■ [그림 6-2-13] 제약조건 예시(직원별 최대 근무일수와 근무 시간)

주별 최대 근무일수

직원	근무일수
A씨	6
B씨	4
C씨	5
D씨	6
…	…
Y씨	6
Z씨	3

월별 최대 근무 시간

직원	근무 시간
A씨	160
B씨	150
C씨	130
D씨	190
…	…
Y씨	200
Z씨	70

각 직원의 주별 최대 근무일수와 월별 최대 근무 시간

또한 근무 시간과 근무일수뿐만 아니라, 하루 중 근무 가능한 시간대도 직원마다 다를 수 있다는 제약도 있을 것이다. 예를 들어, 간호사 스케줄링 문제처럼 24시간 교대 근무표를 짜야 하는 상황을 생각해 보자. 주간에만 근무할 수 있거나, 야간에만 근무할 수 있는 직원도 있을 것이다. 또한 어떤 직원은 주간과 야간 모두 유연하게 근무할 수도 있을 것이다.

이 경우에는 [**그림 6-2-14**]처럼 각 직원이 어느 시간대에 근무할 수 있고, 어느 시간대에는 근무할 수 없는지를 데이터로 정량화하여 관리해야 한다. 물론, 상황

■ [그림 6-2-14] 제약조건 예시(직원의 하루 중 근무 가능 시간대)

직원	0시	1시	2시	3시	…	20시	21시	22시	23시
A씨	×	×	×	×	…	○	○	○	○
B씨	○	○			…	○	○	○	×
C씨	×	○	○	○	…	○	○	×	×
D씨	×	○	○	○	…	○	○	×	×
E씨	×	○	○	○	…	○	○	×	×
…	…	…	…	…	…	…	…	…	…
Y씨	×	×	×	×	…	○	×	×	×
Z씨	×	×	×	×	…	○	×	×	×

직원별 하루 중 근무 가능 시간대

에 따라 1시간 단위가 아니라 2시간 또는 3시간 단위로 근무 가능(○)·불가(×) 여부를 제약조건으로 설정할 수도 있다.

그 외에도 다양한 형태의 제약조건이 있다. 예를 들어, 목적함수를 설명할 때 다뤘던 **직원 간 근무량 편차 최소화를 제약조건으로 설정**할 수도 있다. 근무 직원수 최소화를 목적함수로 설명하면서, 직원 간의 근무량 차이가 일정 수준 이상 벌어지지 않도록 제한하려는 경우다. 원래는 10명의 직원이 필요할 것으로 예상했지만, 최적화 결과 8명으로도 충분하다는 결론이 나왔다고 가정해 보자.

그러나 실제로 8명이 일하는 모습을 살펴보니, 어떤 직원은 과도한 업무를 맡고, 다른 직원은 거의 일하지 않는다면, 실제 근무표를 활용하기 어려울 것이다. 이 경우에는 **근무 직원수 최소화를 목적함수로 설정하되, 월별 근무 시간이나 근무일수와 같은 직원 간의 근무량 편차(분산과 표준편차로 표현)를 일정 수준 이내로 제한하는 제약조건을** 추가하는 방안을 고려할 수 있다.

그 외에도 더 세부적인 제약조건으로 직원 간의 역량 조합을 고려할 수도 있다. 간호사 스케줄링 문제에서도 볼 수 있듯이, **'특정 역량을 가진 직원이 몇 명 이상 필요하다'**거나, **'특정 시간대나 특정한 날에는 A와 B 역량을 가진 직원이 반드시 근무해야 한다'**는 등의 제약조건이 필요한 경우다. 이러한 상황에서는 최적화를 실행하기에 앞서, 조직에 필요한 역량을 정의하고 각 직원의 역량을 명확히 정리해야 한다. 또한 특정 시간과 날짜에 필요한 역량을 갖춘 직원을 제약조건으로 설정해야 하므로, 문제가 다소 어려워진다.

더 나아가, 직원 간의 조합을 제약으로 설정해야 하는 경우도 있다. 예를 들어, **'A씨는 최근에 입사해서 아직 트레이닝 단계이므로, 숙련된 직원과 함께 근무해야 한다'는 제약조건**을 둘 수 있다. 이 경우 각 직원이 트레이닝 단계인지, 숙련된 상태인지를 데이터로 시각화해야 하고, 트레이닝 중인 직원이 근무할 때는 숙련된 직원이 반드시 함께 근무해야 한다는 형태로 제약조건을 설정해야 한다.

그 외에도 **특정 직원 간의 사이가 좋지 않아서** 이들을 같은 시간대에 배정하면 업무에 악영향을 미칠 수도 있다. 이 경우 해당 직원들이 같은 시간에 근무하지 않도록 제약조건을 설정하면 최악의 상황을 예방할 수 있을 것이다.

근무 스케줄 최적화 문제를 수식으로 표현하기 ① 전제조건

지금까지 근무 스케줄링 문제를 전반적으로 살펴봤다. 이러한 배경지식을 바탕으로 문제를 설정하고, 결정변수 · 목적함수 · 제약조건을 수식으로 표현해 보자. 이후 'Excel 실습'에서 해 찾기 기능을 활용하여 최적해를 찾아볼 것이다.

결정변수 · 목적함수 · 제약조건을 설정하기에 앞서, 몇 가지 전제조건을 정리해 두자. 근무 스케줄링 문제는 이를 둘러싼 비즈니스 상황과 업무 특성에 따라 내용과 목적이 크게 달라진다. 여기서는 이해를 돕기 위해 비교적 단순한 문제를 다뤄 보려고 한다.

앞에서 다뤘던 **주 5일 연속으로 일하는 근무 패턴**을 중심으로 문제를 설정해 보자. 구체적으로는 다음과 같은 일곱 가지 근무 패턴이 있다고 가정해 보자.

- 월요일부터 금요일까지 근무하는 패턴
- 화요일부터 토요일까지 근무하는 패턴
- 수요일부터 일요일까지 근무하는 패턴
- 목요일부터 월요일까지 근무하는 패턴
- 금요일부터 화요일까지 근무하는 패턴

■ [그림 6-2-15] 주 5일 근무를 전제조건으로 한 근무 패턴

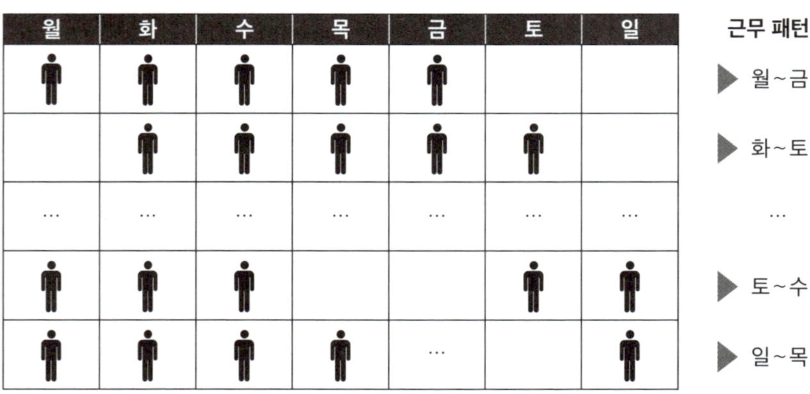

전제조건 : 각 직원은 매주 5일 연속으로 근무한다 → 총 일곱 가지 '근무 패턴'이 있다.

- 토요일부터 수요일까지 근무하는 패턴
- 일요일부터 목요일까지 근무하는 패턴

음식점 아르바이트처럼 근무 시간이 불규칙한 경우에는 이 조건을 적용하기 어렵지만, 콜센터의 정규직 직원처럼 일정한 패턴으로 지속적으로 근무하는 형태에는 적합할 것이다.

근무 스케줄 최적화 문제를 수식으로 표현하기 ② 결정변수

이 상황에서 필요한 결정변수 · 목적함수 · 제약조건을 정의해 보자. 결정변수는 **'근무 패턴별 근무 직원수'**다. 이는 다음과 같이 표현할 수 있다.

- 월요일부터 금요일까지 근무하는 패턴: 5명
- 화요일부터 토요일까지 근무하는 패턴: 7명
- …
- 일요일부터 목요일까지 근무하는 패턴: 10명

■ [그림 6-2-16] 최적화해야 할 결정변수

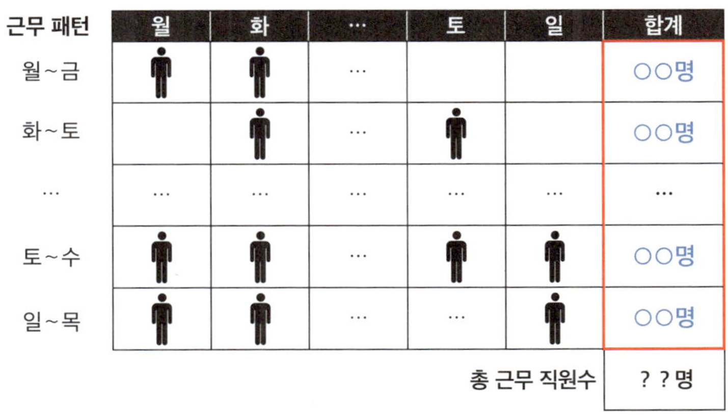

결정변수: 근무 패턴별 총 직원수

따라서 앞서 배운 내용을 바탕으로 하면, 이번에 최적화하려는 결정변수의 형태는 '정수'다. 그리고 최적화 대상은 '직원수'며, 직원수가 음수일 수는 없으므로 반드시 0 이상의 정수여야 한다. 음수가 아닌 0 이상의 값을 **'비음수(非陰數)'**라고 한다. 결국 이번에 최적화할 결정변수는 **'비음수 정수'**며, 이를 제약조건으로 설정할 수 있다. 이 내용은 'Excel 실습'에서 다룰 것이다.

참고로, 여기서 다루는 결정변수는 정수지만, 제3장에서 다룬 가격 최적화 사례처럼 연속형 변수로 다룰 수도 있다. 그러나 근무 스케줄링 최적화 문제는 대부분 조합 최적화의 관점에서 접근하며, 이번에도 그 방식으로 최적해를 구해 보려고 한다.

최적화 이론 측면에서는 연속 최적화와 조합 최적화의 차이를 명확히 짚고 넘어가는 것이 중요하다. 다만, 여기서는 Excel 해 찾기 기능에 내장된 알고리즘을 활용하여 답을 구하려고 한다. 따라서 두 방식의 차이는 크게 신경 쓰지 않아도 되며, 비음수 정수라는 제약조건만 정확히 이해하면 충분하다.

근무 스케줄 최적화 문제를 수식으로 표현하기 ③ 목적함수

이제 목적함수를 설정해 보자. 앞서 근무 스케줄링 문제에서는 크게 두 가지 목적함수가 있다고 설명했다.

- 가동 자원(일정 기간 내 근무하는 전체 직원수 또는 총 근무 시간)의 최소화
- 직원 간 업무량 편차(근무 시간의 분산과 표준편차 등)의 최소화

여기서는 첫 번째 접근 방식인 **'가동 자원 최소화'**를 목표로 문제를 풀어 보겠다. 앞서 근무 패턴별 근무 직원수를 결정변수로 설정했다.

그러면 **[그림 6-2-17]**처럼 **일곱 가지 근무 패턴별로 근무 직원수를 모두 더한 값을 목적함수로 설정하고, 이를 최소화하는 방향으로 문제를 풀어야** 한다.

■ [그림 6-2-17] 최적화해야 할 목적함수

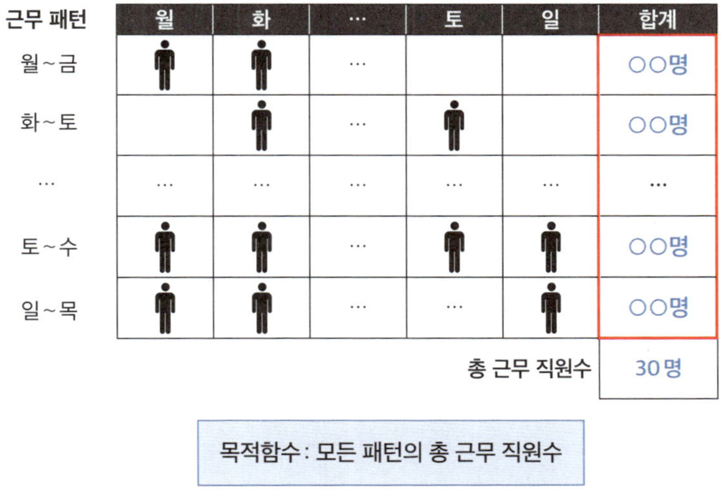

근무 스케줄 최적화 문제를 수식으로 표현하기 ④ 제약조건

마지막으로, 제약조건을 설정해 보자. 근무 스케줄링 최적화 문제에서는 고려해야 할 제약조건이 매우 다양하지만, 여기서는 가장 단순한 제약을 다뤄 보려고 한다.

흔히 설정하는 제약조건으로는 각 근무 시간대별 '최소 필요 직원수'가 있다. 그러나 이 경우는 근무 패턴이 시간이 아닌 요일 단위로 구분되어 있으므로, 요일별 최소 필요 직원수를 제약조건으로 설정하면 된다. 예를 들어, 월요일부터 목요일까지는 손님이 적어 필요한 직원수도 적지만, 토요일에는 손님이 많아져 필요한 직원수도 늘어난다.

이번 문제에서도 **요일별 근무 직원수가 요일별 최소 필요 직원수와 같거나 많아야 한다는 제약조건**을 설정해 보자. 이를 수식으로 표현하면 다음과 같다.

- 월요일 근무 직원수 ≧ 월요일의 최소 필요 직원수
- 화요일 근무 직원수 ≧ 화요일의 최소 필요 직원수
- 수요일 근무 직원수 ≧ 수요일의 최소 필요 직원수

■ [그림 6-2-18] 최적화해야 할 제약조건

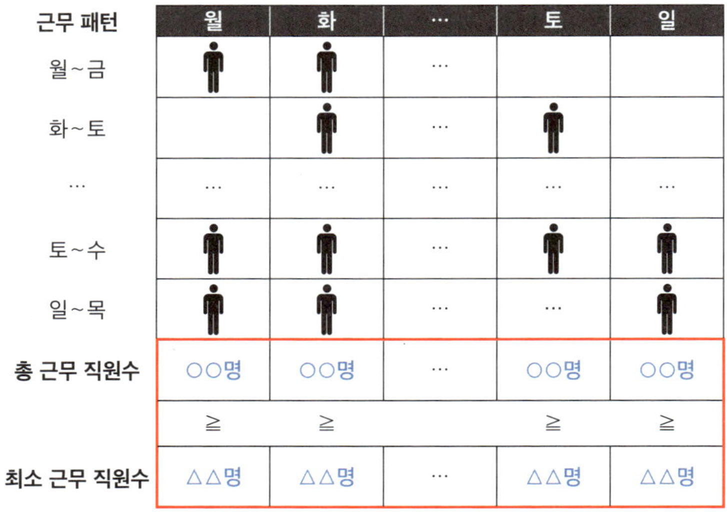

제약조건 : 요일별 근무 직원수 ≧ 요일별 필요 직원수

- 목요일 근무 직원수 ≧ 목요일의 최소 필요 직원수
- 금요일 근무 직원수 ≧ 금요일의 최소 필요 직원수
- 토요일 근무 직원수 ≧ 토요일의 최소 필요 직원수
- 일요일 근무 직원수 ≧ 일요일의 최소 필요 직원수

앞서 근무 패턴별 근무 직원수를 결정변수로 설정했다. [**그림 6-2-18**]처럼 근무 패턴별로 직원을 배정하면, 요일별로 총 몇 명이 배정되는지를 알 수 있다. **따라서 요일별 총 근무 직원이 요일별 최소 필요 직원수를 초과하면 제약조건이 충족**된다.

근무 스케줄 최적화 문제를 수식으로 표현하기

근무 스케줄링 최적화 문제를 풀기 위해 필요한 수식들을 종합적으로 정리해 보자. [**그림 6-2-19**]에 지금까지 설명한 내용을 정리해 두었다.

이번에 최적화해야 할 **결정변수는 각 근무 패턴별 근무 직원수**다. 주 5일간 근무

■ [그림 6-2-19] 최적화 문제의 모형화

[모형화]

최적화 대상 변수: 근무 패턴별 근무 직원수

(목적함수)

Maximize : 총 근무 직원수
= 월~금 근무 직원수 =
+ 화~토 근무 직원수
+ 수~일 근무 직원수
+ 목~월 근무 직원수
+ 금~화 근무 직원수
+ 토~수 근무 직원수
+ 일~목 근무 직원수

(제약조건)

Subject to : 요일별 근무 직원수 ≧ 요일별 필요 직원수
근무 패턴별 결정변수 = 정수면서 비음수

하는 패턴은 총 일곱 가지가 있으며, 이에 대한 변수들의 최적해를 구해야 한다. 그리고 이러한 결정변수를 최적화하여 목적함수인 **총 근무 직원수를 최소화**하는 것을 목표로 한다.

또한 **[그림 6-2-20]**의 목적함수식을 보면 알 수 있듯이, 목적함수값은 **최적화할 7개 결정변수의 합계**다. 조금 기술적인 이야기지만, 이처럼 목적함수가 결정변수의 선형식(1차 함수)으로 표현되는 문제를 '선형 계획 문제'라고 부른다. 선형 계획 문제는 최적해를 비교적 쉽게 구할 수 있는 구조로 되어 있다.

마지막으로, **요일별로 근무하는 직원수가 각 요일에 필요한 최소 직원수 이상이어야 한다**는 중요한 제약조건을 설정해 보자. 또한 결정변수는 '직원수'이기 때문에 **각 결정변수는 정수면서 비음수라는 제약조건**도 필요하다.

지금까지 정의한 결정변수·목적함수·제약조건을 **[그림 6-2-20]**처럼 정리할 수 있다. 근무표에서 행은 근무 패턴을, 열은 요일을 나타낸다. 행(근무 패턴)별 근무 직원수가 결정변수에 해당하며, 총 7개가 있다. 그리고 각 결정변수값을 모두 더한 총 직원수가 목적함수다.

■ [그림 6-2-20] 결정변수·목적함수·제약조건의 구조

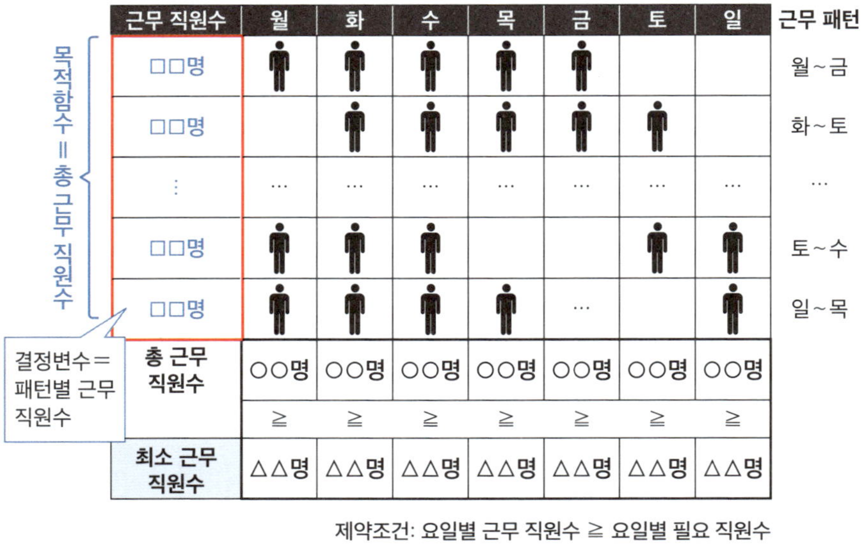

또한 열(요일)별로 근무하는 직원수의 합계는, 요일별 최소 근무 직원수와 같거나 많아야 한다는 제약조건을 충족해야 한다. 여기서 결정변수의 형태가 정수면서 비음수여야 한다는 제약조건은 별도로 표기하지 않았다.

이어지는 'Excel 실습'에서는 이 구조를 바탕으로 근무 스케줄링 최적화 문제를 풀어볼 것이다.

Section 파일명: chap6_shift_scheduling.xlsx

3 Excel 실습 필요 직원수를 최소화하는 최적 근무 스케줄을 편성해 보자

문제 풀이에 필요한 데이터 확인하기

이제 Excel의 해 찾기 기능을 활용하여 최적해를 구해 보자. 먼저, 문제 풀이에 사용할 데이터를 확인해 보자.

Excel 파일 'chap6_shift_scheduling.xlsx'를 열어 보자. 그러면 **[그림 6-3-1]** 처럼 문제를 푸는 데 필요한 여러 데이터를 확인할 수 있다.

[그림 6-3-1] 최적화를 위한 기본 데이터

	A	B	C	D	E	F	G	H	I	J
1										
2		<최적화>								
3		근무 직원수 합계	30							
4										
5				근무 여부						
6		근무 직원수	근무 시작 요일	월요일	화요일	수요일	목요일	금요일	토요일	일요일
7		10	월요일	1	1	1	1	1	0	0
8		2	화요일	0	1	1	1	1	1	0
9		2	수요일	0	0	1	1	1	1	1
10		5	목요일	1	0	0	1	1	1	1
11		1	금요일	1	1	0	0	1	1	1
12		3	토요일	1	1	1	0	0	1	1
13		7	일요일	1	1	1	1	0	0	1
14			근무 직원수	26	23	24	26	20	13	18
15			필요 직원수	17	13	15	17	9	9	12
16			(근무 - 필요)	9	10	9	9	11	4	6
17										

최적해를 구하는 데 기본적으로 필요한 데이터 확인

이 중에서 좌측 상단에 있는 '근무 직원수 합계'(초깃값은 30으로 설정됨)가 이번에 최소화해야 할 목적함수에 해당한다. 그리고 바로 아래에 있는 '근무 직원수'(초깃값은 10, 2, 2, 5, 1, 3, 7로 설정됨)는 최적화해야 할 결정변수다.

한편, 셀 D14부터 J15까지 입력된 '근무 직원수'와 '필요 직원수' 데이터(근무 직원수의 초깃값은 26, 23, 24, 26, 20, 13, 18이고, 필요 직원수의 초깃값은 17, 13, 15, 17, 9, 9, 12로 설정됨)는 제약조건에 해당한다.

먼저, 데이터의 구조를 확인해 보자. 7행([**그림 6-3-2**]에서 맨 위의 빨간색 테두리 부분)은 월요일부터 금요일까지 5일간 근무하는 패턴이다. 각 셀을 보면 알 수 있듯이, **근무일(월요일부터 금요일까지)에는 1, 휴일(토요일과 일요일)에는 0이 입력**되어 있다. 그리고 다음 행은 화요일부터 토요일까지 근무하는 패턴이며, 마찬가지로 근무일에는 1, 휴일에는 0이 입력되어 있다.

또한 [**그림 6-3-2**]의 11행(위에서 두 번째 빨간색 테두리 부분)은 금요일부터 그 다음 주 화요일까지 근무(수요일과 목요일은 휴무)하는 패턴이며, 13행(위에서 세 번째 빨간색 테두리 부분)은 일요일부터 그 다음 주 목요일까지 근무(금요일과 토요일은 휴무)하는 패턴이다.

■ [그림 6-3-2] 근무 패턴 정의

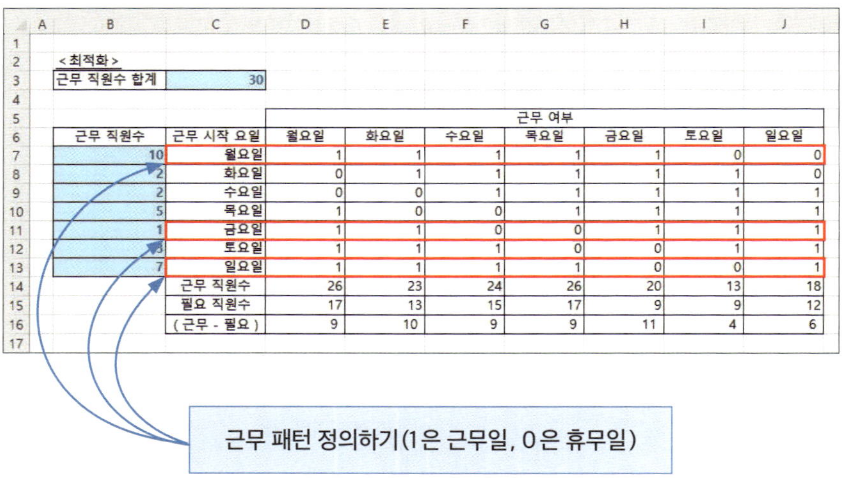

	B	C	D	E	F	G	H	I	J
2	<최적화>								
3	근무 직원수 합계	30							
5			근무 여부						
6	근무 직원수	근무 시작 요일	월요일	화요일	수요일	목요일	금요일	토요일	일요일
7	10	월요일	1	1	1	1	1	0	0
8	2	화요일	0	1	1	1	1	1	0
9	2	수요일	0	0	1	1	1	1	1
10	5	목요일	1	0	0	1	1	1	1
11	1	금요일	1	1	0	0	1	1	1
12	3	토요일	1	1	1	0	0	1	1
13	7	일요일	1	1	1	1	0	0	1
14		근무 직원수	26	23	24	26	20	13	18
15		필요 직원수	17	13	15	17	9	9	12
16		(근무 - 필요)	9	10	9	9	11	4	6

이처럼 0과 1로 표현된 정보는 뒤에서 요일별 근무 직원수를 계산할 때 사용할 것이다.

문제 풀이에 필요한 데이터 확인하기 ① 결정변수

계속해서 결정변수를 어떻게 표현했는지 확인해 보자. 이번에도 행 단위로 하나씩 살펴보자. 셀 B7~B13([**그림 6-3-3**]의 '근무 직원수' 하단의 하늘색 배경 부분)

은 **최적화해야 할 결정변수인 근무 패턴별 근무 직원수**를 나타낸다.

예를 들어, 7행의 셀 C7~J7은 월요일부터 금요일까지 근무(토요일과 일요일은 휴무)하는 패턴이다. 이때 셀 B7은 해당 패턴에 따라 일하는 직원수를 나타내며, 초깃값으로 10이 입력되어 있다.

■ [그림 6-3-3] 결정변수의 정의

	A	B	C	D	E	F	G	H	I	J
1										
2		< 최적화 >								
3		근무 직원수 합계	30							
4										
5				근무 여부						
6		근무 직원수	근무 시작 요일	월요일	화요일	수요일	목요일	금요일	토요일	일요일
7		10	월요일	1	1	1	1	1	0	0
8		2	화요일	0	1	1	1	1	1	0
9		2	수요일	0	0	1	1	1	1	1
10		5	목요일	1	0	0	1	1	1	1
11		1	금요일	1	1	0	0	1	1	1
12		3	토요일	1	1	1	0	0	1	1
13		7	일요일	1	1	1	1	0	0	1
14			근무 직원수	26	23	24	26	20	13	18
15			필요 직원수	17	13	15	17	9	9	12
16			(근무 - 필요)	9	10	9	9	11	4	6
17										

패턴별 근무 직원수(최적화 대상 결정변수)

이와 같이 총 일곱 가지 패턴이 존재하며, 패턴별 근무 직원수가 결정변수에 해당한다.

- 셀 B7은 월요일부터 금요일까지의 근무 직원수(초깃값은 10)
- 셀 B8은 화요일부터 토요일까지의 근무 직원수(초깃값은 2)
- 셀 B9는 수요일부터 일요일까지의 근무 직원수(초깃값은 2)
- 셀 B10은 목요일부터 월요일까지의 근무 직원수(초깃값은 5)
- 셀 B11은 금요일부터 화요일까지의 근무 직원수(초깃값은 1)
- 셀 B12는 토요일부터 수요일까지의 근무 직원수(초깃값은 3)
- 셀 B13은 일요일부터 목요일까지의 근무 직원수(초깃값은 7)

이 7개의 결정변수를 조정해서 최적해를 구해야 한다.

문제 풀이에 필요한 데이터 확인하기 ② 목적함수

이제 목적함수와 관련된 데이터를 살펴보자. 셀 C3(**[그림 6-3-4]** 왼쪽 상단의 근무 직원수 합계인 30)이 바로 목적함수값에 해당한다.

■ [그림 6-3-4] 목적함수의 정의

< 최적화 >

근무 직원수 합계	30

모든 패턴의 근무 직원수 합계(목적함수)

근무 직원수	근무 시작 요일	근무 여부 월요일	화요일	수요일	목요일	금요일	토요일	일요일
10	월요일	1	1	1	1	1	0	0
2	화요일	0	1	1	1	1	1	0
2	수요일	0	0	1	1	1	1	1
5	목요일	1	0	0	1	1	1	1
1	금요일	1	1	0	0	1	1	1
3	토요일	1	1	1	0	0	1	1
7	일요일	1	1	1	1	0	0	1
	근무 직원수	26	23	24	26	20	13	18
	필요 직원수	17	13	15	17	9	9	12
	(근무 - 필요)	9	10	9	9	11	4	6

이 값은 셀을 클릭해 보면 알 수 있듯이, 다음과 같이 계산되었다.

셀 C3 = SUM(B7:B13)

셀 B7~B13은 앞서 확인했듯이, 일곱 가지 근무 패턴별 근무 직원수를 나타낸다. 셀 C3은 모든 근무 패턴의 근무 직원수를 모두 더한 값을 나타내며, 결국 **이 값을 최소화하는 것이 이번 최적화 문제의 최종 목표**다.

문제 풀이에 필요한 데이터 확인하기 ③ 제약조건

마지막으로, 제약조건을 살펴보자. 이는 **요일별 근무 직원수가 해당 요일에 필요한 최소 근무 직원수 이상인지**를 확인하는 조건이다.

결론적으로, 요일별 근무 직원수의 합계를 나타내는 셀 D14~J14와, 각 요일별로 필요한 최소 직원수를 나타내는 셀 D15~J15를 비교하여, 전자가 후자 이상인지를 판단한다. 예를 들어, 월요일에 대한 제약조건의 만족 여부는 셀 D14 ≥ 셀

■ [그림 6-3-5] 제약조건의 정의

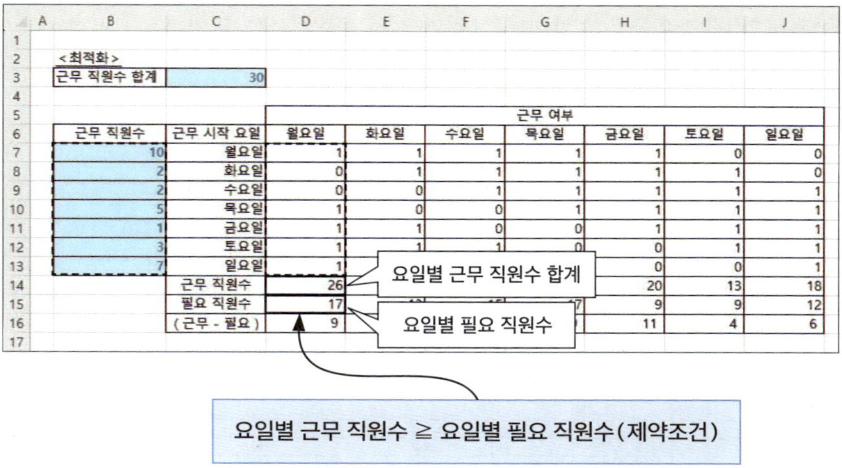

	A	B	C	D	E	F	G	H	I	J
1										
2		<최적화>								
3		근무 직원수 합계	30							
4										
5				근무 여부						
6		근무 직원수	근무 시작 요일	월요일	화요일	수요일	목요일	금요일	토요일	일요일
7		10	월요일	1	1	1	1	1	0	0
8		2	화요일	0	1	1	1	1	1	0
9		2	수요일	0	0	1	1	1	1	1
10		5	목요일	1	0	0	1	1	1	1
11		1	금요일	1	1	0	0	1	1	1
12		3	토요일	1	1	1	0	0	1	1
13		7	일요일	1	[illegible]	[illegible]	[illegible]	0	0	1
14			근무 직원수	26	[illegible]	[illegible]	[illegible]	20	13	18
15			필요 직원수	17	[illegible]	[illegible]	[illegible]	9	9	12
16			(근무 - 필요)	9	[illegible]	[illegible]	[illegible]	11	4	6
17										

D15([**그림 6-3-5**]에서 검은색 테두리 부분)인지를 판단하면 된다.

여기서, 각 요일별 근무 직원수를 계산하는 알고리즘을 좀 더 깊이 살펴보자. 이 문제의 결정변수인 근무 패턴별 근무 직원수와 요일별 근무 직원수는 서로 다른 개념임을 분명히 알아 두어야 한다.

예를 들어, 월요일에 근무하는 직원수는 어떻게 계산해야 할까? 이는 월요일이 근무일에 포함되는 다음 다섯 가지 패턴을 기준으로 근무 직원수를 모두 더하면 된다.

- 월요일부터 금요일까지 근무하는 패턴
- ~~화요일부터 토요일까지 근무하는 패턴~~ (월요일에는 근무하지 않음)
- ~~수요일부터 일요일까지 근무하는 패턴~~ (월요일에는 근무하지 않음)
- 목요일부터 월요일까지 근무하는 패턴
- 금요일부터 화요일까지 근무하는 패턴
- 토요일부터 수요일까지 근무하는 패턴
- 일요일부터 목요일까지 근무하는 패턴

그리고 B7~B13의 근무 패턴별 근무 직원수 정보와 셀 D7~D13의 0 또는 1을 이용하면, 월요일 근무 직원수를 [**그림 6-3-6**]처럼 계산할 수 있다.

■ **[그림 6-3-6] 월요일에 근무하는 직원수 계산**

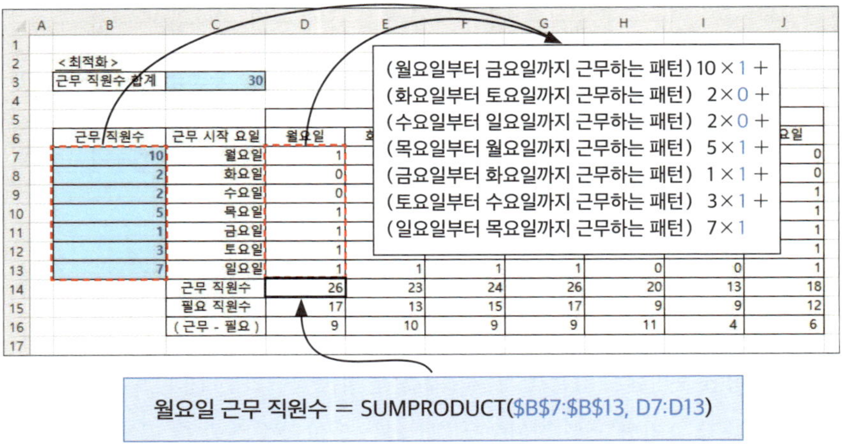

여기서 월요일에 근무하지 않는 근무 패턴(화요일부터 토요일까지, 수요일부터 일요일까지 근무하는 패턴)은 이미 셀 D8과 D9에 '0'(= 근무하지 않음)으로 정의되어 있다. 따라서 **셀 B7~B13(근무 패턴별 근무 직원수 정보)에 입력되어 있는 값과 셀 D7~D13(월요일 근무 여부)에 입력되어 있는 0/1을 곱하면 월요일에 근무하는 직원수를 계산할 수 있다**.

그리고 이는 SUMPRODUCT 함수로 간단히 계산할 수 있다. 이 함수는 **지정한 배열의 각 요소를 곱한 값을 모두 더하여 구한다**.

● 월요일 근무 직원수 = SUMPRODUCT($B$7:$B$13, D7:D13)

다른 요일도 이와 같은 방식으로 계산하면, [**그림 6-3-5**]처럼 요일별 근무 직원수의 합계(셀 D14~J14)를 구할 수 있다.

한편, 각 요일별로 필요한 직원수는 해당 요일에 최소 몇 명의 직원이 근무해야 하는지를 나타내는 업무 요건이므로, 사전에 정의해야 할 고정값으로 설정된다. 이번에는 별도로 주어진 정보가 없으므로, 임의로 적당한 값을 설정해 두었다. 실제 운영 시에는 요일별 수요와 업무량에 따른 필요 직원수를 정확히 파악하고, 이를 요건에 반영해야 한다.

직원이 너무 부족하면 어떻게 될까?

이제 최적화를 위한 준비를 모두 마쳤다. 최적해를 구하기에 앞서, 최적화가 제대로 이뤄지지 않았을 때 어떤 문제가 발생하는지를 살펴보자.

먼저, 이번 최적화 대상이 되는 변수인 근무 패턴별 근무 직원수가 너무 적을 경우 어떤 일이 발생하는지 확인해 보자. 이는 **[그림 6-3-7]**에서 보듯이, Excel 파일의 셀 B19~J33에 해당한다.

근무 패턴별 직원수가 적으면, 요일별 근무 직원수도 줄어들게 된다. 이로 인해 셀 C31~J31에 입력된 요일별 근무 직원수가 줄어들고, 셀 C32~J32에 해당하는 요일별 최소 필요 직원수를 충족하지 못하는 상황이 발생할 수 있다. 셀 C33~J33의 (근무 직원수 − 필요 직원수) 값이 음수인 부분이 바로 이러한 상황을 나타낸다.

■ [그림 6-3-7] 직원이 너무 부족한 경우

	A	B	C	D	E	F	G	H	I	J
18										
19		<초깃값 1>	※ 직원이 너무 부족한 경우							
20		근무 직원수 합계	14							
21										
22				근무 여부						
23		근무 직원수	근무 시작 요일	월요일	화요일	수요일	목요일	금요일	토요일	일요일
24		2	월요일	1	1	1	1	1	0	0
25		1	화요일	0	1	1	1	1	1	0
26		1	수요일	0	0	1	1	1	1	1
27		4	목요일	1	0	0	1	1	1	1
28		1	금요일	1	1	0	0	1	1	1
29		3	토요일	1	1	1	0	0	1	1
30		2	일요일	1	1	1	1	0	0	1
31			근무 직원수	12	9	9	10	9	10	11
32			필요 직원수	17	13	15	17	9	9	12
33			(근무 - 필요)	-5	-4	-6	-7	0	1	-1
34										

직원을 너무 적게 배정하면, 필요 근무 직원수를 충족할 수 없다.

[**그림 6-3-7**]에서 월요일(−5), 화요일(−4), 수요일(−6), 목요일(−7), 일요일(−1)은 필요한 직원수에 미치지 못하는 요일에 해당한다. 이 상태에서는 최적화의 제약조건을 충족하지 못하므로 최적해가 될 수 없고, 직원수가 부족해서 업무를 정상적으로 운영하기 어려울 것이다.

직원이 너무 많으면 어떻게 될까?

이번에는 반대로, 근무 패턴별 근무 직원수가 너무 많은 경우를 살펴보자. 이는 [**그림 6-3-8**]에서 보듯이, Excel 파일의 셀 B36~J50에 해당하며, 셀 B2~J16의 데이터와 동일한 값이 입력되어 있다.

근무 패턴별 근무 직원수가 많으면, 앞서 본 경우와는 반대로 셀 C48~J48의 요일별 근무 직원수가 늘어나기 때문에, 셀 C49~J49의 요일별 최소 필요 직원수를 초과하게 된다. 셀 C50~J50의 (근무 직원수 − 필요 직원수) 값이 양수인 부분에서 이러한 상황을 확인할 수 있다.

따라서 이번에 최소화하려는 근무 직원수 합계(셀 C37의 '30')는 실제 필요 직원수보다 다소 많을 가능성이 있다. 하지만 구체적으로 어떤 값이 최적해인지 현 단계에서는 알 수 없으므로, 정확히 어떤 상태라고 단정 지을 수는 없다.

■ [그림 6-3-8] 직원이 너무 많은 경우

	A	B	C	D	E	F	G	H	I	J
35										
36		< 초깃값 2 >	※ 직원이 너무 많은 경우							
37		근무 직원수 합계	30							
38										
39							근무 여부			
40		근무 직원수	근무 시작 요일	월요일	화요일	수요일	목요일	금요일	토요일	일요일
41		10	월요일	1	1	1	1	1	0	0
42		2	화요일	0	1	1	1	1	1	0
43		2	수요일	0	0	1	1	1	1	1
44		5	목요일	1	0	0	1	1	1	1
45		1	금요일	1	1	0	0	1	1	1
46		3	토요일	1	1	1	0	0	1	1
47		7	일요일	1	1	1	1	0	0	1
48			근무 직원수	26	23	24	26	20	13	18
49			필요 직원수	17	13	15	17	9	9	12
50			(근무 - 필요)	9	10	9	9	11	4	6
51										

직원을 너무 많이 배정하면, 총 근무 직원수도 많아진다.

이후 실제로 최적화를 실행해서 최적해를 구해야 현재 직원수가 과잉 상태인지, 어느 정도 과잉인지를 명확히 알 수 있을 것이다.

직원수를 최소화하는 최적의 근무표를 편성해 보자

이제 Excel의 해 찾기 기능을 활용하여 최적해를 구해 보자. 해 찾기 기능을 열고 다음과 같이 설정하자.

■ [그림 6-3-9] Excel 해 찾기에 의한 최적화

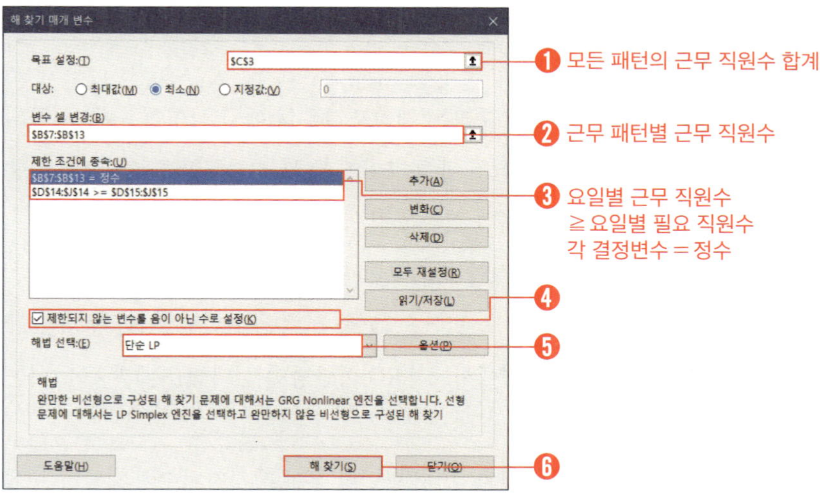

1 '필요 직원수의 합계'를 목적함수로 지정하기 위해, [목표 설정]에서 셀 C3을 절대 참조로 지정한다('대상'은 '최소'로 설정)❶.

2 그다음 [변수 셀 변경]에서 결정변수인 '근무 패턴별 근무 직원수'에 해당하는 셀 범위 B7:B13을 절대 참조로 지정한다❷.

3 [제한 조건에 종속]의 '추가' 버튼을 클릭하고 대화상자에서 다음 제약조건을 추가한다❸.

- 요일별 근무 직원수가 요일별 필요 직원수 이상이 되도록 '$D$14:$J$14 >= $D$15:$J$15'를 추가

- 근무 패턴별 각 결정변수가 정수가 되도록 '$B$7:$B$13 = 정수'를 추가(부등호를 선택하는 드롭박스 메뉴에서 'int'를 선택)

4 변수값이 비음수가 되도록 '제한되지 않는 변수를 음이 아닌 수로 설정'에 체크한다❹.

5 [해법 선택]에는 '단순 LP'가 선택되어 있는지 확인한다❺.

6 [해 찾기] 버튼을 클릭하여 최적화를 실행한다❻.

결정변수인 근무 패턴별 직원수는 **정수면서 비음수**여야 했다. 이 제약조건은 [제한 조건에 종속] 메뉴에서 추가할 수 있다. 3 의 두 번째 항목과 같이, 대상 셀을 정수(int)로 지정하면 된다.

그리고 약간 복잡하지만 비음수라는 제약조건은 4 에서 설명했듯이, '제한되지 않는 변수를 음이 아닌 수로 설정'에 체크 표시를 하면 입력할 수 있다. 이 내용들은 사소해 보일 수 있지만, 정확한 결과를 얻으려면 반드시 주의해야 한다.

참고로, 지금까지는 해법(최적화 알고리즘)을 'GRG 비선형'으로 선택했지만, 이 문제는 목적함수식이 선형이므로 '단순 LP'를 선택한다(다만, 이번 문제는 규모가 작아서 풀이 속도나 결과 면에서는 'GRG 비선형'을 선택했을 때와 큰 차이는 없다).

이제 최적화 결과를 확인해 보자. 먼저 확인할 부분은 결정변수에 해당하는 셀 $B$7:$B$13의 값(**[그림 6-3-10]** 왼쪽의 빨간색 테두리 부분)이 바뀌었는지 여부다. 이번에는 제약조건에 따라 변수값이 정수면서 비음수인지도 확인해야 한다.

그다음 확인해야 할 것은 목적함수에 해당하는 셀 $C$3의 값(**[그림 6-3-10]** 상단의 빨간색 테두리 부분)이 초깃값보다 줄어들었는지 여부다. 초깃값을 다소 크게 설정했기 때문에, 최적화를 통해 더 작은 값이 나왔을 것이다.

마지막으로, 제약조건으로 설정한 요일별 근무 직원수가 필요 직원수보다 같거나 큰 값으로 도출됐는지 여부(**[그림 6-3-10]** 하단의 빨간색 테두리 부분)도 명확히 확인해야 한다. 이러한 조건들이 모두 충족되었다면, 최적해를 도출했다고 할 수 있다.

■ [그림 6-3-10] 최적화 실행 결과

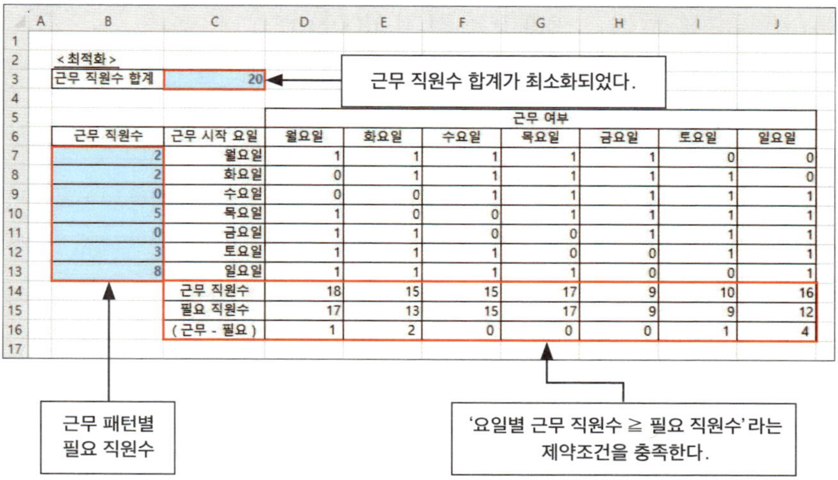

< 최적화 >

근무 직원수 합계	20

근무 직원수	근무 시작 요일	근무 여부						
		월요일	화요일	수요일	목요일	금요일	토요일	일요일
2	월요일	1	1	1	1	1	0	0
2	화요일	0	1	1	1	1	1	0
0	수요일	0	0	1	1	1	1	1
5	목요일	1	0	0	1	1	1	1
0	금요일	1	1	0	0	1	1	1
3	토요일	1	1	1	0	0	1	1
8	일요일	1	1	1	1	0	0	1
	근무 직원수	18	15	15	17	9	10	16
	필요 직원수	17	13	15	17	9	9	12
	(근무 - 필요)	1	2	0	0	0	1	4

[**그림 6-3-10**]에서 총 근무 직원수는 20명이 되었다. [**그림 6-3-8**]에서는 30명이었으나, 최적화를 통해 10명을 줄일 수 있었다. 그만큼 **인건비를 절감**할 수 있게 될 것이다.

참고로, 이번 문제에서는 최적해가 여러 개 존재할 수 있다. 목적함수값은 동일하게 20명이지만, 결정변수인 근무 패턴별 근무 직원수(셀 B7~B13)는 계산할 때마다 조금씩 다르게 나올 수 있다. 실무에서 최적화 문제를 풀다 보면 이러한 상황이 종종 발생한다.

항상 동일한 결과가 나오도록 기술적으로 제어할 수도 있지만, 여기에서는 그 부분까지 다루지는 않겠다. **최적해가 여러 개 존재할 수 있다는 점**만 기억해 두면 충분하다.

칼럼

제약조건이 많아서 최적해를 구할 수 없는 경우 대처 방법

이 장에서도 잠시 언급했듯이, 제약조건이 너무 많으면 직원수를 최소화하거나 직원 간 업무량을 평준화하기 위한 최적해를 찾지 못할 수도 있다. 이럴 때는 어떻게 해야 할까?

일반적으로 제약조건을 모두 충족하는 변수값의 조합이 존재하지 않으면 **실행 불가능(infeasible)**이라는 결과가 나온다. 이는 **'해가 없는'** 상태로, **어떠한 결과도 도출되지 않는다.** 이러한 상황을 피하려면, **제약조건을 충족하지 않는 경우에도 해를 구하도록** 수식을 설정해야 한다. 이는 다소 복잡한 접근 방법이기 때문에, 여기서는 기본적인 개념만 간단히 소개한다.

자주 사용되는 방법 중 하나는 **'제약조건이 충족되지 않은 정도'를 목적함수로 표현하고, 이를 최소화하는** 전략이다. 제약조건 A를 충족하지 못하면 벌점 +1, 제약조건 B를 충족하지 못하면 벌점 +2와 같은 방식으로 정의하여, 가능한 한 제약조건을 많이 충족할수록 벌점이 작아지게끔 목적함수를 설정하는 방법이다.

이 방법을 사용하면, 모든 제약조건을 충족하지 못하더라도 최적해를 구할 수 있다. 이때의 해는 일부 제약조건을 충족시키지 못할 수도 있지만, 그래도 다수의 제약조건을 충족한 결과이기 때문에 좋은 '차선책'이 될 수 있다.

또한 제약조건 중에는 반드시 지켜야 하는 것이 있고, 필수는 아니더라도 가능하면 지키는 것이 좋은 조건도 있다. 제약조건에도 우선순위가 있는 것이다. 중요한 제약조건을 충족하지 못할 경우 벌점 +100, 덜 중요한 제약조건을 충족하지 못할 경우 벌점 +1 처럼, **벌점에 가중치를 두어 목적함수를 설정**하면 된다.

이와 같은 방식으로 최적해를 탐색하면, 최선은 아니더라도 상당히 합리적인 근무 스케줄을 편성할 수 있을 것이다.

Chapter 7

사례 5

관광 경로를 최적화하여 이동 거리를 최소화하자

Chapter 7
이 장에서 다루는 내용

드디어 마지막 장까지 왔다. 이 장에서는 각각의 관광지를 방문하는 순서, 즉 **관광 경로를 최적화하여 이동 거리를 최소화하는** 사례를 다뤄 보려고 한다. 마지막인 만큼 지금까지 다뤘던 내용 중 가장 어렵게 느껴질 수도 있다. 그러나 지금까지 잘 따라왔다면 충분히 이해할 수 있을 것이다. 그럼 함께 문제를 풀어 보자.

■ [그림 7-0-1] 이 책의 구조

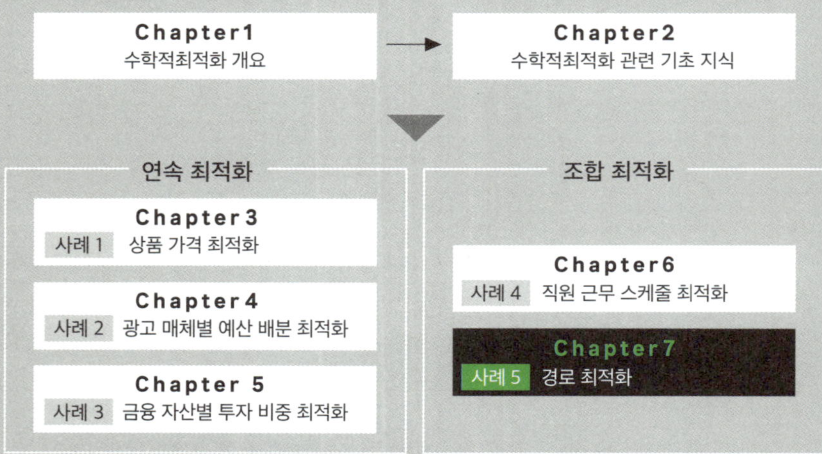

제7장의 핵심 포인트

☑ 경로 최적화 문제 설정 방법

☑ Excel 해 찾기를 활용한 외판원 문제 해결 방법

Section

1 문제 발견 관광지 방문 경로를 최적화해 보자

여행지에서 마주하게 될 의사결정 문제를 중심으로 생각해 보자

이 장의 주제는 '경로 최적화'다. 뒤에서 다시 소개하겠지만, 이는 물류 업계 등 다양한 분야에서 활용되고 있다. 여기서는 많은 사람들이 쉽게 공감할 만한 일상생활 속 사례를 중심으로 다뤄 보려고 한다.

이 장의 주인공은 아직 한 번도 가보지 않은 지역으로 여행을 떠날 계획이다. 그곳에는 여러 명소가 있으며, 그는 모든 곳을 방문해 보려고 한다. 다만, 시간이 많지 않아서 가능한 한 짧은 시간 안에 모든 곳에 들러야 한다.

이에 따라, **관광지 간 이동 경로를 최적화하여 모든 장소를 방문할 때의 이동 거리를 최소화**하는 문제를 풀어 보기로 했다. 또한 여행 일정을 짜는 상황이므로, 단순히 이동 거리를 최소화하는 것뿐만 아니라 다음의 사항들도 고려하려고 한다.

- 특정 관광지에서 보고 싶은 이벤트가 열릴 예정이므로, 그 시간에 맞춰 방문하고 싶다.
- 특정 관광지에는 그곳과 관련된 다른 명소를 먼저 둘러본 다음에 방문하고 싶다.
- 특정 시간대에는 쉬거나 일을 해야 하므로, 바로 다음 관광지로 이동하지 않고 ○○시간 정도 머무르고 싶다.
- …

다른 장에서처럼 최적화 문제를 제대로 설정하고 해결하려면 이와 같은 현실적인 요구 사항들을 '제약조건'으로 반영해야 한다. 그러나 경로 최적화 문제에서 제약조건을 구성하려면 다소 어려운 이론에 대한 이해가 필요하다. 여기서는 이론적으로 깊이 들어가지 않고, 문제를 단순하게 설정하려고 한다.

다음 요건을 만족하는 여행 일정을 짜야 한다고 가정해 보자.

- 방문하고 싶은 관광지를 모두 들를 것
- 각 관광지에는 한 번만 방문할 것
- 출발지(예를 들어, 호텔 등 숙박 장소)에서 시작하여, 여행을 마친 후 다시 출발지로 돌아올 것
- 목적은 총 이동 거리를 최소화할 수 있는 이동 경로를 찾는 것

이는 경로 최적화 문제 중 하나인 **'외판원 문제(Traveling Salesman Problem, TSP)'**의 요건과 동일하다. 여기서는 이해를 돕기 위해 관광지 방문 경로 최적화 문제를 예로 들었는데, 개념을 이해하면 외판원 문제를 통해 해결하려는 것과 해결 방법이 무엇인지를 부분적으로 이해할 수 있게 될 것이다.

외판원 문제와 같은 경로 최적화 문제는 관련 연구가 활발히 진행되어 왔으며, 이론적이고 수학적인 지식을 기반으로 다양한 제약조건과 목적함수를 설정하는 경우가 많다. 다만, 이 책에서는 수식을 거의 사용하지 않고, 이해하기 쉽게 설명할 것이다.

[그림 7-1-1] 관광 경로 최적화에 의한 이동 거리 최소화

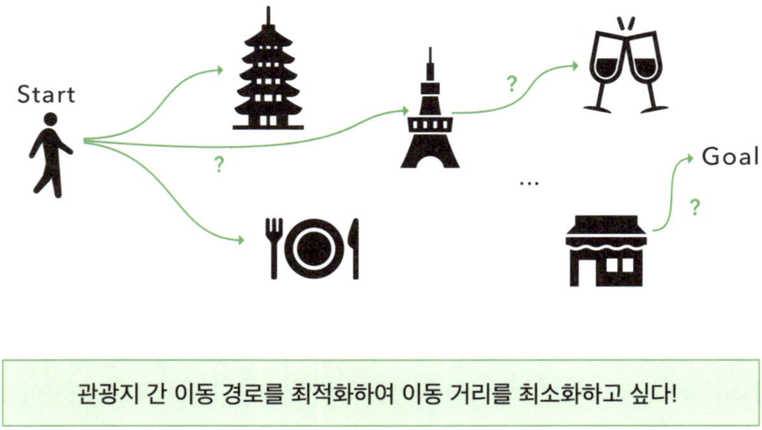

Section

2 문제 설정 경로 최적화 문제를 수학적최적화 문제로 변환해 보자

경로 최적화란?

이 문제는 수학적최적화로 해결할 수 있는 여러 가지 문제 유형 중 '**경로 최적화**'라는 영역에 해당한다.

경로 최적화 문제는 보통 **여러 방문지를 돌 때 '어떤 차량이, 어떤 순서로, 어떤 지점을' 방문하는 것이 최적의 경로인지를 계산하는 문제**라고 정의한다.

예를 들어, [**그림 7-2-1**]의 왼쪽 그림(Before)은 경로 최적화가 전혀 이뤄지지 않은 상태이고, 오른쪽 그림(After)은 최적화된 상태다.

■ [그림 7-2-1] 경로 최적화의 정의

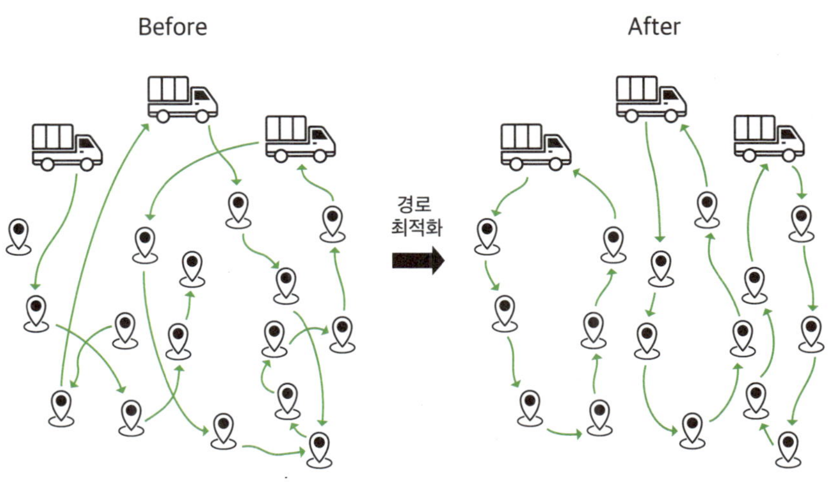

여러 차량과 방문지가 있고, 각 차량이 어떤 지점을 어떤 순서로 방문하는지가 '경로'로 표현된다. 좋은 경로에 대한 정의는 다양하지만, 대표적인 것이 '**이동 거리가 짧은 경로**'다. 총 이동 거리가 짧으면 좋은 경로이고, 길면 나쁜 경로라고 정의한다면, [**그림** 7-2-1]의 왼쪽 그림은 나쁜 경로이고, 오른쪽 그림은 총 이동 거리가 짧아 보이므로 좋은 경로라고 판단할 수 있다.

물론, 단순히 이동 거리가 짧기만 하면 되는 것은 아니며, 반드시 다양한 제약 조건을 고려해야 한다. 경로 최적화 문제에서 주로 어떤 제약조건이 있는지는 뒤에서 자세히 소개할 것이다.

경로 최적화 활용 사례 ① 물류·배송

경로 최적화는 관광 경로의 계획뿐만 아니라 다양한 산업에서 이미 폭넓게 활용되고 있으며, 적용 범위가 계속 확장되고 있다. 경로 최적화 문제를 설정하기에 앞서, 몇 가지 대표적인 사례를 살펴보자.

첫 번째 분야는 물류 업계다. 물류를 한 마디로 정의하기는 어렵지만, 여기에는 창고에서 이뤄지는 주문 관리부터 유통 가공 · 하역 · 수배송 · 반품 처리 등 매우 다양한 업무가 포함된다. 그중에서도 배송 업무는 **배송 경로를 최적화하는 데 수학적최적화의 활용 가능성이 큰 분야**라고 할 수 있다. 이 분야는 적용 사례와 관련 논문이 많은 편이다.

배송 업무 중에서도 경로 최적화가 적용될 수 있는 상황은 다양하다. **어디에서 어디로 물건을 보낼지**의 관점에서 생각해 보면 쉽게 이해할 수 있을 것이다. [**그림 7-2-2**]는 이러한 물류 흐름을 정리한 것이다.

물류가 시작되는 곳은 농장과 공장처럼 상품이 생산되는 장소다. 다만, 이곳에서 출발한 상품이 곧바로 소비자에게 배송되지는 않는다. 처음에는 창고나 집하 시설로 보내지는 것이 일반적이다. 이 과정은 최초로 이뤄지는 배송이라는 의미로, **'퍼스트 마일(first mile)'**이라고 한다. 퍼스트 마일 단계에서도 배송 효율화 관점에서 경로 최적화를 적용할 수 있다. 트럭 등의 차량이 어느 농장을 경유하여 물건을 싣고, 여러 지역에 위치한 집하 시설을 어떤 순서로 방문할지 결정하는 문제는 경로 최적화를 통해 해결할 수 있다.

■ [그림 7-2-2] 배송 경로 최적화

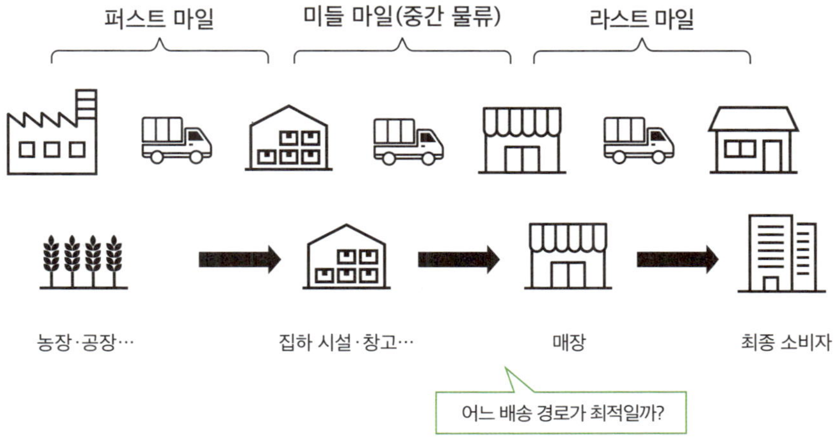

다음 단계는 집하 시설이나 창고에서 매장으로 배송되는 구간이다. 이는 중간 단계에서 이뤄지는 물류 업무이기 때문에 이를 **'미들 마일(middle mile)'** 또는 **'중간 물류'**라고 한다. 창고에서 곧바로 최종 소비자에게 배송되는 경우도 있지만, 배송지가 매우 많기 때문에 중간에 배송 거점이나 매장을 경유하여 전달된다. 퍼스트 마일과 마찬가지로, **창고에서 매장으로 배송하는 업무도 경로 최적화를 통해 효율화**할 수 있다. 대략적인 요건은 퍼스트 마일과 유사하기 때문에 퍼스트 마일의 경로 최적화 알고리즘을 미들 마일에도 그대로 적용하면 된다고 생각할 수 있다. 물론 바로 적용해도 되는 경우도 있지만, 출발지와 목적지가 다르며, 해당 업무를 수행하는 업체와 업무 내용도 퍼스트 마일과 다르기 때문에, 세부적인 제약조건 또한 달라진다. 따라서 퍼스트 마일 단계에서 사용한 경로 최적화 알고리즘을 그대로 미들 마일에 적용하는 경우는 드물며, 각각에 적합한 경로 최적화 문제를 설정해야 한다.

배송의 마지막 단계는 매장(또는 창고나 집하 시설)에서 최종 소비자에게 배송되는 구간이다. 이 단계는 최종 목적지로 연결되므로, **'라스트 마일(last mile)'** 또는 **'라스트 원 마일(last one mile)'**이라고 한다. 라스트 마일은 다른 구간에 비해 배송지가 압도적으로 많기 때문에 배송 효율화의 가능성이 매우 크다. 따라서 경로 최적화를 통해 단시간에 많은 가정에 물품을 배송할 수 있다면, 이는 비즈니스 측면에서 매우 긍정적인 효과를 가져오게 될 것이다.

경로 최적화 활용 사례 ② 물류·창고 내부

물류 분야의 비슷한 활용 사례지만, 이번에는 배송이 아닌 경로 최적화 사례를 살펴보자. 결론부터 말하면, 물류 거점 중 하나인 대규모 창고에서도 경로 최적화를 통해 업무 효율을 높일 수 있다. 창고 내부에서는 다양한 작업이 이뤄지며, 대표적인 예로는 다수의 직원들이 짐을 옮기는 작업을 들 수 있다. 창고로 반입된 화물을 출고하기 위해 옮기거나, 가공할 목적으로 한쪽에 쌓인 재고를 다른 곳으로 운반하는 업무가 이에 해당한다. 이 또한 이동 경로의 관점에서 생각해 볼 수 있다. 즉, **창고 내부에서 물건을 옮길 때 최적의 아동 경로를 찾아낸다면, 이동 효율이 극대화되어 단시간에 더 많은 업무를 처리**할 수 있을 것이다.

예를 들어, 화물을 옮길 때 포크리프트(forklift, 화물을 싣거나 내릴 때 사용하는 차량)를 이용할 경우, 한 번 이동할 때 운반할 수 있는 상자수는 제한되어 있다.

■ [그림 7-2-3] 창고 내부 이동 경로 최적화

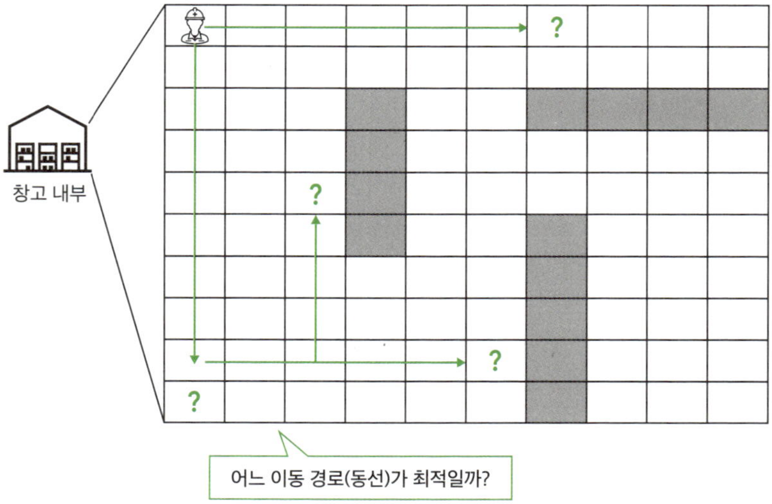

이 경우에는 **한 번에 이동할 수 있는 수량의 한도라는 제약조건**을 고려하여 이동 경로를 최적화해야 한다. 그 외에도 다양한 제약조건이 있을 것이다. 이러한 요건들을 충족시키면서 어느 차량(운반 담당자)이 어느 이동 경로와 동선으로 이동하는 것이 최적인지를 산출해야 한다.

경로 최적화 활용 사례 ③ 영업

경로 최적화는 주로 물류 분야에서 활용되지만, 영업 사원이 방문 판매를 하는 상황에도 이를 적용할 수 있다. 예를 들어, 신규 고객을 발굴하거나 기존 고객을 관리하기 위해 고객을 방문해야 하는 경우를 생각해 보자.

하루에 한두 곳만 방문해도 된다면 경로 최적화를 고려하지 않아도 된다. 그러나 하루 동안 여러 영업 사원들이 많은 고객을 방문해야 한다면 어떨까? 앞서 설명한 배송 업무와 마찬가지로, **각 영업 사원에게 방문해야 곳을 적절히 배정하고, 그 안에서 최적화된 경로를 따라 영업 활동을 수행한다면, 예전보다 훨씬 더 많은 고객을 방문**할 수 있을 것이다.

이 사례도 배송 업무와 마찬가지로, 영업 사원의 총 이동 거리만 최소화하면 충분하다고 생각할 수 있다. 과연 그럴까? 현실에는 반드시 고려해야 할 제약조건들이 있다. 예를 들어, A 고객은 반드시 특정 시간대에 방문해야 하거나, B 고객은

■ [그림 7-2-4] 영업 활동 경로 최적화

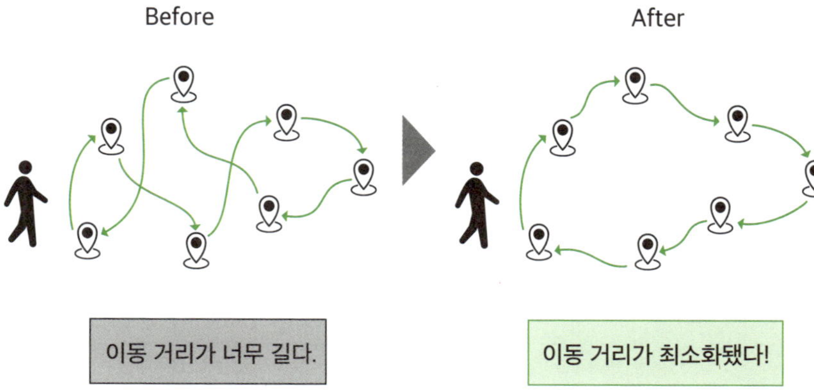

상담이 길어질 수 있으니, 마지막에 방문하는 것이 바람직하다 등의 구체적인 요건이 있을 수 있다. 이러한 제약조건을 적절히 반영하여 방문 경로를 최적화해야 한다.

영업 사원의 고객 방문 경로 최적화 문제는 '외판원 문제'와 밀접한 관련이 있다. 외판원 문제는 경로 최적화 문제 중 하나를 쉽게 이해할 수 있도록 붙인 이름으로, 영업 사원의 고객 방문 경로를 최적화하는 문제와 유사하다. 요즘은 '영업 사원'이라는 표현을 많이 사용하지만, 수학적최적화 분야에서는 오랫동안 '외판원 문제'라는 용어가 사용되어 왔기 때문에, 여기서는 이 용어를 사용하겠다.

다만, 방문 영업을 하는 상황이 모두 외판원 문제로 연결되는 것은 아니라는 점에 주의해야 한다. 반대로, 외판원 문제로 변환하여 해결책을 찾을 수 있는 경우도 있다.

외판원 문제에 대한 명확한 정의는 'Excel 실습'에서 좀 더 자세히 살펴보자.

경로 최적화 활용 사례 ④ 관광

마지막으로, 이 장의 문제와 비슷한 관광 분야에서의 경로 최적화 활용 사례를 간단히 살펴보자. 관광지에서 방문하고 싶은 장소가 많을 경우, **어떤 순서로 둘러볼지** 고민이 될 수밖에 없다. 이때 **관광 경로를 최적화하면 이동 거리를 최소화**할 수 있어, 짧은 시간 안에 더 많은 곳을 방문할 수 있다.

■ [그림 7-2-5] 관광 경로 최적화

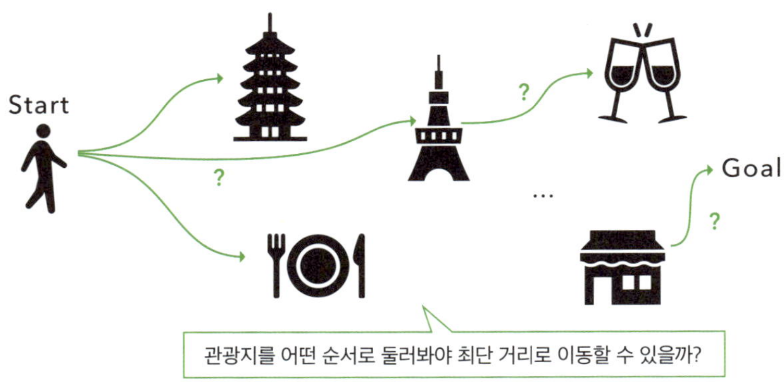

관광과는 약간 다르지만, 놀이공원에서 놀이기구를 타는 순서를 고민할 때도 경로 최적화를 활용할 수 있다.

외판원 문제란?

지금까지 비즈니스 현장이나 일상생활에서의 경로 최적화 활용 사례를 소개했다. 이제부터는 수학적최적화의 관점에서 좀 더 깊은 내용을 다뤄 보려고 한다. 이를 묶어서 '경로 최적화 문제'라고 부르지만, 이 또한 앞서 설명한 근무 스케줄링 최적화 문제와 마찬가지로 다양한 형태로 문제를 설정할 수 있다.

모든 사례를 다룰 수는 없으므로, 여기서는 잘 알려진 **'외판원 문제'**와 **'차량 경로 문제'**를 중심으로 개념을 설명하려고 한다. 이어서 경로 최적화 문제에서 일반적으로 설정하는 결정변수 · 목적함수 · 제약조건을 알아보고, 이 장의 문제를 풀기 위한 주요 수식들에 대해 이야기해 보려고 한다.

먼저, 외판원 문제부터 살펴보자. **외판원 문제(Traveling Salesman Problem)**는 'TSP'라고도 불린다. 이 문제는 **[그림 7-2-6]**처럼 **한 명 또는 한 팀의 외판원이 여러 도시를 한 번씩 모두 방문한 뒤, 다시 출발지로 돌아올 때, 총 이동 비용(주로 '거리')이 최소화되는 경로를 찾는 문제**다.

■ [그림 7-2-6] 외판원 문제의 정의

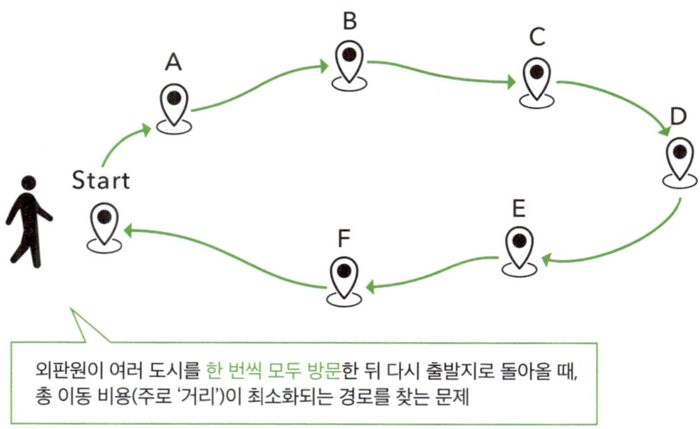

이러한 행동이 영업 사원이나 외판원이 고객을 순회 방문하는 것과 유사하기 때문에, '외판원 문제'라는 이름이 붙여졌다. 그러나 이 문제가 반드시 방문 영업과 관련되어야 하는 것은 아니다. 여기에서 정의한 상황과 일치한다면, 외판원 문제로 볼 수 있다.

예를 들어, 다음과 같은 상황이라면 외판원 문제로 볼 수 있다.

- 영업 사원 1명이 사무실에서 출발하여 모든 장소를 한 번씩 방문하고, 다시 사무실로 돌아오는 상황에서의 경로 최적화
- 관광객 한 팀이 호텔에서 출발하여 모든 명소를 한 번씩 방문하고, 다시 호텔로 돌아오는 상황에서의 경로 최적화
- 테마파크 방문객 한 팀이 입구에서 출발하여 모든 놀이기구를 한 번씩 타고, 다시 입구로 돌아오는 상황에서의 경로 최적화
- …

외판원 문제에서는 사전에 **방문지(일반적으로 '지점'이라고도 함) 목록과 서로 다른 두 방문지 간 이동 비용**이 주어져야 한다. 여기서, '이동 비용'이란 일반적으로 이동 거리나 이동 시간을 말한다. 외판원 문제는 이동 비용 정보를 이용하여 비용을 최소화하는 경로를 결정한다.

예를 들어, 이동 거리를 기준으로 계산할 경우 **[그림 7-2-7]**처럼 출발지(From)에서 목적지(To)까지의 이동 거리를 행렬로 정리한 데이터가 필요하다. 이처럼

■ **[그림 7-2-7] 방문지 간 이동 비용 데이터**

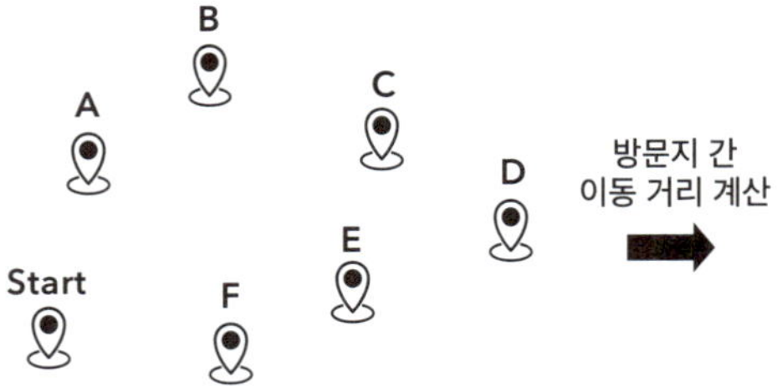

방문지 간 이동 거리 행렬

TO / FROM

	S	A	B	C	D	E	F
S	0	3	5	8	10	7	4
A	2	0	2	4	6	5	3
B	…	…	0	…	…	…	…
C	…	…	…	0	…	…	…
D	…	…	…	…	0	…	…
E	…	…	…	…	…	0	…
F	…	…	…	…	…	…	0

행렬로 표현하면 방대한 이동 비용 관련 데이터를 더 보기 쉽고 간결하게 나타낼 수 있다.

또한 **이동 비용을 어떻게 구할 것인가**는 매우 중요한 문제다. 경로 최적화 문제를 해결하기 위해서는 사전에 데이터를 확보해야 한다.

가장 간단한 방법은 **방문지의 위도와 경도를 이용해서 두 지점 간의 거리를 계산하는** 것이다. 거리를 구하는 방법 중 가장 일반적이면서도 이해하기 쉬운 것은 **두 지점 간의 직선거리를 계산**하는 것이다. 즉, 방문지의 위도와 경도를 알면 두 지점 사이의 직선거리를 이동 비용으로 산출할 수 있다. 이는 방문지의 주소만 알면 바로 구할 수 있다.

다만, 두 지점 간 직선거리는 실질적으로 큰 도움이 되지 않는 경우가 많다. 예를 들어, 직선상에 강이 있거나 도로가 없다면, 당연히 곧바로 이동할 수 없다. 이 경우에는 직선이 아닌 다른 도로를 통해 우회해야 한다.

■ [그림 7-2-8] 두 지점 간을 직선으로 이동할 수 없는 경우

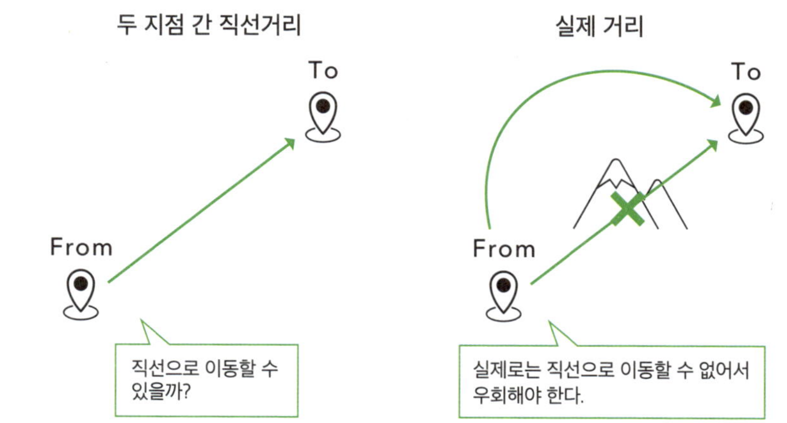

따라서 **두 지점 간의 이동 거리를 정확히 계산하려면 지도 정보가 필요**하며, 이 정보는 구글이나 네이버에서 제공하는 서비스로부터 얻을 수 있다. 이 부분은 기술적인 내용이므로 깊이 다루지는 않겠지만, 이러한 서비스에서 제공하는 **API(Application Programming Interface)를 활용하면 지점 간을 차량이나 도보로 이**

동할 때의 이동 거리와 이동 시간 정보를 얻을 수 있다. 이러한 방식으로 두 지점 간 이동 거리를 구한 후, 이를 기반으로 외판원 문제를 풀면 된다.

차량 경로 문제란?

외판원 문제는 경로 최적화 문제 중에서도 비교적 단순한 형태에 속한다. 특히, '경로를 이동하는 대상(외판원)이 1개'라는 점에서 그렇다.

배송 차량 한 대로 물품을 배송하는 경우는 드물며, 일반적으로 여러 대의 차량을 운영하여 여러 곳에 운송한다. 이러한 경우에는 외판원 문제가 아니라 **'차량 경로 문제(Vehicle Routing Problem, VRP)'**로 접근해야 한다.

차량 경로 문제는 **[그림 7-2-9]**처럼 화물을 수거하거나 배송하기 위해 **여러 대의 차량이 여러 배송지를 방문할 때, 총 이동 비용을 최소화하는 경로를 찾는 조합 최적화 문제**다. 결국 이동 비용을 최소화하는 경로를 찾는 것이므로, 외판원 문제와 유사하다. 다만, 외판원 문제는 한 대의 차량으로 이동하는 상황을 가정하지만, 차량 경로 문제는 여러 대의 차량의 이동을 전제로 한다는 점이 크게 다르다.

이로 인해, 차량 경로 문제에서는 **어디에서 어디로 이동해야 하는지뿐만 아니라, 어느 차량이 어디에서 어디로 이동해야 하는지도 최적화해야 한다.** 이 부분은 결정변수 설정에 큰 영향을 미치며, 뒤에서 자세히 다룰 것이다.

[그림 7-2-9] 차량 경로 문제의 정의

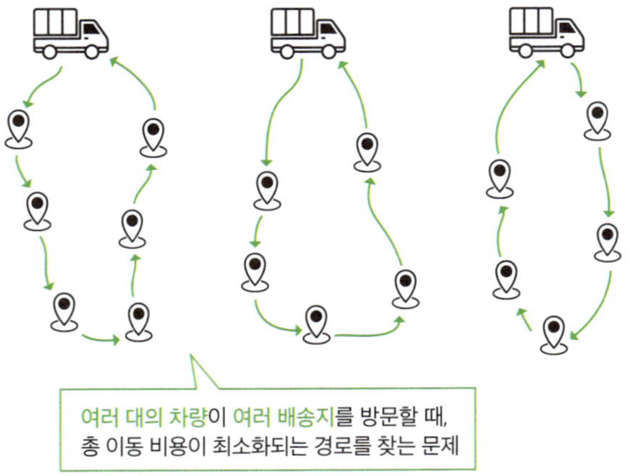

■ [그림 7-2-10] TSP를 일반화한 VRP 문제

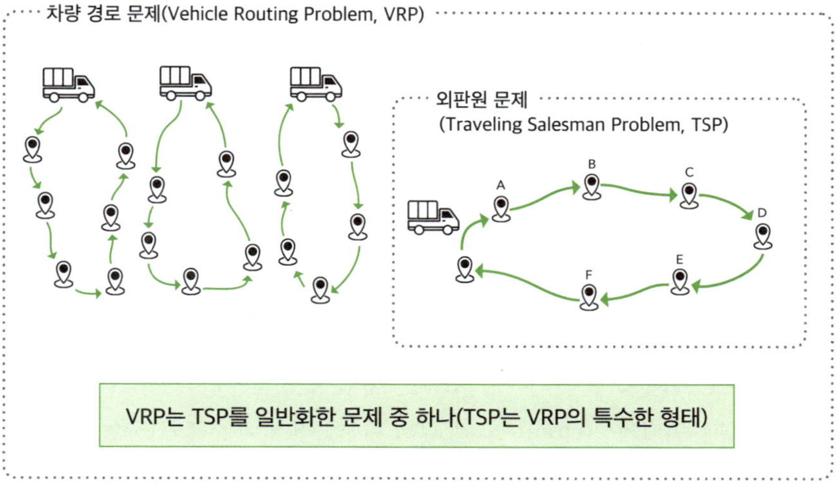

외판원 문제(TSP)는 차량 한 대를 운영하는 상황을 전제로 하는 반면, 차량 경로 문제(VRP)는 차량 여러 대를 운영하는 상황을 가정한 문제다. 따라서 **VRP는 TSP를 일반화한 문제**라고 할 수 있다.

이는 VRP를 해결할 수 있으면 TSP도 해결할 수 있음을 의미한다. 반대로 말하면, **TSP는 VRP의 특수한 형태**라고도 표현할 수 있다. 따라서 이 관광지 경로 최적화 문제는 TSP(외판원 문제)에 해당하므로, 이것이 해결되었다고 해서 반드시 VRP 문제도 해결되는 것은 아니다.

기술적인 면에서, TSP를 일반화한 VRP의 난이도가 훨씬 높다. 따라서 TSP로 해결할 수 있는 문제라면 가급적 TSP로 해결하는 것이 바람직하다. 그러나 실제 배송 업무에서는 차량 여러 대를 동시에 활용하는 경우가 많으므로, VRP로 해결해야 될 가능성이 높다. 그 경우에는 수학적최적화를 통해 해결할 수 있는 문제인지를 사전에 충분히 확인하고 검토해야 한다.

경로 최적화 문제의 결정변수에 대해 생각해 보기

지금까지 경로 최적화 문제에서 주로 다뤄지는 외판원 문제(TSP)와 차량 경로 문

제(VRP)에 대해 알아보았다.

이러한 기본적인 내용을 바탕으로, 경로 최적화 문제에서 자주 활용되는 결정변수 · 목적함수 · 제약조건을 소개하려고 한다. 이를 통해 경로 최적화 문제를 전체적으로 파악함으로써, 이 문제에서 어떤 결정변수 · 목적함수 · 제약조건을 활용해야 하는지 명확해질 것이다. 먼저, 최적화해야 할 결정변수부터 알아보자.

외판원 문제를 기준으로 살펴보자. 어떤 사람이나 차량이 고객을 방문하는 상황은, **어디에서 어디로 이동할지(1), 이동하지 않을지(0)**를 나타내는 1과 0으로 표현할 수 있다.

[**그림 7-2-11**]처럼 출발지(Start) 한 곳과 방문지 여섯 곳(A~F) 등 총 7개의 지점이 있을 때, 어디에서(From) 어디로(To) 이동할지에 대한 조합은 총 42가지며 ($= 7 \times 7 - 7$), 42개의 결정변수를 최적화해야 한다. 마지막에 7을 빼는 이유는, 같은 지점으로 이동하는 경우(Start → Start, A → A 등)는 고려할 필요가 없기 때문이다. 만약 Start → A → B → C → D → E → F → Start라는 경로가 최적화된 결과라면, Start → A, A → B, B → C, C → D, D → E, E → F, F → Start 등 일곱 가지 결정변수의 값은 1이 되고, 그 외는 0이 된다.

차량 경로 문제에서는 어떨까? 여기서는 한 명이나 한 대의 차량만 고려하는 것이 아니라, 여러 사람이나 여러 대의 차량이 이동하는 경로를 고려해야 한다. 이

■ [그림 7-2-11] 결정변수 예시(외판원 문제)

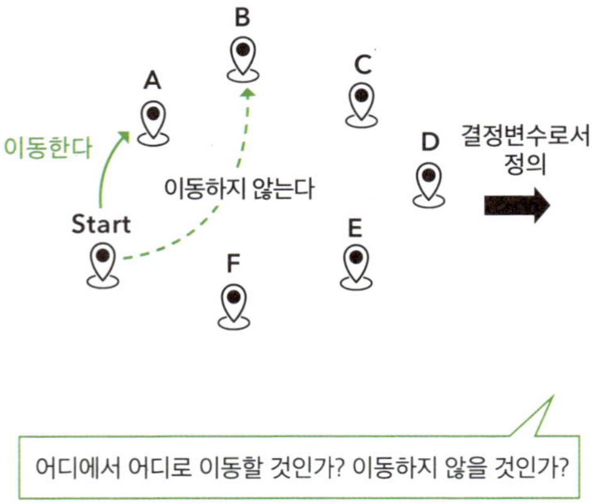

From	To	결정변수
S	A	1(이동한다)
S	B	0(이동하지 않는다)
…	…	…
S	E	0(이동하지 않는다)
S	F	0(이동하지 않는다)
A	S	0(이동하지 않는다)
A	B	1(이동한다)
…	…	…
A	F	0(이동하지 않는다)
…	…	…

■ [그림 7-2-12] 결정변수 예시(차량 경로 문제)

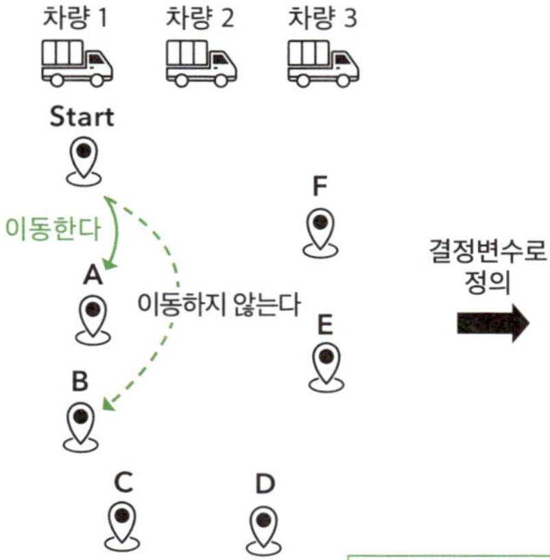

차량	From	To	결정변수
1	S	A	1(이동한다)
1	S	B	0(이동하지 않는다)
	…	…	…
1	S	E	0(이동하지 않는다)
1	S	F	0(이동하지 않는다)
1	A	S	0(이동하지 않는다)
1	A	B	1(이동한다)
	…	…	…
2	A	F	0(이동하지 않는다)
…	…	…	…

각 차량이 어디에서 어디로 이동할 것인가? 이동하지 않을 것인가?

경우에는 어디에서 어디로 이동할지를 결정하는 요소 외에도, 각 사람과 차량의 이동 여부도 고려해야 한다.

즉, [그림 7-2-12]처럼 **각 차량이 어디에서 어디로 이동할지(1), 이동하지 않을지 (0)**를 나타내는 1 또는 0의 결정변수로 생각해야 한다. 앞서 방문지가 총 일곱 곳이고 차량이 한 대일 경우, 이동 여부를 나타내는 결정변수는 42개였다. 따라서 차량이 10대라면, 총 420가지(= 42 × 10)의 결정변수를 최적화해야 한다는 의미다. 결정변수가 많아질수록 최적화의 난이도와 계산 비용이 증가하게 되므로, **고려해야 하는 결정변수가 늘어날수록 문제 해결의 난이도와 소요 시간이 증가한다.**

경로 최적화 문제의 목적함수에 대해 생각해 보기

이번에는 목적함수에 대해 생각해 보자. 일반적으로 이 장의 문제처럼, **이동 비용을 목적함수로 설정하고 이를 최소화**하는 것을 목표로 삼는 경우를 생각해 볼 수 있다. 이동 비용은 앞서 설명했듯이, 이동 거리 또는 이동 시간으로 정의할 수 있다. 이동 거리를 비용으로 간주한다면, 어디에서 어디로 이동할지, 이동하지 않을지를 나타내는 결정변수의 조합과 두 지점 간 이동 거리에 대한 기본 정보를 바탕으로 총 이동 거리를 계산할 수 있다. 그리고 **총 이동 거리를 최소화하는 변수값을 찾는**

■ [그림 7-2-13] 목적함수 예시(총 이동 비용 최소화)

From	To	결정변수
S	A	1?
S	B	0?
…	…	…
S	E	0?
S	F	0?
A	S	0?
A	B	1?
…	…	…
A	F	0?
…	…	…

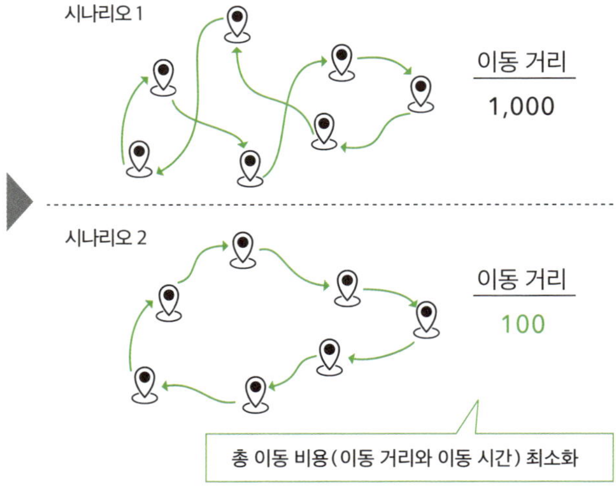

것이 최적화의 최종 목표다.

이동 거리가 최소화되면 특정 장소까지의 이동 시간이 짧아지므로, 이동 비용이 절감될 것이다. 그리고 간접 효과지만, 이동 거리가 비교적 긴 경우라면 **이동에 필요한 유류비 등을 절감하는 데도 도움**이 될 것이다. 또는 차량 경로 문제처럼 여러 차량이 최적화 대상이 되는 경우라면, **운행 차량수를 최소화**하는 것을 목적함수로 설정할 수도 있다. 운행 차량수가 줄어들면 그만큼 운영비를 절감할 수 있기 때문이다.

한편, 근무 스케줄링 최적화 문제와 마찬가지로, **이동 비용의 편차를 최소화고 싶다는** 요구도 있을 수 있다. 예를 들어, 차량 경로 문제에서 운행 차량수가 이미 정해져 있고 각 차량에 배정된 운전자가 있는 경우, **이들의 근무 시간이 최대한 균등하게 분배되도록 배송 경로를 구성하고 싶다는** 요구가 있을 수 있다. 이 경우에는 단순히 최단 경로를 찾는 것이 아니라, 배송 시간을 적절히 단축하면서도, **배송 차량(운전자) 간 이동 시간의 편차를 최소화하는 것**이 최적화의 최종 목표가 된다.

이때 편차는 표준편차와 같은 통계량으로 표현할 수 있다. 이동 거리를 기준으로 문제를 푼다면, 차량별 이동 거리를 계산하여 전체 차량의 이동 거리 분산과 표준편차를 구할 수 있다. 이 지표를 최소화하도록 설정하면, 차량 간 이동 거리의 편차를 줄일 수 있을 것이다.

■ [그림 7-2-14] 목적함수 예시(이동 비용 편차 최소화)

차량	From	To	결정변수
1	S	A	1?
1	S	B	0?
	…	…	…
1	S	E	0?
1	S	F	0?
1	A	S	0?
1	A	B	1?
	…	…	…
2	A	F	0?
…	…	…	…

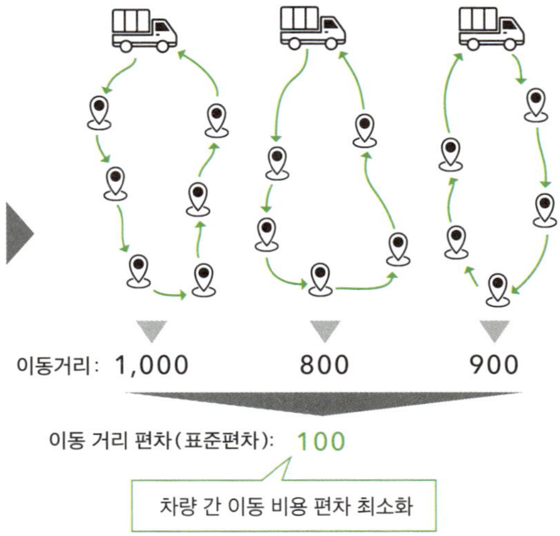

경로 최적화 문제의 제약조건에 대해 생각해 보기

마지막으로, 제약조건에 대해 살펴보자. 제약조건은 비즈니스 상황에 따라 다르기 때문에 모든 사례를 다룰 수는 없지만, 일반적으로 경로 최적화에서 고려되는 제약조건을 소개하려고 한다.

첫 번째는 **한 지점에서 다음 지점으로 이동할 때, 다음 지점은 반드시 한 곳이어야 한다**는 조건이다. 사람이나 차량이 동시에 두 곳으로 이동한다는 것은 불가능하기 때문에 당연하게 생각할 수 있지만, 아무런 제약조건을 설정하지 않으면 이러한 현상이 발생할 수도 있다. **[그림 7-2-15]**처럼 지점 간 이동 여부를 행렬 형태로 나타내면 이해하기 쉬울 것이다. 행렬에서 행은 현재 위치(From), 열은 다음으로 이동할 위치(To)를 나타낸다.

따라서 From에서 To로 이동할 때 다음 To는 한 곳이어야 하므로, 각 행의 값을 더했을 때 반드시 1이 되도록 제약조건을 설정하면 된다. **[그림 7-2-15]**에서 빨간색 테두리 부분을 보면, Start(S) 지점에서는 A 지점으로만 이동하고, 다른 지점으로는 이동하지 않는다는 것을 결정변수값으로 확인할 수 있다. 이 제약조건에 대해서는 뒤에서 문제를 설정할 때 더 자세히 살펴보도록 하자.

■ [그림 7-2-15] 제약조건 예시(한 지점에서 다음 지점이 1개인 조건)

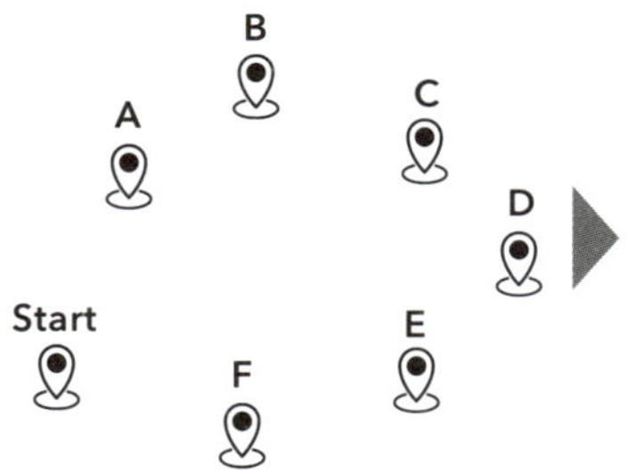

(결정변수) 지점 간 이동 여부

TO / FROM

	S	A	B	C	D	E	F
S	0	1	0	0	0	0	0
A	0	0	1	0	0	0	0
B	0	0	0	1	0	0	0
C	…	…	…	0	…	…	…
D	…	…	…	…	0	…	…
E	…	…	…	…	…	0	…
F	…	…	…	…	…	…	0

각 행의 값을 모두 더하면 1

한 지점에서 이동할 수 있는 다음 지점은 반드시 1개
→ 한 지점에서 다음 지점으로 이동할지 말지에 대한 결정변수값의 합계 = 1

이제부터는 배송 업무에서 반드시 고려해야 할 제약조건을 알아보자. 대표적인 제약조건으로는 **배송 시간 지정**이 있다. 인터넷에서 물건을 주문할 때 배송받고 싶은 시간을 지정해 본 적이 있을 것이다.

배송 시간 지정이 없는 경우도 있지만, 주문자에 따라 특정 시간대에 물건을 받

■ [그림 7-2-16] 제약조건 예시(배송 시간 지정)

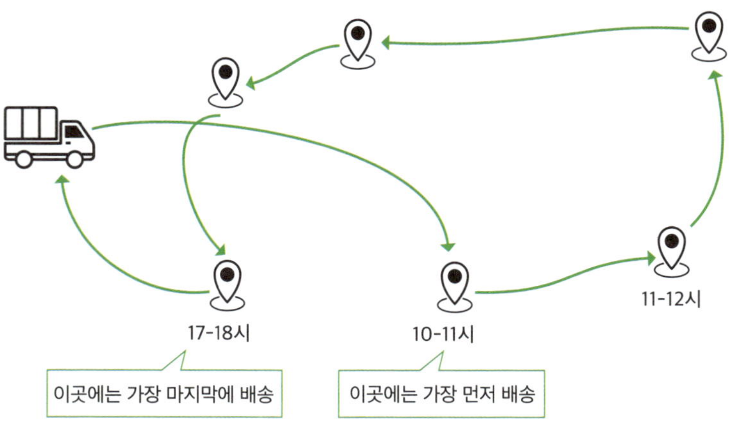

방문 장소별로 지정한 시간을 엄수해야 하는 상황

고 싶어 하는 경우도 있다. 이럴 때는 주문자가 지정한 수령 희망 시간대를 준수하기 위한 제약조건을 추가해야 한다. 이동 시간만을 고려했을 때는 가장 먼저 방문해야 할 곳이었더라도, 수령 희망 시간대를 반영하면 오히려 가장 나중에 방문해도 되는 곳으로 바뀔 수 있다. 예를 들어, 주문자가 물건을 저녁 늦게 받기를 원하는 경우라면 말이다.

이러한 제약조건은 물류 분야뿐만 아니라, 여행 일정을 짤 때 특정 관광지를 특정 시간대에 방문하고 싶거나, 영업 활동을 할 때 특정 고객을 특정 시간대에 방문하고 싶을 때도 활용할 수 있다.

여기서 한 단계 더 나가 보자. 앞서 지정한 시간대에 맞춰 방문해야 한다는 제약조건을 살펴보았는데, 이를 반드시 지키지 않아도 되는 경우도 있을 수 있다. 오히려 시간을 엄수하려다 최적의 경로를 찾지 못하는 경우도 발생할 수 있다.

이러한 문제를 방지하기 위해, 지정 시간에서 몇 분 정도 늦는 지연 배송을 허용하는 제약조건을 설정할 수도 있다. 그러나 이 문제는 단순히 제약조건을 추가한다고 해결되지 않으며, 목적함수도 정교하게 설정해야 하는 기술적으로 복잡한 영역이다. 여기서 직접 구현해 보지는 않겠지만, 경로 최적화 문제를 다루다 보면 이러한 상황을 마주할 수 있다는 점을 미리 알아 두면 좋겠다.

다음으로는 **적재량**에 관한 제약조건을 살펴보자. 물류 영역에서는 한 번의 운송으로 최대한 많은 짐을 운반하는 것이 목표다. 그러나 트럭 한 대에 실을 수 있는 양에는 한계가 있으며, 이것이 적재량 제약조건이다. 즉, **각 차량의 적재량이 허용 한도를 초과하지 않도록** 하는 제약조건을 추가해야 한다.

이 경우에는 각 배송지에 몇 상자를 배송해야 할지를 사전에 정해야 한다. 그리고 차량마다 적재 한도가 다르다면, 이에 대한 정보도 미리 확보해 두어야 한다. 이는 모두 최적해를 구하는 데 필요한 데이터다.

마지막으로, 제약조건을 한 가지만 더 알아보자. **차량 운전자별 근태와 역량(능력치)**에 대한 내용이다. 이 또한 배송 경로 최적화 문제에서 반드시 고려해야 하는 요건이다.

예를 들어, 운전자마다 **근무 시간**이 다르면, 어떤 사람은 오전에만 배송할 수 있

■ [그림 7-2-17] 제약조건 예시(적재 한도 설정)

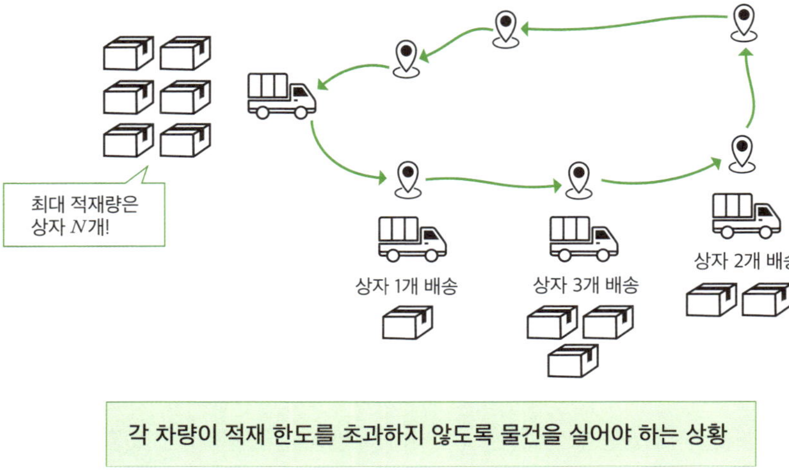

고, 어떤 사람은 아침부터 저녁까지 배송할 수 있는 등의 개별 조건을 고려해야 한다. 그리고 운전자의 **휴식 시간도 필요**하다. 상황에 따라 다르지만, 연속으로 N시간을 일하면 반드시 1시간을 쉬어야 한다는 제약조건이 있을 수 있다.

그 외에도, 운전자의 역량을 고려해야 하는 경우도 있다. 신입 운전자는 아직 업무에 익숙하지 않아 배송 가능 수량이 적지만, 경력자는 더 많은 양을 배송할 수 있다는 제약조건을 설정할 수 있다. 그리고 운전자마다 그들이 잘 아는 지역을 배정하는 제약조건을 추가할 수도 있다.

■ [그림 7-2-18] 제약조건 예시(운전자 개인의 제약과 역량 고려)

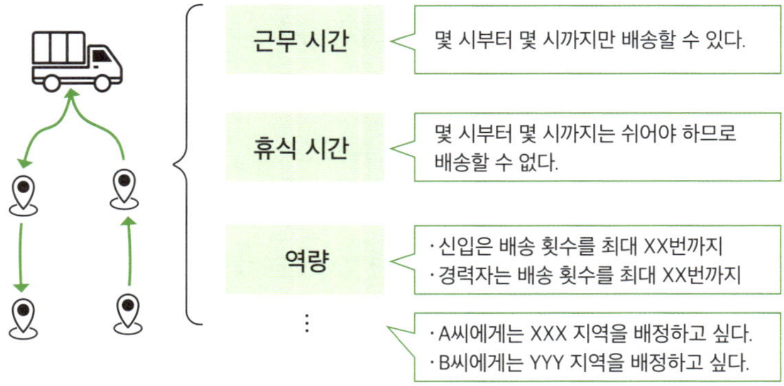

이러한 제약조건을 설정하기 위해서는 사전에 데이터를 수집하는 것이 중요하다. 예를 들어, 일별 또는 운전자별 근무 시간이 다를 경우에는 근무 관리 시스템과 연동해야 할 수도 있다. 또한 운전자의 역량에 대한 데이터를 제대로 관리하고 있지 않은 경우도 많다. 이럴 때는 어떤 역량을 고려할지를 결정한 후, 인터뷰 등을 통해 필요한 정보를 꾸준히 축적해 나가야 한다.

관광 경로 최적화 문제를 수식으로 표현하기 ① 전제조건

지금까지 경로 최적화에 필요한 주요 결정변수 · 목적함수 · 제약조건을 알아봤다. 이를 바탕으로 문제 해결에 필요한 수식들을 하나씩 살펴보자.

이번에는 경로 최적화의 이해에 중점을 두고자, 문제 상황은 가능한 한 단순하게 설정했다. 특히, 경로 최적화 문제는 방문할 지점이 늘어날수록 문제의 규모도 커지므로, 이 문제에서는 지점수를 최소화했다.

이번에 풀 문제는 **[그림 7-2-19]**처럼 , **Start 지점에서 출발하여 A부터 D까지 총 네 곳을 이동 거리가 최소가 되는 순서대로 돌아본 후, 다시 Start 지점으로 돌아오는** 문제다. 이때 이동 거리를 최소화할 수 있는 관광 경로가 무엇인지 찾아보자.

최적화에 필요한 수식을 정리하기 전에 반드시 확보해야 할 정보가 있다. 경로 최적화 문제를 해결하려면 **관광지 간의 거리 데이터**가 필요하다. 출발 지점(Start)

[그림 7-2-19] 관광 경로 최적화 문제

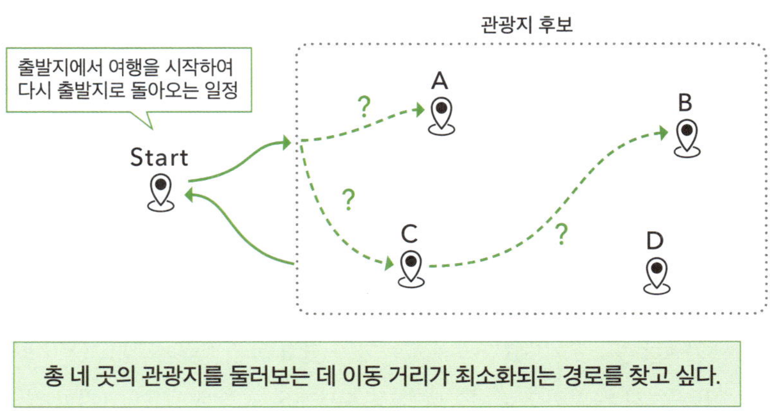

■ [그림 7-2-20] 관광지 간 이동 거리 데이터

관광지 간 이동 거리 행렬

TO

FROM

거리 행렬	S	A	B	C	D
S	–	6	5	5	2
A	6	–	7	4	3
B	5	7	–	3	9
C	5	4	3	–	1
D	2	3	9	1	–

관광지 간 이동 거리 정보를 행렬로 정리해 두자.

과 관광지 A부터 D까지, 총 다섯 곳 사이의 거리를 알아야 한다.

지점 간 거리 정보는 **[그림 7-2-20]**처럼 정리할 수 있다. 실제 업무에서는 이러한 데이터를 얻기 위해 지도 정보 서비스를 활용하거나, 그것이 어렵다면 각 지점의 위도와 경도 정보를 바탕으로 직선거리를 계산해 실제 거리를 추정하는 등의 데이터 전처리 작업을 수행하기도 한다. 여기서는 경로 최적화 문제를 풀어 보는 데 중점을 두고 있으므로, 이러한 거리 정보는 이미 확보되어 있다는 전제로 설명을 이어가겠다.

관광 경로 최적화 문제를 수식으로 표현하기 ② 결정변수

이제 결정변수를 정의해 보자. 이 문제는 **관광객 한 사람이 어디에서 어디로 이동할지에 대한 문제이므로, 외판원 문제(TSP)에 해당**한다. 따라서 결정변수는 각 지점에서 다른 지점으로 이동할지(1), 이동하지 않을지(0)를 나타내는 1 또는 0의 결정변수로 정의할 수 있다.

그리고 출발지(S)와 관광지 A~D 등 총 5개 지점에서 모든 지점 간의 이동 여부를 나타내야 하므로, 총 20개(= 5 × 5 − 5)의 결정변수가 필요하다. 마지막에 5를 빼는 이유는, 같은 지점으로 이동하는 경우(S → S, A → A 등)는 고려할 필요가 없기 때문이다.

이 문제에서는 A를 두 번 방문하는 경우는 없고, 각 장소에는 한 번만 방문하면 된다. 따라서 도착지가 A인 결정변수는 하나의 결정변수만 '1'이 되고, 나머지는 '0'이어야 한다. 내용은 제약조건에서 정확히 정의해야 할 부분이다.

■ [그림 7-2-21] 최적화해야 할 결정변수

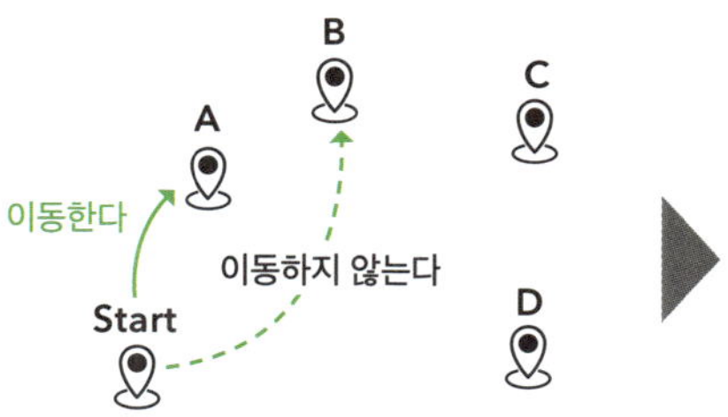

최적화해야 할 결정변수 :
각 지점에서 다른 지점으로 이동할 것인가?
이동하지 않을 것인가?

이동 여부를 나타내는 결정변수

From	To	결정변수
S	A	1?(이동한다)
S	B	0?(이동하지 않는다)
S	C	?
S	D	?
A	S	?
A	B	?
…	…	…
D	A	?
D	B	?
D	C	?

이동 여부를 나타내는 결정변수는 [**그림 7-2-21**]의 오른쪽에 표로 나타냈다. 이는 이동 거리 행렬과 마찬가지로, From → To의 행렬로 표현할 수 있다.

어떤 방식으로 표현하더라도 본질적인 차이는 없지만, 'Excel 실습'에서는 행렬을 활용할 예정이니 우선은 [**그림 7-2-22**]의 오른쪽 형태를 기억해 두자.

이처럼 이동 여부를 나타내는 결정변수만으로도 관광지를 어떤 경로로 이동하는지를 빠짐없이 나타낼 수 있다. 그러나 제약조건을 설명하는 부분에서 다시 다루겠지만, **부분 순회 경로(부분 순환, sub-tour)를 제거하는 제약이 필요**하다. 이를 위해, 추가해야 할 변수가 있다. 그것은 **각 지점을 어떤 순서로 방문하는지를 나타내는 방문 순서 변수**다. 여기서는 A부터 D까지 4개 지점을 돌게 되므로, 각 장소가 몇 번째로 방문되는지를 나타내는 변수 4개를 추가해야 한다고 이해하면 된다.

어디에서 어디로 이동하는지를 나타내는 변수만 있으면, 출발지(S)에서 어디

■ [그림 7-2-22] 이동 여부를 나타내는 결정변수값의 행렬 표현

이동 여부를 나타내는 결정변수

From	To	결정변수
S	A	1?(이동한다)
S	B	0?(이동하지 않는다)
S	C	?
S	D	?
A	S	?
A	B	?
…	…	…
D	A	?
D	B	?
D	C	?

결정변수값을 행렬로 정리

TO

FROM

	S	A	B	C	D
S	–	1?	?	?	?
A	?	–	0?	?	?
B	?	?	–	1	?
C	?	?	?	–	?
D	?	?	?	?	–

이동 여부를 나타내는 결정변수값을 행렬로 표현할 수 있다.

로 이동하는지를 따라가면서 각 지점이 몇 번째로 방문되는지를 자연스럽게 알 수 있다. 이 변수는 부분 순회 경로를 제거하는 제약을 충족하기 위해 필요하므로 추가해 두자.

부분 순회 경로 제거를 위한 제약조건은 수학적으로 어려운 부분이므로 이 책에서는 생략하지만, 현실의 문제를 해결하는 데 그러한 제약이 필요하며, 그로 인해 방문 순서를 나타내는 변수가 필요하다는 정도로 이해해 두면 충분하다.

■ [그림 7-2-23] 이동 순서를 나타내는 결정변수 추가

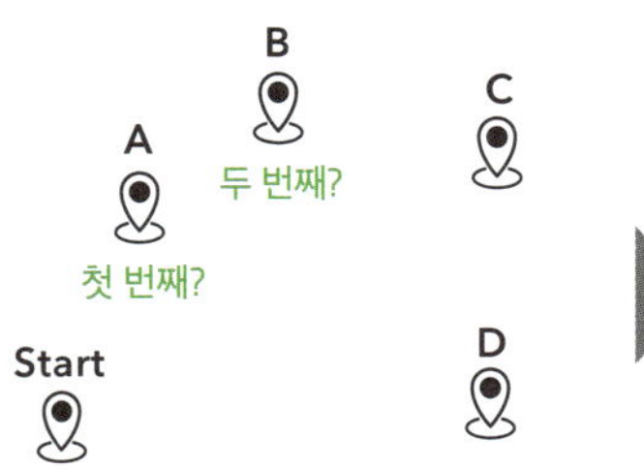

이동 순서를 나타내는 결정변수

To	결정변수
A	1?
B	2?
C	?
D	?

최적화해야 할 결정변수: 각 지점을 어떤 순서로 방문할 것인가?

관광 경로 최적화 문제를 수식으로 표현하기 ③ 목적함수

결정변수를 정의했다면, 그다음 살펴봐야 할 것은 목적함수다. 앞서 경로 최적화 문제에서는 이동 비용 최소화와 운전자 또는 여행자 간 이동 비용의 편차 최소화 등을 목적함수로 설정할 수 있다고 설명했다. 여기서는 관광객이 한 명뿐이므로, 단순히 **이동 비용을 최소화하는 것**을 목표로 설정한다. 이동 비용은 이동 거리와 이동 시간 중 어느 것을 기준으로 해도 본질적인 차이는 없지만, 앞서 이동 거리 행렬이 주어졌으므로 이번에는 **이동 거리를 기준으로 하여, 총 이동 거리를 최소화하는 것을 최적화의 목표로** 설정한다.

총 이동 거리를 구하려면, 앞서 정리한 지점 간 이동 여부를 나타내는 변수 외에도, 지점 간의 이동 거리 정보가 준비되어야 한다.

■ [그림 7-2-24] 최소화해야 할 목적함수

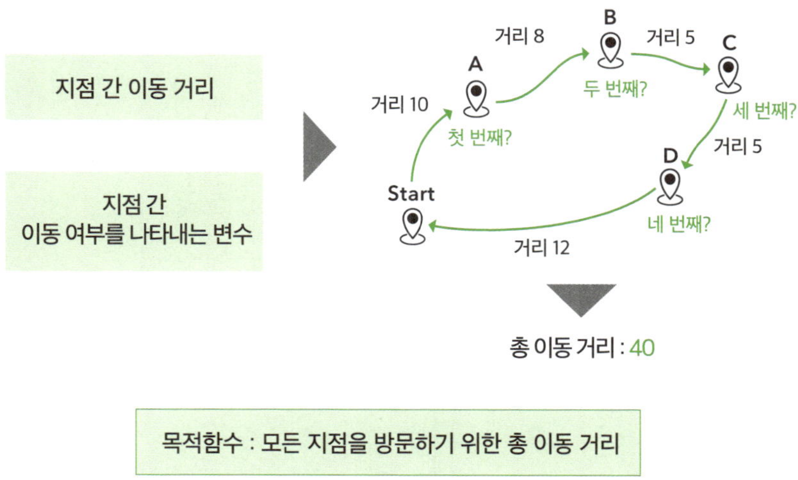

관광 경로 최적화 문제를 수식으로 표현하기 ④ 제약조건

마지막으로, 제약조건을 살펴보자. 이 문제에서는 다음과 같이 몇 가지 제약조건이 필요하다.

- 결정변수값은 비음수 정수여야 한다.
- 특정 장소에서 다음 장소로 이동 여부를 나타내는 변수값의 합계 = 1
- 이전 장소에서 특정 장소로 이동 여부를 나타내는 변수값의 합계 = 1
- 부분 순회 경로 제거 제약(Sub-tour Elimination Constraint)

제약조건 ① 결정변수값은 비음수 정수여야 한다

이는 앞 장의 근무 스케줄 최적화와 마찬가지다. 이 문제도 **조합 최적화 문제이므로 결정변수는 정수여야** 한다. 그리고 **이동 여부를 나타내는 결정변수는 0 또는 1의 값이며, 장소 간 이동 순서를 나타내는 결정변수는 1~4의 값이므로, 최소한 음수가 아닌 값이어야** 한다.

추가로, 이동 여부를 나타내는 결정변수는 최솟값이 0이고 최댓값이 1이며, 방문 순서를 나타내는 결정변수는 최솟값이 1이고 최댓값이 4라는 제약도 필요하다. 다만, 이 부분은 다른 제약조건으로 충족되도록 설정한다.

■ [그림 7-2-25] 결정변수의 비음수 정수 조건

이동 여부를 나타내는 결정변수

From	To	결정변수
S	A	–
S	B	0?(이동하지 않는다)
S	C	?
S	D	?
A	S	?
A	B	?
…	…	…
D	A	?
D	B	?
D	C	?

이동 순서를 나타내는 결정변수

To	결정변수
A	1?
B	2?
C	?
D	?

제약조건: 결정변수는 비음수 정수여야 한다.

제약조건 ② 장소 간 이동 관련 제약

다음 두 가지 제약은 언뜻 보면 이해하기 어려울 수 있지만, 모두 장소 간 이동에 관련된 제약이다.

- 특정 장소에서 다음 장소로 이동 여부를 나타내는 변수값의 합계=1
- 이전 장소에서 특정 장소로 이동 여부를 나타내는 변수값의 합계=1

먼저, 첫 번째 조건을 살펴보자. **[그림 7-2-26]**처럼 관광객이 **특정 장소에 있을 때 다음으로 이동할 지점은 반드시 한 곳이어야** 한다. 이는 당연하게 여겨질 수 있지만, 반드시 제약조건으로 추가해야 한다. 앞서 이동 여부를 나타내는 변수를 행렬로 표현한 것을 떠올리면 쉽게 이해할 수 있다.

현재 위치를 From, 다음으로 이동할 위치를 To라고 하면, From에서 To로 이동 가능한 후보지는 **[그림 7-2-26]**의 빨간색 테두리 부분처럼 행렬의 한 행으로 표현된다. 예를 들어, 첫 번째 행은 현재 위치가 출발지(S)이고, 이동할 위치는 A부터 D까지 네 곳이 있음을 나타낸다. 다음으로 이동할 곳은 한 곳이어야 하므로, **각 행의 결정변수값의 합계는 반드시 1이어야** 한다. 이것이 바로 제약조건이다.

만약 합계가 0이면 어느 곳으로도 이동하지 않게 되어 잘못된 결과가 된다. 물론, 합계가 1보다 커도 안 된다. 따라서 합계는 반드시 1이어야 하며, 이 제약조건이 있으면 **이동 여부를 나타내는 결정변수는 0 또는 1 중 한 가지 값만 갖게 되어,** 값이 0 또는 1인 이진변수임이 보장된다.

■ **[그림 7-2-26] 특정 장소에서 다음 장소로 이동 여부를 나타내는 결정변수값의 합계는 1**

장소 간 이동 거리 행렬

TO / FROM

	S	A	B	C	D
S	0	1	0	0	0
A	0	0	1	0	0
B	0	0	0	1	0
C	…	…	…	0	…
D	…	…	…	…	0

각 행의 값을 모두 더하면 1

제약조건: 특정 장소에서 다음 장소로 이동 여부를 나타내는 결정변수값의 합계 = 1

■ [그림 7-2-27] 이전 장소에서 특정 장소로 이동 여부를 나타내는 결정변수값의 합계는 1

장소 간 이동 거리 행렬

TO

FROM

	S	A	B	C	D
S	0	1	0	0	0
A	0	0	1	0	0
B	0	0	0	1	0
C	…	…	…	0	…
D	…	…	…	…	0

합계 =1

제약조건 : 이전 장소에서 특정 장소로 이동 여부를 나타내는 결정변수값의 합계 = 1

그리고 이 제약조건은 모든 행에 적용되므로, S부터 D까지 5개 행에 각 행의 결정변수값 합계가 1이어야 한다는 제약조건을 설정해야 한다. 따라서 총 5개의 제약조건이 추가된다.

또한 이와 마찬가지로 이전 장소에서 특정 장소로 이동 여부를 나타내는 결정변수값의 합계가 1이어야 한다는 제약조건도 고려할 수 있다. [**그림 7-2-27**]을 살펴보자. 앞에서는 특정 장소에서 다음 장소로의 이동을 생각했지만, 이번에는 이전 장소에서 현재 위치까지의 이동을 생각해 보자. 이 경우에도 마찬가지로, 여러 이전 장소 중 반드시 한 곳에서 현재 위치로 이동해야 한다. 관광객 한 명이 경로를 따라 각 장소에 방문하기 때문에, 이전 장소에서 현재 위치까지의 이동 경로는 반드시 한 가지여야 한다.

이 제약조건도 이동 여부를 나타내는 결정변수의 행렬로 간단히 표현할 수 있다. 앞에서는 '행' 단위로 설명했지만, 이번에는 '열' 단위로 보면 된다. [**그림 7-2-27**]의 오른쪽 표에서 볼 수 있듯이, 각 열은 현재 위치(To)를, 각 행은 해당 위치로 출발할 수 있는 장소(From)를 의미한다. 현재 위치로 이동하기 위한 출발지는 한 곳뿐이므로, 각 열에 있는 결정변수값의 합계는 반드시 1이어야 한다.

이 제약조건은 모든 열에 적용되므로, S부터 D까지 5개 열에 각 열의 변수값 합계가 1이어야 하는 제약조건이 설정된다.

제약조건 ③ 부분 순회 경로 제거를 위한 제약

마지막으로 살펴볼 것은 **부분 순회 경로 제거를 위한 제약조건**이다. 이 제약식이 도출된 배경은 너무 복잡하므로, 여기서는 이 제약조건의 개요만 간단히 설명한다.

'부분 순회 경로'란 무엇일까? 만약 최적화를 실행한 결과가 [**그림 7-2-28**]의 왼쪽 표와 같은 행렬로 나왔다고 가정해 보자. 각 결정변수값은 이동할지(1), 이동하지 않을지(0)를 나타내는데, 각 행과 열에 나타난 값을 보면, 첫 번째 제약조건인 '결정변수값은 비음수 정수여야 한다'는 충족한다. 그리고 각 행과 열의 합계가 모두 1이므로, 두 번째 제약조건인 '특정 장소에서 다음 장소로 이동 여부를 나타내는 결정변수값의 합계가 1이어야 한다'와 세 번째 제약조건인 '이전 장소에서 특정 장소로 이동 여부를 나타내는 결정변수값의 합계가 1이어야 한다'도 충족한다.

그렇다면 이것으로 모든 문제가 해결된 것일까? 행렬만 보면 파악이 어려울 수 있어, 오른쪽에 현재 상황을 그림으로 표현했다. 출발지(S)에서 시작하여 값이 1인 장소로 따라가 봤다. 그랬더니 출발 장소 → A → B → 출발 장소로 돌아오는 경

[그림 7-2-28] 부분 순회 경로(Sub-tour)

	S	A	B	C	D
S	0	1	0	0	0
A	0	0	1	0	0
B	1	0	0	0	0
C	0	0	0	0	1
D	0	0	0	1	0

제약조건을 충족하는가?

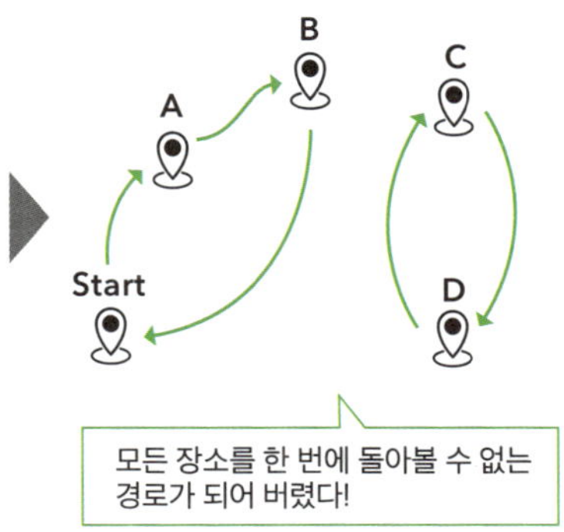

모든 장소를 한번에 돌아볼 수 없게 만드는 부분 순회 경로(Sub-tour)를 제거해야 한다.

로가 그려졌고, 그 옆에 C와 D는 C → D → C라는, 고립된 섬 하나가 나타났다. 즉, **모든 장소를 한번에 돌아볼 수 없는 경로가 되어 버렸다.**

이처럼 외판원 문제에서는 **한번에 모든 장소를 방문하는 닫힌 경로를 '순회(Tour)'**라고 표현한다. 반면, 'A → B → A'처럼 **모든 장소를 방문하지 않는 경로를 부분 순회(Sub-tour)**라고 부른다. 따라서 외판원 문제에서는 기존 제약조건 외에도, **'모든 부분 순회를 제거한다'는 제약조건도 필요**하다. 이를 **부분 순회 경로 제거를 위한 제약(Sub-tour Elimination Constraint)**이라고 한다.

이 제약조건은 'Excel 실습'에서 자세히 설명할 것이며, 여기서는 이 제약조건이 필요한 이유만 기억해 두면 된다.

앞서 언급한 것처럼 장소 간 이동 순서를 나타내는 결정변수가 필요하다. 이는 비음수 정수여야 하는데, 이 상태로는 10, 100, 1,000과 같은 값도 허용되므로 문제가 있다. 여기서는 '이동 순서'를 나타내는 결정변수로 사용되어야 하므로, **최솟값은 1, 최댓값은 전체 방문지의 개수**여야 한다. 여기서는 A부터 D까지 총 네 곳이므로, 최댓값은 4가 된다. 따라서 결정변수값은 1, 2, 3, 4 중 하나가 되도록 제약조건을 추가해야 한다.

부분 순회 경로를 제거하기 위한 제약조건은 다음과 같다. 결론적으로 다음과 같은 제약식을 설정해야 한다.

■ [그림 7-2-29] 이동 순서를 나타내는 결정변수에 대한 제약조건

이동 순서를 나타내는 결정변수

최솟값		To	D		최댓값
1	≦	A	?	≦	4(총 방문지 수)
1	≦	B	?	≦	4(총 방문지 수)
1	≦	C	?	≦	4(총 방문지 수)
1	≦	D	?	≦	4(총 방문지 수)

제약조건: 이동 순서를 나타내는 결정변수의 최솟값 · 최댓값 설정

$$출발지(From)의 방문 순서 − 도착지(To)의 방문 순서 + 전체 방문지 수 × 이동 여부 ≦ (전체 방문지 수 − 1)$$

이 문제에서는 전체 방문지 수가 4이므로, 다음과 같이 계산할 수 있다.

$$출발지(From)의 방문 순서 − 도착지(To)의 방문 순서 + 4 × 이동 여부 ≦ 3$$

이해를 돕기 위해 **[그림 7-2-30]**에 구체적인 제약식을 나열했다. 위에서는 이해하기 쉽도록 1개의 식으로 표현했지만, From/To의 방문 순서와 From에서 To로 이동 여부와 같은 요소들이 포함되어 있다는 점에서 알 수 있듯이, A에서 D까지의 이동 여부를 나타내는 총 12가지의 모든 결정변수에 대해 이 제약식을 추가해야 한다.

예를 들어, A에서 B로 이동하는 경우 **[그림 7-2-30]** 첫째 줄처럼 'A의 순서 − B의 순서 + 4 × (A → B 이동 여부) ≦ 3'이라는 제약식이 필요하다. 여기서 A와 B

■ **[그림 7-2-30] 부분 순회 경로 제거를 위한 제약**

From	To	이동 여부	From의 방문 순서	To의 방문 순서
A	B	0/1	1~4	1~4
A	C	0/1	1~4	1~4
A	D	0/1	1~4	1~4
B	A	0/1	1~4	1~4
B	C	0/1	1~4	1~4
B	D	0/1	1~4	1~4
C	A	0/1	1~4	1~4
C	B	0/1	1~4	1~4
C	D	0/1	1~4	1~4
D	A	0/1	1~4	1~4
D	B	0/1	1~4	1~4
D	C	0/1	1~4	1~4

▶

【제약식】From의 방문 순서−To의 방문 순서+4×이동 여부≦3
A의 방문 순서− B의 방문 순서+4×(A→B 이동 여부) ≦3
A의 방문 순서− C의 방문 순서+4×(A→C 이동 여부) ≦3
A의 방문 순서− D의 방문 순서+4×(A→D 이동 여부) ≦3
B의 방문 순서− A의 방문 순서+4×(B→A 이동 여부) ≦3
B의 방문 순서− C의 방문 순서+4×(B→C 이동 여부) ≦3
B의 방문 순서− D의 방문 순서+4×(B→D 이동 여부) ≦3
C의 방문 순서− A의 방문 순서+4×(C→A 이동 여부) ≦3
C의 방문 순서− B의 방문 순서+4×(C→B 이동 여부) ≦3
C의 방문 순서− D의 방문 순서+4×(C→D 이동 여부) ≦3
D의 방문 순서− A의 방문 순서+4×(D→A 이동 여부) ≦3
D의 방문 순서− B의 방문 순서+4×(D→B 이동 여부) ≦3
D의 방문 순서− C의 방문 순서+4×(D→C 이동 여부) ≦3

제약조건 : 부분 순회 경로 제거를 위한 제약식

의 순서, A → B 이동 여부 등은 결정변수에 해당하며, 최적화 과정에서 적절한 값으로 정해진다. 이때 결정변수는 반드시 이 제약식을 충족하는 값으로 정해져야 한다는 의미다.

제약식이 왜 이러한 형태인지에 대한 설명은 생략한다. 여기서는 부분 순회 경로를 제거하려면 [**그림 7-2-30**]의 제약식을 추가해야 한다는 정도로 이해하면 충분하다.

경로 최적화 문제를 수식으로 표현하기

지금까지 다룬 내용을 바탕으로, 이번 문제의 해결에 필요한 수식들을 자세히 살펴보자. 이 내용은 [**그림 7-2-31**]에 정리되어 있다.

먼저, 최적화해야 할 결정변수는 **장소 간 이동 여부와 장소 간 이동 순서를 나타내는 변수**다. 이 문제에서는 출발지(S) 1개와 A부터 D까지 4개의 장소가 있으므로, 장소 간 이동 여부에 대한 경우의 수는 총 20가지(= 5 × 5 − 5)를, 장소 간 이동 순서는 네 번째(A ~ D)까지 고려해야 한다.

■ [그림 7-2-31] 최적화 문제의 모형화

[모형화]

최적화 대상 결정변수 : 장소 간 이동 여부, 각 장소 간 이동 순서

(목적함수)

Maximize : 총 이동 거리
= Start에서 A로 이동할지 말지(0/1) × Start → A 이동 거리
+ Start에서 B로 이동할지 말지(0/1) × Start → B 이동 거리
+ D에서 C로 이동할지 말지(0/1) × D → C 이동 거리
+ D에서 Start로 이동할지 말지(0/1) × D → Start 이동 거리

(제약조건)

Subject to : 각 변수 = 정수면서 비음수
특정 장소에서 다음 장소로 이동 여부를 나타내는 결정변수값의 합계 = 1
이전 장소에서 특정 장소로 이동 여부를 나타내는 결정변수값의 합계 = 1
부분 순회 경로 제거를 위한 제약

그리고 **목적함수는 이동 거리의 합계(총 이동 거리)**다. 이는 **[그림 7-2-31]**의 목적함수에 설명되어 있듯이, 각 장소 간 이동 여부를 나타내는 0 또는 1에 해당 장소 간 이동 거리를 곱하여 구할 수 있다.

마지막으로 살펴볼 것은 제약조건이다. 첫째, 모든 결정변수는 0 이상의 정수값을 가져야 한다. 이는 조합 최적화 문제의 특성상 기본 조건이다.

또한 장소 간 이동이 가능하도록 하기 위해, '특정 장소에서 다음 장소로 이동 여부를 나타내는 결정변수의 합계 = 1'이라는 조건과 '이전 장소에서 특정 장소로 이동 여부를 나타내는 결정변수의 합계 = 1'이라는 조건도 필요하다. 이는 앞서 설명한 이동 여부를 나타내는 결정변수의 행렬을 활용하면 쉽게 이해할 수 있다. 이어지는 'Excel 실습'에서는 행렬을 활용해서 이러한 제약조건을 추가할 것이다.

마지막 제약조건은 부분 순회 경로 제거에 관한 것이다. 이 부분은 설명이 길어지므로 '부분 순회 경로 제거에 관한 제약'이라고 간단히 서술했으며, 앞서 언급한 제약조건들을 추가하면 된다.

Section

파일명: chap7_traveling_salesman.xlsx

3 Excel 실습 이동 거리를 최소화하는 최적의 경로를 찾아보자

문제 풀이에 필요한 데이터 목록 살펴보기

지금까지 다룬 내용을 바탕으로, Excel의 해 찾기 기능을 활용하여 최적화를 진행해 보자. 먼저, 문제 풀이에 사용할 Excel 파일의 내용을 살펴보자. Excel 파일 'chap7_traveling_salesman.xlsx'를 열면, [**그림 7-3-1**]처럼 문제 해결에 필요한 여러 데이터를 확인할 수 있다.

■ [그림 7-3-1] 최적화를 위한 데이터 목록

❶ 결정변수

	From	To	변수	(Min)	(Max)
변수 x	S	A	1		
	S	B	1		
	S	C	1		
	S	D	1		
	A	S	1		
	A	B	1		
	A	C	1		
	A	D	1		
	B	S	1		
	B	A	1		
	B	C	1		
	B	D	1		
	C	S	1		
	C	A	1		
	C	B	1		
	C	D	1		
	D	S	1		
	D	A	1		
	D	B	1		
	D	C	1		
변수 y		A	1	1	4
		B	1	1	4
		C	1	1	4
		D	1	1	4

❷ (전제조건) 이동 거리 행렬

거리 행렬	S	A	B	C	D
S		6	5	5	2
A	6		7	4	3
B	5	7		3	9
C	5	4	3		1
D	2	3	9	1	

총 이동 거리	90

(목적함수) 총 이동 거리

❸ 이동 여부를 나타내는 변수값을 행렬로 표현

변수×행렬	S	A	B	C	D	TOTAL	최댓값
S		1	1	1	1	4	1
A	1		1	1	1	4	1
B	1	1		1	1	4	1
C	1	1	1		1	4	1
D	1	1	1	1		4	1
TOTAL	4	4	4	4	4		
최댓값	1	1	1	1	1		

❹ 부분 순회 제거 제약과 관련된 데이터

부분 순환 경로 제거 제약			
From	To	Value	Max.
A	B	4	3
A	C	4	3
A	D	4	3
B	A	4	3
B	C	4	3
B	D	4	3
C	A	4	3
C	B	4	3
C	D	4	3
D	A	4	3
D	B	4	3
D	C	4	3

❶은 **최적화할 결정변수 목록**이다. 변수 x는 장소 간 이동 여부를 나타내는 0/1 값을 갖는 결정변수로, 주요 최적화 대상이다. 그리고 그 아래에 있는 변수 y는 장소 간 이동 순서를 나타내는 결정변수다. 이 또한 최적화 대상으로, 부분 순회 경로를 제거하기 위해 설정되었다.

그리고 ❷는 **장소 간 이동 거리 행렬**이다. 이는 사전 정보를 바탕으로 구성되었다.

❸은 앞서 언급한 **이동 여부 변수(x)를 행렬로 변환**한 것으로, 결정변수값만 참조했다. 또한 행과 열마다 총계(TOTAL)와 최댓값이 표기되어 있는데, 이는 제약조건을 정의하기 위한 요소로, 뒤에서 자세히 살펴볼 예정이다.

그리고 장소 간 이동 거리 행렬과 이동 여부 행렬을 조합하여, 빨간색 테두리 부분에 **총 이동 거리**를 나타냈다. 이것이 목적함수에 해당하며, 이 값을 최소화하는 것이 이번 최적화의 목표다.

마지막으로 ❹는 부분 순회 경로를 제거하기 위한 데이터다. 이제 각 항목을 하나씩 자세히 살펴본 뒤, 해 찾기 기능을 활용하여 최적화를 진행해 보자.

문제 풀이에 필요한 데이터 확인 ① 사전에 준비해야 할 이동 거리 정보

먼저, 사전에 준비해야 할 데이터인 이동 거리 정보를 살펴보자. 이 행렬에서 행은 출발지(From), 열은 도착지(To)다. 따라서 [**그림 7-3-2**]에서 빨간색 테두리 부분은 출발지(S)에서 도착지 D까지의 이동 거리가 2임을 의미한다.

■ [그림 7-3-2] 장소 간 이동 거리 행렬

관광지 간 이동 거리 행렬

	G	H	I	J	K	L	M	N
3				TO				
4		거리 행렬	S	A	B	C	D	
5		S		6	5	5	2	
6	F	A	6		7	4	3	
7	R	B	5	7		3	9	
8	O M	C	5	4	3		1	
9		D	2	3	9	1		
10								

S(Start)부터 D까지 이동할 경우
이동 거리는 2다.

참고로, 이 행렬은 왼쪽 상단에서 오른쪽 하단으로 이어지는 45° 대각선을 축으로 좌우 대칭 형태(대칭 행렬)로 되어 있다. 예를 들어, S→D와 D→S의 값은 '2'로 동일한데, 이는 **두 장소 간 이동 거리가 같다**는 의미다.

당연한 이야기처럼 보이지만, 항상 그렇지는 않다. 자동차나 버스를 이용할 때 일방통행 도로가 있으면, 갈 때와 올 때의 거리가 달라질 수도 있다. 실제 최적화 문제를 다룰 때는 이 점을 주의해야 한다.

문제 풀이에 필요한 데이터 확인 ② 결정변수

그다음으로 확인할 것은 결정변수다. [**그림 7-3-3**]에서 **'변수 x'(셀 B12~E32)는 장소 간 이동 여부를 나타낸 것**으로, 'From'과 'To'는 각각 출발지와 도착지를 의미하며, '변수' 열에는 이동 여부를 나타내는 결정변수값이 들어 있다. 현재는 초깃값이 모두 1로 설정되어 있어, 이 상태로 두면 모든 장소 간에 이동이 이뤄지게 된다. 따라서 최적화를 통해 최적해를 찾아야 한다.

■ [그림 7-3-3] 최적화 대상 변수 확인

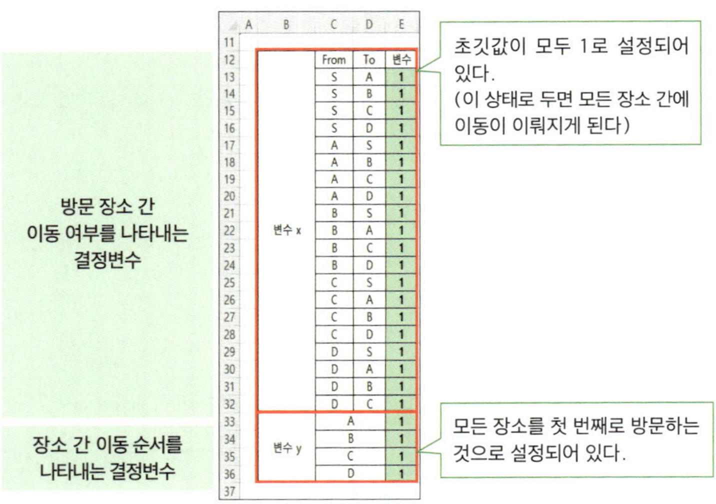

그 아래에 있는 **'변수 y'(셀 B33~E36)는 각 장소 간 이동 순서를 나타낸 것**으로, 'From'과 'To'는 각 장소를 의미하며, '변수' 열에는 방문 순서를 나타내는 결정변수값이 들어 있다. 초깃값이 모두 1로 설정되어 있어, 모든 장소가 첫 번째 방문지가 된다. 이 또한 최적화를 통해 변경될 값이다.

그리고 [**그림 7-3-4**]의 오른쪽(셀 H12~M17)에서는 이동 여부를 나타내는 변

■ [그림 7-3-4] 이동 여부를 나타내는 변수값의 행렬 표현

수 x를 행렬로 변환한 결과를 볼 수 있다. 이는 단순히 결정변수값을 참조한 것이다. 예를 들어, 행렬에서 C에서 B로 이동 여부를 나타내는 부분([**그림 7-3-4**]에서 빨간색 테두리 부분)은 왼쪽 표의 셀 E27(From이 C, To가 B인 셀)을 참조하고 있다. 이처럼 단순히 형식만 바꾼 것이지만, 이렇게 하면 나중에 제약조건을 추가하기가 훨씬 쉬워진다.

문제 풀이에 필요한 데이터 확인 ③ 목적함수

이어서 목적함수에 대해 정의해 보자. 목적함수인 총 이동 거리는 지금까지 정의한 **장소 간 이동 거리와 장소 간 이동 여부에 대한 정보를 곱하여 계산**할 수 있다.

이러한 곱셈은 이전 장에서 사용했던 SUMPRODUCT 함수로 계산한다. 요일별 근무 직원을 계산할 때, 이 함수로 패턴별 근무 직원과 근무 여부(0 또는 1)를 곱해서 계산했다. 이번에도 셀 H4~M9에 있는 이동 거리 행렬과 셀 H12~M17에 있는 이동 여부 행렬, **요소별로 곱한 값(이동 거리 × 이동 여부)을 모두 더하면 총 이동 거리를 산출**할 수 있다.

두 행렬 모두 From/To 구조이므로, 각 From-To 경로의 이동 거리와 이동 여

부를 곱한 값을 모두 더하는 SUMPRODUCT(I5:M9, I13:M17)를 사용하면 간단히 계산할 수 있다. 여기서 I5:M9는 이동 거리를 나타내는 행렬, I13:M17은 이동 여부를 나타내는 변수의 행렬이다.

그 결과는 셀 R4(**[그림 7-3-5]**의 오른쪽 상단의 '목적함수' 부분)에서 확인할 수 있으며, 초깃값은 90이다. 또한 현재는 이동 여부를 나타내는 변수값이 모두 1이므로, 모든 경로의 이동 거리를 더하면 총 90이다. 이 값을 최소화하는 것이 이 문제의 목표다.

■ [그림 7-3-5] 총 이동 거리 계산

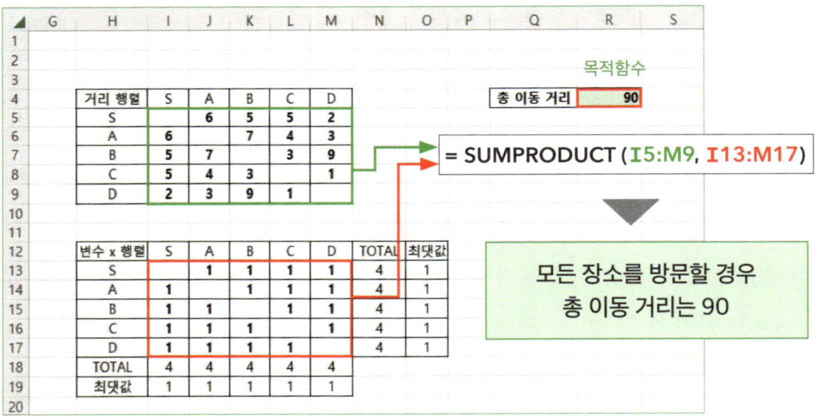

문제 풀이에 필요한 데이터 확인 ④ 제약조건

마지막으로, 제약조건을 확인해 보자. 최적화해야 할 결정변수가 음수가 아닌 정수라는 조건은 해 찾기에서 직접 설정할 수 있다.

그 외의 제약조건은 데이터를 어느 정도 미리 준비해 두어야 한다. 먼저, 장소 간 이동에 관한 제약조건을 살펴보자. 첫 번째는 특정 장소(From)에서 다음 장소(To)로 이동 여부에 관한 제약조건이다. 이는 **이동 여부를 나타내는 행렬에서 각 '행'의 숫자 합계가 1이 되도록** 설정하면 된다. 예를 들어, 출발지(S)에서 다음 장소로 이동 여부를 나타내는 변수값의 합계는 셀 I13~M13의 합계, SUM(I13:M13)으로 계산할 수 있다. 그 결과는 셀 N13([**그림 7-3-6**]에서 빨간색 테두리 부분)에서 확인할 수 있다. 이와 동일한 방식으로 A부터 D까지 각 장소에 대해서도 계산할 수 있고, 결과는 N14~N17에서 확인할 수 있다. 이 합계가 1이 되도록 제약조건을 추가해야 하므로, O열에는 '최댓값'으로 1을 입력해 두었다.

[그림 7-3-6] 특정 장소에서 다음 장소로 이동 여부를 나타내는 결정변수값의 합계는 1

=SUM(I13:M13)

정수 1

	G	H	I	J	K	L	M	N	O	P
10										
11										
12		변수 x 행렬	S	A	B	C	D	TOTAL	최댓값	
13		S		1	1	1	1	4	1	
14		A	1		1	1	1	4	1	
15		B	1	1		1	1	4	1	
16		C	1	1	1		1	4	1	
17		D	1	1	1	1		4	1	
18		TOTAL	4	4	4	4	4			
19		최댓값	1	1	1	1	1			
20										

특정 장소에서 다음 장소로 이동 여부를 나타내는 결정변수값의 합계 = 1(제약조건)

이와 마찬가지로, 특정 장소(To)로 이동하기 직전의 장소(From)도 반드시 한 곳이어야 한다는 제약조건도 추가할 수 있다. 이는 **이동 여부를 나타내는 행렬에서 각 '열'의 숫자 합계가 1이 되도록** 설정하면 된다.

[**그림 7-3-7**]의 빨간색 테두리 부분에서 볼 수 있듯이, 출발지(S)로 이동하기 전에 머물렀을 수 있는 장소(A~D)의 변수값, 셀 I13~I17의 합계는 SUM(I13:I17)으로 계산하면 된다. 그 결과는 셀 I18([**그림 7-3-7**]의 빨간색 테두리 부분)에서 확인할 수 있다. 또한 이 합계가 항상 1이 되도록 제약조건을 추가해야 하므로, 19행에는 '최댓값'으로 1을 입력해 두었다.

■ **[그림 7-3-7] 이전 장소에서 특정 장소로 이동 여부를 나타내는 결정변수값의 합계는 1**

변수 x 행렬	S	A	B	C	D	TOTAL	최댓값
S		**1**	**1**	**1**	**1**	4	1
A	**1**		**1**	**1**	**1**	4	1
B	**1**	**1**		**1**	**1**	4	1
C	**1**	**1**	**1**		**1**	4	1
D	**1**	**1**	**1**	**1**		4	1
TOTAL	4	4	4	4	4		
최댓값	1	1	1	1	1		

=SUM(I13:I17)

정수 1

이전 장소에서 특정 장소로 이동 여부를 나타내는 결정변수값의 합계 = 1 (제약조건)

또한 부분 순회 경로를 제거하기 위한 제약조건을 추가하려면, 장소 간 이동 순서를 나타내는 결정변수가 필요하다. 이는 [**그림 7-3-8**]의 셀 E33~E36에 해당한다. 먼저, 이 변수들이 올바른 이동 순서를 나타내도록 하기 위해 각 결정변수값에 **최솟값은 1, 최댓값은 이동 가능한 장소의 총수(여기서는 4)**라는 제약조건을 추가했다. 최솟값 설정 결과는 셀 F33~F36, 최댓값 설정 결과는 셀 G33~G36에서 확인할 수 있다. 이후 해 찾기에서 제약조건을 추가할 때 이 셀들을 활용할 것이다.

■ **[그림 7-3-8] 이동 순서를 나타내는 결정변수의 최솟값 · 최댓값**

	From	To	변수	(Min)	(Max)
변수 x	S	A	**1**		
	S	B	**1**		
	S	C	**1**		
	S	D	**1**		
	A	S	**1**		
	A	B	**1**		
	A	C	**1**		
	A	D	**1**		
	B	S	**1**		
	B	A	**1**		
	B	C	**1**		
	B	D	**1**		
	C	S	**1**		
	C	A	**1**		
	C	B	**1**		
	C	D	**1**		
	D	S	**1**		
	D	A	**1**		
	D	B	**1**		
	D	C	**1**		
변수 y	A		**1**	1	4
	B		**1**	1	4
	C		**1**	1	4
	D		**1**	1	4

각 장소로의 이동 순서를 나타내는 결정변수

1 ≦ 이동 순서를 나타내는 결정변수 ≦ 4 (제약조건)

마지막으로, 부분 순회 경로를 제거하는 데 필요한 제약식을 살펴보자. 이 정보는 **[그림 7-3-9]**의 셀 I31~L44에 입력되어 있다. 부분 순회 경로 제거를 위한 제약식은 '출발지(From)의 이동 순서 − 도착지(To)의 이동 순서 + 4 × 이동 여부 ≦ 3'로 설정해야 한다. 이 식에서 From과 To가 어디인지를 참조해야 하므로 셀 I33~I44에는 From의 각 장소를, 셀 J33~J44에는 To의 각 장소를 입력했다. A부터 D까지 각 장소 간 From/To 조합은 총 12가지(12개 행)다.

그리고 정수 4는 'Value' 열의 셀 K33~K44에 입력해 두었다. 단순히 '4'를 입력해도 되지만, 이는 장소의 개수를 의미하므로 여기서는 A부터 D까지의 총수를 계산하는 COUNTA($C$33:$C$36) 함수를 사용했다(**[그림 7-3-9]**에서 검은색 테두리 부분). 제약식 오른쪽 항의 정수 3은 'Max' 열의 셀 L33~L44에서 확인할 수 있다. 이는 전체 장소 개수에서 출발지는 제외해야 하므로, COUNTA($C$33:$C:$36) −1로 계산했다.

예를 들어, D에서 B로 이동하는 경우의 제약식은 셀 I43~L43에서 확인할 수 있다. D의 이동 순서를 y_D로, B의 이동 순서를 y_B로, D에서 B로 이동 여부를 x_{DB}라고 하면, 제약식은 $y_D - y_B + 4x_{DB} \leqq 3$이 된다.

제약식의 왼쪽 항에 해당하는 셀은 K43이며, 이 값은 y_D에 해당하는 셀 E36, y_B에 해당하는 셀 E34, x_{DB}에 해당하는 셀 E31을 참조해서 계산한다. 이를 다시 정리

■ **[그림 7-3-9] 부분 순회 경로 제거를 위한 제약식**

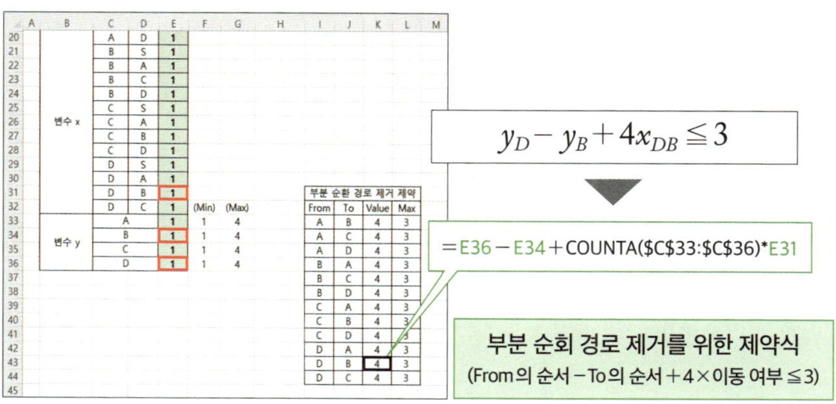

하면 다음과 같다.

(E36 − E34 + COUNTA($C$33:$C$36) * E31

이제 나머지 11개의 조합도 같은 방식으로 계산해 보자. 셀 참조가 다소 복잡할 수 있기 때문에, 모든 내용을 미리 입력해 두었다. 이제 제약식 오른쪽 항의 값이 3 이하가 되도록 Max 열을 참조하여 해 찾기에서 설정하면 된다.

총 이동 거리를 최소화하는 최적의 경로 찾아보기

이제 Excel 해 찾기 기능을 활용해서 최적화를 실행해 보자. 해 찾기 기능을 열고, 다음과 같이 설정하자([**그림 7-3-10**] 참조).

■ [그림 7-3-10] Excel 해 찾기를 활용한 최적화

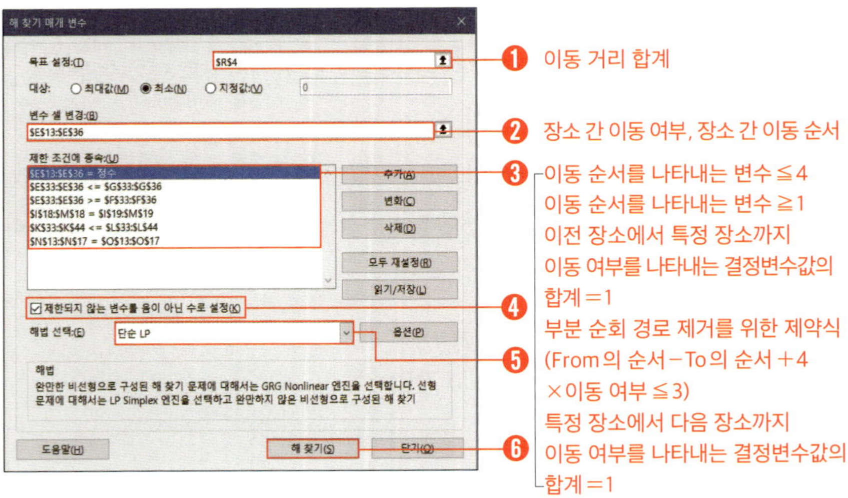

1. '총 이동 거리'를 목적함수로 지정하기 위해, [목표 설정]에서 셀 R4를 절대 참조로 지정한다('대상'은 '최소'로 설정)❶.
2. 그다음 [변수 셀 변경]에서 결정변수인 '장소 간 이동 여부'와 '장소 간 이동 순서'에 해당하는 셀 범위 E13:E36을 절대 참조로 지정한다❷.

3 [제한 조건에 종속]의 '추가' 버튼을 클릭하고 대화상자에서 다음 제약조건을 추가한다❸.

- 각 변수값이 정수가 되도록 '$E$13:$E$36 = 정수'를 추가(부등호를 선택하는 드롭박스 메뉴에서 'int'를 선택)
- 이동 순서를 나타내는 결정변수값이 4 이하가 되도록 '$E$33:$E$36 <= $G$33:$G$36'을 추가
- 이동 순서를 나타내는 결정변수값이 1 이상이 되도록 '$E$33:$E$36 >= $F$33:$F$36'을 추가
- 이전 장소에서 특정 장소까지 이동 여부를 나타내는 결정변수값의 합계가 1이 되도록 '$I$18:$M$18 = $I$19:$M$19'를 추가
- 특정 장소에서 다음 장소까지 이동 여부를 나타내는 결정변수값의 합계가 1이 되도록 '$N$13:$N$17 = $O$13:$O$17'을 추가
- 부분 순회 경로 제거를 위한 제약을 위해 '$K$33:$K$44 <= $L$33:$L$44'를 추가

4 변수값이 비음수가 되도록 '제한되지 않는 변수를 음이 아닌 수로 설정'에 체크한다❹.

5 [해법 선택]에는 '단순 LP'가 선택되어 있는지 확인한다❺.

6 [해 찾기] 버튼을 클릭하여 최적화를 실행한다❻.

각 결정변수는 정수면서 비음수여야 했다. 이 제약조건은 [제한 조건에 종속]에서 '추가' 버튼을 클릭하여 설정할 수 있다. 3의 첫 번째 항목과 같이, 대상 셀을 정수(int)로 지정하면 된다.

그리고 비음수라는 조건은 4에서 설명했듯이, '제한되지 않는 변수를 음이 아닌 수로 설정'에 체크하면 된다.

이제 최적화 결과를 하나씩 살펴보자. 먼저, 결정변수로 사용된 셀 범위 '$E$13:$E$36'에 있는 값들이 변경됐는지 여부를 확인해 보자([**그림 7-3-11**]의 빨간색 테두리 부분). 모든 결정변수값이 정수며, 음수가 아닌지 여부도 꼼꼼히 확인하자.

이동 여부를 나타내는 결정변수값은 원래 모두 1이었지만, 일부는 0으로 바뀌

■ [그림 7-3-11] 최적화 결과

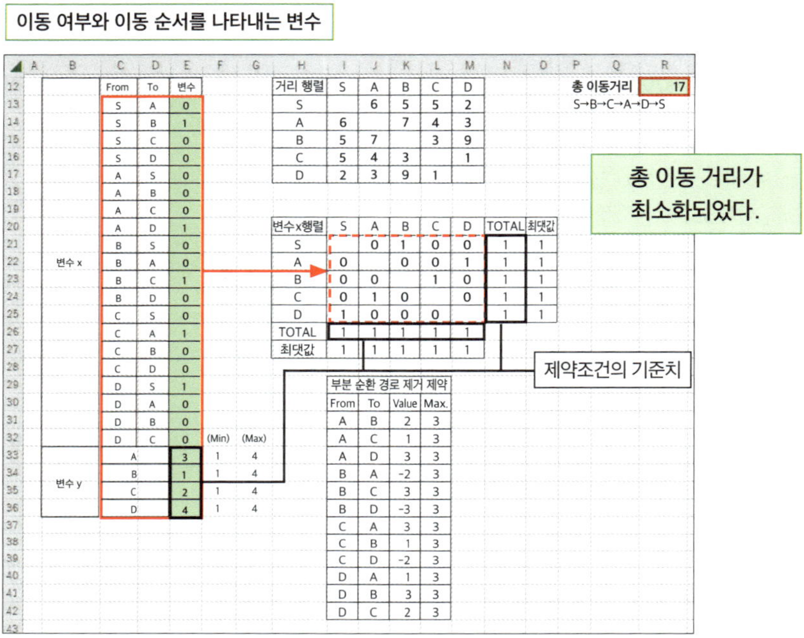

었다. 또한 이동 순서를 나타내는 결정변수값은 A, B, C, D가 각각 3, 1, 2, 4로 변경되었음을 확인할 수 있다.

그리고 목적함수인 '총 이동 거리'가 초깃값보다 더 작은 값으로 바뀌었는지도 확인해야 한다(**[그림 7-3-11]** 오른쪽 상단의 빨간색 테두리 부분). 초깃값은 90이었지만, 최적화 결과는 17로 대폭 감소되었다.

마지막으로, 제약조건(**[그림 7-3-11]**에서 검은색 테두리 부분)이 충족되었는지 확인해 보자. 먼저, 이동 순서를 나타내는 결정변수는 앞서 확인했듯이, 1에서 4 사이의 값으로 설정되어 있다. 그리고 장소 간 이동 제약조건인 '이전 장소에서 특정 장소로 이동 여부를 나타내는 결정변수값의 합계가 1', '특정 장소에서 다음 장소로 이동 여부를 나타내는 결정변수값의 합계가 1'이라는 조건도 충족됐다. 이는 이동 여부를 나타내는 행렬에서 'TOTAL'의 값을 확인해 보면 알 수 있다. 모든 값이 정확히 1이다.

또한 부분 순환 경로 제거를 위한 제약조건에 대해서도 'Value'의 값이 'Max'에서 3으로 설정한 값 이하인지 확인해 보자. 모든 조합(행)의 Value 값이 이 조건을 만족한다면 최적화가 제대로 수행되었다고 할 수 있다.

다음으로, 이동 여부를 나타내는 결정변수값이 여전히 1인지 확인해 보자. 다음과 같은 경로에서 값이 1로 유지되었다.

- (From) S → (To) B : 1
- (From) A → (To) D : 1
- (From) B → (To) C : 1
- (From) C → (To) A : 1
- (From) D → (To) S : 1

이를 통해, S → B → C → A → D → S 순으로 이동하고 있음을 알 수 있다. 참고로 이동 순서에 관한 결정변수값은 다음과 같다.

- A : 3
- B : 1
- C : 2
- D : 4

이를 순서대로 정렬해 보면, S → B(첫 번째) → C(두 번째) → A(세 번째) → D(네 번째) → S이므로, 이동 여부를 바탕으로 정렬한 결과와 같다. 이는 외판원 문제의 기본 요건을 완전히 충족한다.

- 관광지(A~D)를 모두 둘러본다.
- 각 관광지는 한 번만 방문한다.
- 출발 지점에서 시작하여 다시 출발 지점으로 돌아온다.

이처럼 B → C → A → D 순으로 돌아보면 이동 거리를 최소화할 수 있을 것이다. 현실에서는 방문할 곳이 네 곳뿐이라면, 지도 앱만으로도 충분하다. 그러나 방문할 곳이 열 곳, 스무 곳으로 늘어나면 최단 경로를 찾는 데 시간이 상당히 걸릴 것이다. 이럴 때는 경로 최적화 알고리즘을 활용하면, 모든 장소를 한 번씩 둘러보면서도 가장 짧은 거리로 이동할 수 있는 경로를 빠르게 찾을 수 있다.

경로 최적화는 관광 경로뿐만 아니라 물류, 영업 등 다양한 분야에 응용할 수 있다. 이 장에서 배운 기법을 여러 상황에 적용해 보기를 바란다.

최적해가 아닌 근사해(近似解)를 찾아 주는 '메타 휴리스틱'

이 장에서 다룬 경로 최적화와 같은 문제는 규모가 커질수록 해의 조합이 폭발적으로 늘어난다. 그러면 모든 조합 중에서 가장 좋은 해(전역 최적해, Global Optimum)를 현실적인 시간 안에 찾아내는 것은 사실상 불가능해진다. 이 경우에는 전역 최적해와 짝을 이루는 '지역 최적해(Local Optimum)'를 잘 찾아내어, 현실 상황과 적절히 타협하는 것이 좋다.

이처럼 근사해를 찾아 주는 최적화 알고리즘 중 하나가 **'메타 휴리스틱(Meta-Heuristic)'**이다. 이는 비교적 짧은 시간 내에 어느 정도 최적해에 가까운 해(근사적인 해)를 찾아낼 수 있는 방법으로, 범용성이 좋은 해법으로 널리 알려져 있다. '범용성이 좋다'는 것은 **어떤 종류의 최적화문제에도 적용할 수 있다**는 의미다. 경로 최적화든, 스케줄 최적화든, 어떤 유형의 최적화 문제에도 적용할 수 있기 때문에 실무에서도 자주 활용된다.

메타 휴리스틱 기법에는 여러 가지 방법론이 있다. 모두 난이도가 높기 때문에 자세히 설명하지 않지만, 대표적인 방법론으로는 **'유전자 알고리즘(Genetic Algorithm)'**, **'담금질 기법(Simulated Annealing)'**, **'개미 군집 최적화(Ant Colony Optimization)'** 등이 있다. 이는 생물학적 현상과 물리적 현상을 떠올리게 하는 이름이다. 실제로 메타 휴리스틱은 생물의 자연 도태와 진화 과정 같은 현상을 '자연계에서 일어나는 최적화 현상'이라고 간주하고, 이를 최적화 알고리즘으로 발전시킨 것이다.

앞서 설명했듯이, Excel의 해 찾기 기능은 블랙박스처럼 작동하기 때문에 사용자 입장에서는 최적화 알고리즘의 작동 원리에 대해 생각해 볼 기회가 많지 않다. 그러나 메타 휴리스틱의 기본 개념을 알고 있으면 수학적최적화 업무를 수행하는 사람들과 대화할 때 어느 정도 도움이 될 것이다.

Appendix

해적의 고민을 Excel로 해결해 보자

지금까지 배운 내용을 활용하여 '해적의 고민'을 해결해 보자

제1장에서는 '해적의 고민'을 사례로 들어 수학적최적화의 기본 개념을 소개했다. 이는 '배낭 문제(knapsack problem)'로도 널리 알려져 있다. 이 사례를 통해, 비즈니스 현장이나 일상생활에서 마주치는 여러 가지 의사결정 문제를 수학적최적화로 해결할 수 있다는 감을 잡았을 것이다.

부록에서는 해적의 고민을 지금까지 배운 Excel 해 찾기 기능을 활용해 해결해 본다. 여기까지 잘 따라왔다면 누구나 쉽게 해결할 수 있을 테니, 먼저 부록을 보지 않고 직접 풀어 보는 것도 좋겠다.

'chap1_knapsack_problem.xlsx'에는 문제를 푸는 데 필요한 정보가 담겨 있다(정답은 'chap1_knapsack_problem_answer.xlsx'에서 확인할 수 있다).

가장 처음에 다뤘던 문제라 기억이 잘 나지 않을 수도 있으니, 우선 문제를 복습해 보자. 해적의 고민은 **여러 가지 보물 중에서 보물상자의 무게 한도를 넘지 않으면서 그 안에 담기는 보물의 가치를 극대화하려면 무엇을 가져가야 할지**에 대한 것이었다.

■ [그림 A-1] 해적의 고민

	가치	무게
귀걸이	600	50
목걸이	200	30
회중시계	1,400	125
반지	500	75
보석함	150	400
왕관	1,000	125
드레스	3,500	500
금괴	2,800	300
금화	1,000	100
보석	6,000	700

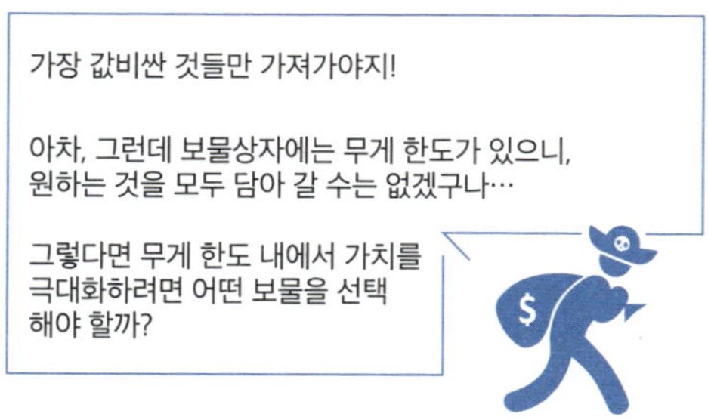

'해적의 고민'을 수식으로 표현하기

이 문제를 수학적최적화로 풀려면 먼저 문제를 수식으로 표현해야 한다. 이 내용도 이미 제1장에서 다뤘다. 다소 어렵게 느껴질 수 있지만, 이를 수학적으로 표현하면 다음과 같다.

■ [그림 A-2] '해적의 고민'을 수식으로 모형화하기

[모형화]

$$\text{Maximize} \quad \sum_{i}^{N} value_i \times x_i$$

$$\text{Subject to} \quad \sum_{i}^{N} weight_i \times x_i \leqq W$$

$$x_i \in \{0,1\},\ i = 1,2,3,\ldots\ldots,10$$

여기서, x_i : 결정변수. 보물 i를 상자에 넣을지 말지(0/1)

$values_i$, $weight_i$: 보물 i의 가치, 무게

W : 제약조건. 보물상자의 무게 한도(예: 1,000)

다만, 이 상태로는 Excel의 해 찾기 기능을 적용하기 어렵다. 따라서 이를 더 이해하기 쉬운 형태로 바꾼 후, 이를 Excel에 적용하여 문제를 해결해 보자.

먼저, 최적화해야 할 결정변수는 **[그림 A-2]**의 x_i다. 이는 각 보물을 보물상자에 넣을지, 말지를 결정하는 값이다. 지금까지 잘 따라왔다면 바로 이해할 수 있겠지만, 이는 '넣는다 = 1', '넣지 않는다 = 0'이라는 두 값만 가지기 때문에, 연속 최적화가 아닌 **조합 최적화 문제**로 간주할 수 있다. 이 문제에서는 총 10개의 보물이 대상이므로, 결정변수도 10개다.

그리고 이번 문제의 목적함수는 보물상자에 담기는 보물의 **가치 총합을 최대화**하는 것이다. **[그림 A-2]**에서 *Maximize*가 이 부분을 나타낸다. 10개의 보물 중에서 상자에 담을 보물의 가치 총합이 목적함수가 되는 것이다. 보물상자에 담는 보물은 x값이 1이므로, 그 보물의 가치(value)와 곱하면 그대로 가치가 된다.

반대로, 보물상자에 담지 않는 보물은 x값이 0이므로, 가치와 곱하면 가치는 0이 된다. 따라서 **각 보물 x_i와 이것의 가치 $value_i$를 곱한 뒤 그 값들을 모두 더하면**, 상자에 담긴 보물의 가치 총합을 구할 수 있다. 수식으로는 간단히 $value_i \times x_i$의 총합으로 표현된다.

제약조건으로는 **상자에 넣을 보물의 총무게가 상자의 무게 한도를 넘지 말아야** 한다는 내용을 넣어야 한다. 이는 **[그림 A-2]**의 *Subject to*에 나타냈다.

지금까지의 내용을 바탕으로, Excel 해 찾기 기능을 활용해 최적해를 구할 수 있도록 해적의 고민을 자연어로 모형화해 보자.

■ **[그림 A-3] '해적의 고민'을 자연어로 모형화**

[모형화]

최적화 대상 변수 : 보물 1~10을 상자에 넣을지 말지(0/1)

(목적함수)
Maximize : 상자에 넣은 보물의 총가치

(제약조건)
Subject to : 상자에 넣은 보물의 총무게 ≦ 무게 한도
보물 1~10의 변수 ≦ 1
보물 1~10의 변수 = 정수면서 비음수인 값

최적화해야 할 결정변수는 **[그림 A-2]**의 x_i와 동일하지만, 여기서는 보물 1부터 10까지 각각을 넣을지, 말지를 나타내는 0/1의 플래그(flag) 형식으로 나타낼 수 있다. 또한 목적함수는 **상자에 넣은 보물의 총가치**며, 이는 보물을 넣을지, 말지에 대한 결정변수값과 해당 보물의 가치를 곱한 값을 모두 더하여 계산할 수 있다.

마지막으로, 약간 복잡하게 느껴질 수 있는 제약조건은 Excel 해 찾기 기능으로 풀 수 있는 형태로 수정했다. 첫 번째 조건은 상자에 넣은 보물의 총무게가 상자의 무게 한도를 넘지 않게 하는 제약이다. 이 역시 보물을 넣을지 말지를 결정하는 변수와 각 보물의 무게를 곱한 값을 모두 더하여 상수로 설정한 무게 한도와 비교해 보면 된다.

그리고 이 문제에서 결정변수는 '0 또는 1의 플래그 형식'으로 나타내야 하므로, 이를 정확히 표현해야 한다. 0과 1 중 하나의 값을 갖는 것을 표현하는 방법은 여러 가지가 있으며, 플래그 형식은 그중 한 가지라고 생각하면 된다. 변수값은 0 또는 1이기 때문에 **보물 1~10의 각 변수는 반드시 1 이하**여야 한다. 이는 **[그림 A-3]**에

서 두 번째 제약조건으로 설정되어 있다. 그러나 이 조건만으로는 충분하지 않다. 변수값이 −5와 0.3과 같은, 1 이하의 값이 될 가능성이 있기 때문이다. 이를 방지하기 위해, [**그림 A-3**]의 세 번째 제약조건처럼 **보물 1~10의 각 변수가 정수면서 비음수(非陰數)여야 한다**는 제약조건을 추가해야 한다. 이를 통해 결괏값을 0, 1, 2와 같은 양의 정수로 제한할 수 있다. 그리고 이를 '1 이하'라는 제약조건과 결합하면 변수값이 0 또는 1만 나오도록 설정할 수 있다. 제약조건 설정 방법이 다소 복잡해 보일 수 있지만, 이는 Excel의 해 찾기 기능에서 매개변수를 입력하기 위해 자세히 풀어 쓴 것이니, 우선 큰 흐름만 이해하고 넘어가자.

보물의 가치와 무게 데이터 준비하기

이제 본격적으로 Excel을 사용해 보자. 먼저, 최적화 대상인 보물에 대한 데이터를 준비해 보자.

'chap1_knapsack_problem.xlsx' 파일의 셀 B3~D14에는 각 보물의 가치와 무게, 그리고 모든 보물의 총가치와 총무게가 입력되어 있다. 4행부터 13행까지에 총 10가지 보물이 나열되어 있으며, 각 보물의 가치와 무게값도 볼 수 있다. 그리고 14행에는 SUM 함수를 사용하여 보물의 총가치와 총무게를 계산해 두었다.

■ [그림 A-4] 보물의 가치와 무게 데이터

	가치	무게
귀걸이	600	50
목걸이	200	30
회중시계	1,400	125
반지	500	75
보석함	150	400
왕관	1,000	125
드레스	3,500	500
금괴	2,800	300
금화	1,000	100
보석	6,000	700
합계	17,150	2,405

보물 각각의 가치와 무게 정보

모든 보물의 가치·무게 합계

데이터를 간략히 살펴보면, 반지와 귀걸이는 비싸지 않고 가볍지만, 드레스와 보석은 비싸고 무게도 많이 나간다. 이 상태로는 어떤 보물을 넣는 것이 가장 바람직한지 즉시 판단하기 어렵다. 따라서 Excel의 해 찾기 기능을 이용해서 최대 가치를 얻을 수 있는 조합을 찾아보자.

결정변수·목적함수·제약조건 관련 데이터 살펴보기

준비 과정의 마지막 단계에서는, 최적화를 실행하는 데 필요한 결정변수 · 목적함수 · 제약조건과 관련된 데이터를 명확히 설정해야 한다. [**그림 A-5**]에 입력된 내용을 살펴보자. 이번 문제에서는 보물상자의 무게 한도를 1,000과 1,500으로 두 가지를 설정했다. 각각 CASE 1과 CASE 2에 해당하며, 양쪽의 정보량은 동일하다.

■ [그림 A-5] 결정변수·목적함수·제약조건 관련 데이터 설정

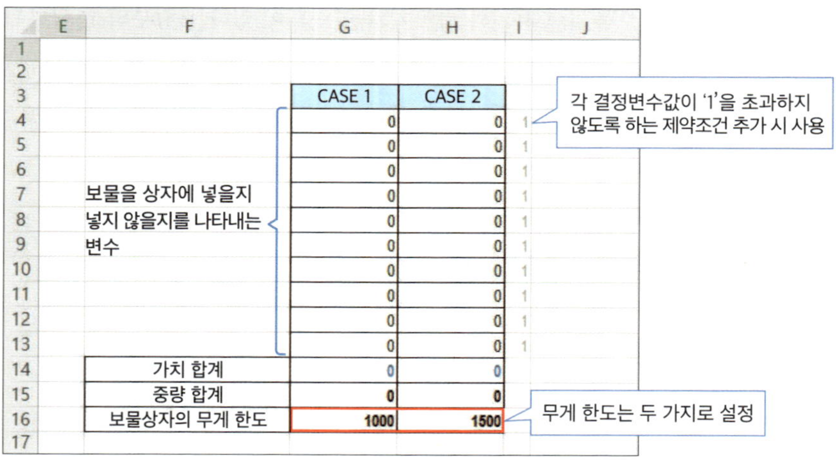

4행부터 13행까지는 각 보물을 상자에 넣을지, 말지를 나타내는 0 또는 1의 결정변수가 입력된다. 현재는 초깃값으로는 모두 0이 입력되어 있다.

그리고 이 변수와 [**그림 A-4**]에서 보물의 가치를 곱한 값을 모두 더하면 총가치를 계산할 수 있으며, Excel 함수로 표현하면 다음과 같다.

- CASE 1의 총가치 = SUMPRODUCT(C4:C13, G4:G13)
- CASE 2의 총가치 = SUMPRODUCT(C4:C13, H4:H13)

SUMPRODUCT는 **인수로 지정한 배열의 각 요소를 곱한 후, 그 결과를 모두 더한 값을 출력하는 함수**다. 셀 범위 C4:C13은 각 보물의 가치며, 셀 범위 G4:G13과 H4:H13은 각각 CASE 1과 CASE 2에 해당하는 0/1 변수다. 따라서 위의 계산식을 통해 각 보물의 0/1 변수와 가치를 곱하여 총가치를 계산할 수 있다.

그리고 총무게도 동일한 방식으로 계산할 수 있다. SUMPRODUCT 함수에서 보물의 가치 대신 무게에 해당하는 셀 범위 D4:D13을 참조하면 된다.

- CASE 1의 총무게 = SUMPRODUCT(D4:D13, G4:G13)
- CASE 2의 총무게 = SUMPRODUCT(D4:D13, H4:H13)

또한 이렇게 구한 총무게는 보물상자의 무게 한도와 비교해야 한다. 셀 G16에는 CASE 1의 무게 한도인 1,000, 셀 H16에는 CASE 2의 무게 한도인 1,500이 입력되어 있다. 따라서 **총무게가 CASE 1에서는 1,000 이하, CASE 2에서는 1,500 이하가 되도록 0/1 변수값을 조합해야** 한다.

마지막으로, 셀 I4부터 I13까지 연한 색으로 '1'이 입력되어 있다. 이는 **[그림 A-3]**에서 설명했듯이, 결정변수값이 1 이하가 되도록 설정하는 제약조건을 추가할 때 사용하는 값이다.

해 찾기를 위한 매개변수 설정하기

이제부터는 해 찾기를 이용해서 최적해를 구해 보자. 지금까지 해왔던 것과 동일하게 [데이터] 메뉴의 [해 찾기] 기능을 클릭한 후, 대화상자에서 다음과 같이 매개변수를 입력하자.

먼저, CASE 1에 대한 내용을 입력해 보자.

[그림 A-6] CASE 1에 대한 해 찾기 매개변수 설정

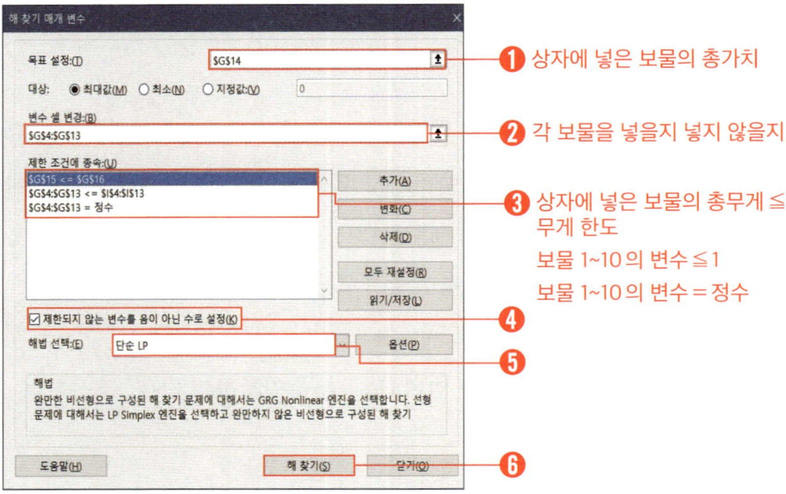

1 '보물상자에 넣은 보물의 총가치'를 목적함수로 지정하기 위해, [목표 설정]에서 셀 G14를 절대 참조로 지정한다('대상'은 '최대값'으로 설정)❶.

2 그다음 [변수 셀 변경]에서 결정변수인 '보물 각각을 상자에 넣을지 여부'에 해당하는 셀 범위 G4:G13을 절대 참조로 지정한다❷.

3 [제한 조건에 종속]의 '추가' 버튼을 클릭하고 대화상자에서 다음 제약조건을 추가한다❸.

- 보물상자에 넣은 보물의 총무게가 무게 한도 이하가 되도록 '$G$15 <= $G$16'을 추가
- 보물 1~10의 각 변수값이 1 이하가 되도록 '$G$4:$G$13 <= $I$4:$I$13'을 추가
- 보물 1~10의 각 변수가 정수가 되도록 '$G$4:$G$13 = 정수'를 추가(부등호를 선택하는 드롭박스 메뉴에서 'int'를 선택)

4 변수값이 비음수가 되도록 '제한되지 않는 변수를 음이 아닌 수로 설정'에 체크한다❹.

5 [해법 선택]에는 '단순 LP'가 선택되어 있는지 확인한다('GRG 비선형'을 선택해도 된다)❺.

6 [해 찾기] 버튼을 클릭하여 최적화를 실행한다❻.

지금까지 잘 따라왔다면 어렵지 않게 수행할 수 있을 것이다. 이 문제는 목적함수가 1차식(선형)이기 때문에 '단순 LP'를 해법으로 선택해도 최적해를 찾을 수 있다('GRG 비선형'을 선택해도 결과는 같다). 다만, '단순 LP'가 조금 더 빠르게 해를 찾으므로, 기본적으로 이 방법을 선택하는 것이 좋다.

❹에서 '제한되지 않는 변수를 음이 아닌 수로 설정'에 체크하는 것은 제약조건을 추가하는 것과 동일하나, 비음수 조건만 이 방식으로 설정된다는 점에 주의하자.

CASE 2도 거의 동일한 방식으로 매개변수를 설정하면 된다. 실제로 작업할 때는 CASE 1에 대해 최적화를 실행하고 결과를 확인한 후, CASE 2의 매개변수를 설정하고 최적해를 찾아보자.

CASE 2에 대한 매개변수 설정 결과는 **[그림 A-7]**을 참고하자. 설정 방법은 CASE 1과 거의 동일하지만, 결정변수 · 목적함수 · 제약조건에 해당하는 셀의 위치가 다르므로 주의하자.

■ **[그림 A-7] CASE 2에 대한 해 찾기 매개변수 설정**

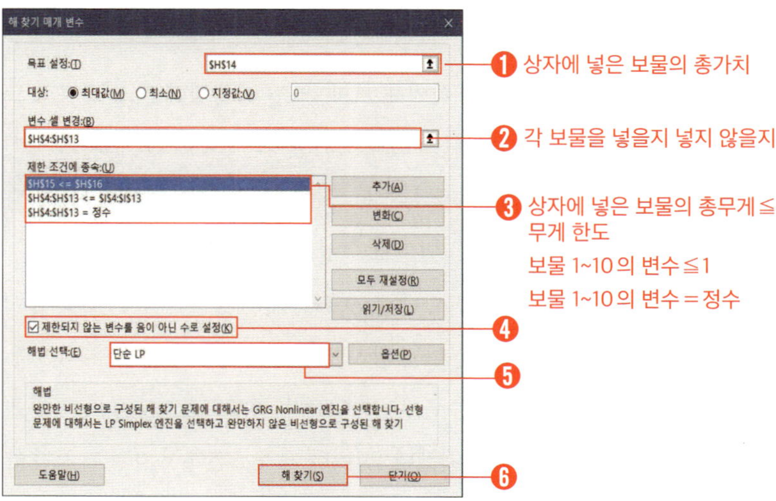

1 '보물상자에 넣은 보물의 총가치'를 목적함수로 지정하기 위해, [목표 설정]에서 셀 H14를 절대 참조로 지정한다('대상'은 '최대값'으로 설정)❶.

2 그다음 [변수 셀 변경]에서 결정변수인 '보물 각각을 상자에 넣을지 여부'에 해당하는 셀 범위 H4:H13을 절대 참조로 지정한다❷.

3 [제한 조건에 종속]의 '추가' 버튼을 클릭하고 대화상자에서 다음 제약조건을 추가한다❸.

- 보물상자에 넣은 보물의 총무게가 무게 한도 이하가 되도록 '$H$15 <= $H$16'을 추가
- 보물 1~10의 각 변수값이 1 이하가 되도록 '$H$4:$H$13 <=$I$4:$I$13'을 추가
- 보물 1~10의 각 변수가 정수가 되도록 '$H$4:$H$13 = 정수'를 추가(부등호를 선택하는 드롭박스 메뉴에서 'int'를 선택)

4 변수값이 비음수가 되도록 '제한되지 않는 변수를 음이 아닌 수로 설정'에 체크한다❹.

5 [해법 선택]에는 '단순 LP'가 선택되어 있는지 확인한다('GRG 비선형'을 선택해도 된다)❺.

6 [해 찾기] 버튼을 클릭하여 최적화를 실행한다❻.

최적화 결과 확인하기

[**그림 A-8**]에서 최적화 실행 결과를 확인해 보자. 직접 실행했다면 그 결과가 그림과 일치하는지 확인해 보자. G열에는 CASE 1, H열에는 CASE 2의 결과가 들어 있지만, 두 결과가 동시에 출력된 것은 아니다. 이는 앞서 설명했듯이, CASE마다 '매개변수 설정 → 최적해 탐색' 과정을 별도로 수행한 결과다.

먼저, CASE 1을 확인해 보자. 셀 G4, G6, G9, G13에 해당하는 귀걸이, 회중시계, 왕관, 보석에 1이 표시되어 있다. 이는 상자에 넣어야 할 보물임을 의미한다. 이 보물들의 총가치는 9,000이고, 총무게는 1,000이다. CASE 1의 무게 한도는 1,000이었으므로, 이 값에 정확히 맞춰졌다. 이러한 제약조건에서 가장 가치가 높은 조합이 무엇인지를 최적화 실행 전에는 알기 어렵지만, 이제는 1이 표시된 보물들의 조합이 가장 바람직하다는 것을 알 수 있다. 또한 변수값이 0 또는 1인 것으로 보아, 다른 제약조건들도 충족되었음을 알 수 있다.

■ [그림 A-8] 최적화 결과 확인

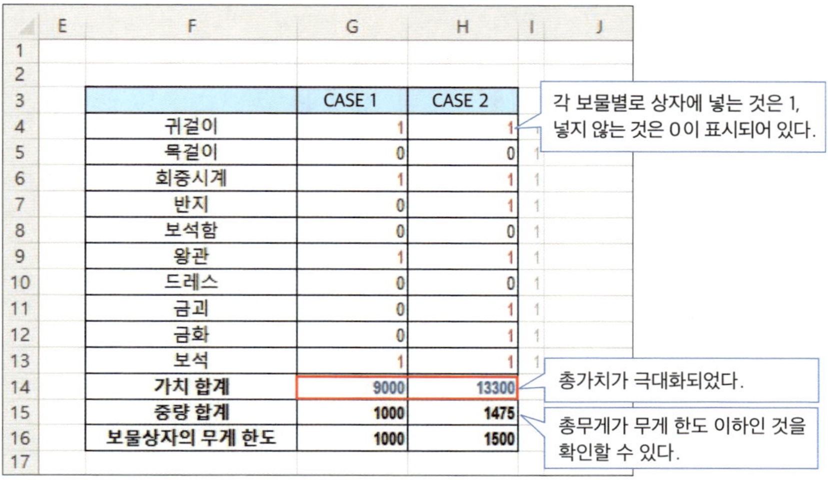

	E	F	G	H	I	J
1						
2						
3			CASE 1	CASE 2		
4		귀걸이	1	1	1	
5		목걸이	0	0	1	
6		회중시계	1	1	1	
7		반지	0	1	1	
8		보석함	0	0	1	
9		왕관	1	1	1	
10		드레스	0	0	1	
11		금괴	0	1	1	
12		금화	0	1	1	
13		보석	1	1	1	
14		**가치 합계**	9000	13300		
15		**중량 합계**	1000	1475		
16		**보물상자의 무게 한도**	1000	1500		
17						

이제 CASE 2를 확인해 보자. 셀 H4, H6, H7, H9, H11, H12, H13에 해당하는 귀걸이, 회중시계, 반지, 왕관, 금괴, 금화, 보석에 1이 표시되어 있다. CASE 1보다 더 많은 보물이 선택되었고, 총가치는 13,300으로 계산되었다. 그리고 총무게는 1,475로, 무게 한도인 1,500보다 약간 낮게 나왔다. 무게 한도가 CASE 1보다 컸기 때문에, 더 많은 보물을 선택할 수 있었던 것으로 해석할 수 있다. 결과적으로 보물상자에 담긴 총가치도 CASE 1보다 커졌다.

이처럼 Excel의 해 찾기 기능을 사용해 '해적의 고민'을 해결할 수 있었다. 지금까지의 내용을 이해했다면, 크게 어렵게 느껴지지 않았을 것이다. 비교적 작고 단순한 문제라면 Excel의 해 찾기 기능으로 쉽게 해결할 수 있다는 점을 이 책을 통해 이해했기를 바란다.

찾아보기

저자 후기

이 책을 끝까지 읽어 주셔서 깊이 감사드린다. 이 책에서 수학적최적화라는 개념을 일상생활이나 업무 현장에서 널리 활용할 수 있는 도구로 소개하기 위해, 가능하면 수식을 사용하지 않고 이해하기 쉽게 설명하려고 노력했다. 또한 여러분이 이를 어떤 상황에서든 손쉽게 활용할 수 있도록 다양한 예시와 함께 최적화 관점에서의 해법을 제시하려고 애썼다.

물론, 실제 현장에서는 이 책의 사례처럼 간단하게 해결되지 않는 문제가 많다. 더 깊이 있게 응용하려면 여전히 다뤄야 할 내용이 많지만, 이 책은 수학적최적화를 처음 접하는 분들이 반드시 짚고 넘어가야 할 핵심 포인트를 중심으로 구성했다.

이 책을 통해 새롭게 알게 된 사실이 있거나, 일상과 업무에서 수학적최적화를 적용해 볼 수 있는 기회를 조금이라도 발견했다면, 저자로서 매우 기쁠 것이다. 물론, 이해하기 어려운 부분도 있었을 것이다. 그러나 이 책의 내용을 반드시 한 번에 이해할 필요는 없다. 나 역시 처음 수학적최적화를 공부했을 때는 잘 이해되지 않는 부분이 많았다. 초반에는 책을 여러 번 읽고, 논문과 웹사이트를 참고하며, 실제 현장에서 수학적최적화를 직접 활용해 보면서 점차 이해를 넓혀 갔다. 그 과정에서 실무에 꼭 필요한 지식과 그렇지 않은 것을 구분하게 되었다. 하지만 아직도 배워야 할 것이 너무 많이 남아 있다.

이 책을 읽고 나서도 수학적최적화가 여전히 어렵게 느껴질 수 있다. 잘 이해되지 않는 부분이 있으면 몇 번이든 다시 읽어볼 것을 권한다. 그리고 다른 책이나 웹사이트도 함께 참고하여 머릿속에서 얽힌 실타래를 풀어 나가는 것도 좋은 방법이다. 고민만 하기보다는 직접 실천해 보는 것을 강력히 추천한다. 일상생활에서든, 본인이 소속된 회사 동료나 팀원들과 함께든, 수학적최적화를 활용하여 해결할 수 있을 것 같은 문제가 있다면 과감히 도전해 보길 바란다.

이 책에서 살펴봤듯이, 문제의 규모가 너무 크거나 복잡하지 않은 한, Excel의 해 찾기 기능만으로도 충분히 해결할 수 있을 것이다. 이렇게 문제를 풀어서 얻은 결과는 현실에서 의사결정을 내릴 때 좋은 참고 자료가 될 수 있다. 그 결과에 전적으로 의존하지 않더라도, 의사결정에 조금이라도 활용할 수 있다면 그것만으로 충분한 가치가 있다.

만약 이 책의 내용만으로는 부족하다고 느낀다면, 더 폭넓고 깊이 있는 내용을 공부해 보기를 권한다. 예를 들어, 최적해를 탐색하는 알고리즘 구조를 더 깊이 들여다보거나, 보다 어려운 주제들을 살펴보거나, Excel뿐만 아니라 프로그래밍 언어인 Python의 활용 방법을 익히는 것도 좋은 방법이다. 또한 최근 많은 관심을 받고 있는 머신러닝과 통계 분석 등 데이터 사이언스 분야에 대해 공부해 보는 것도 유익할 것이다.

다만, 수학적최적화, AI, 데이터 사이언스를 활용하는 궁극적인 목적을 잊지 말아야 한다. 수학적최적화 문제를 푸는 것 자체가 '목적'이 되어서는 안 된다. 이는 어디까지나 비즈니스 성과를 극대화하거나 비용을 최소화하는 의사결정을 내리기 위한 '수단'임을 항상 염두에 두어야 한다. 이러한 점을 명확히 인지한 상태에서 이 책을 통해 수학적최적화에 흥미를 느끼고, 최적화를 통해 해답을 찾는 즐거움을 경험하며, 나아가 일상생활이나 업무 현장에서 이를 적용할 기회를 알아보는 안목을 갖게 되기를 바란다.

미요시 다이고